GJSJ 国家审计系列丛书

资源与环境审计

ZIYUAN YU HUANJING SHENJI

李兆东 / 主　编
徐志耀 / 副主编

中国财经出版传媒集团
中国财政经济出版社

图书在版编目（CIP）数据

资源与环境审计/李兆东主编；徐志耀副主编.--北京：中国财政经济出版社，2023.7
（国家审计系列丛书）
ISBN 978-7-5223-2326-8

Ⅰ.①资… Ⅱ.①李…②徐… Ⅲ.①自然资源—资源环境—审计 Ⅳ.①F239.6

中国国家版本馆 CIP 数据核字（2023）第 114728 号

责任编辑：陆宗祥　　　　责任印制：张　健
封面设计：卜建辰　　　　责任校对：张　凡

中国财政经济出版社出版

URL：http://www.cfeph.cn
E-mail：cfeph@cfemg.cn

（版权所有　翻印必究）

社址：北京市海淀区阜成路甲 28 号　邮政编码：100142
营销中心电话：010-88191522
天猫网店：中国财政经济出版社旗舰店
网址：https://zgczjjcbs.tmall.com
北京财经印刷厂印刷　各地新华书店经销
成品尺寸：185mm×260mm　16 开　16.25 印张　301 000 字
2023 年 8 月第 1 版　2023 年 8 月北京第 1 次印刷
定价：58.00 元
ISBN 978-7-5223-2326-8
（图书出现印装问题，本社负责调换，电话：010-88190548）
本社质量投诉电话：010-88190744
打击盗版举报热线：010-88191661　QQ：2242791300

前言
PREFACE

审计是党和国家监督体系的重要组成部分,是推动国家治理体系和治理能力现代化的重要力量。我国审计机关成立40年来,在维护国家财政经济秩序、提高财政资金使用效益、促进廉政建设、保障经济社会健康发展等方面发挥了重要作用,在强国建设、民族复兴新征程上,审计担负着重要使命。2018年中央审计委员会第一次会议要求,紧紧围绕统筹推进"五位一体"总体布局,促进经济高质量发展,二十届中央审计委员会第一次会议再次将高质量发展作为审计工作的首要任务。推动经济社会发展绿色化、低碳化是实现高质量发展的关键环节,资源与环境审计正是促进人与自然和谐共生的一项制度安排。

资源与环境审计源于20世纪70~90年代在欧美国家广泛开展的环境审计(Environmental Auditing),1998年我国审计署农业与资源环境保护司成立,标志着我国审计机关被赋予了资源与环境审计的职责。党的十八大将生态文明建设纳入"五位一体"总体布局,特别是十八届三中全会提出"对领导干部实行自然资源资产离任审计"后,资源与环境审计出现了大发展的局面,各级审计机关都不同程度地开展资源与环境审计工作,资源与环境审计人才匮乏。一方面,审计人员短期内难以理解和掌握环境科学相关知识;另一方面审计机关引进的资源与环境相关专业工作人员,对审计理论也不甚了解,亟须系统的资源与环境审计知识体系。但长期以来,并无适用于资源与环境审计教学的教材,导致很多开办审计学专业的院校难以开设资源与环境审计相关课程,亟须一本以审计理论为基础,融合资源环境理论的教材。2008年,李兆东博士在原南京审计学院审计学专业首次开设"资源与环境审计"专业选修课,并自编了讲义,在一定程度上缓解了资源与环境人才培养的问题,但教材问题一直未能解决,经过十余年的教学实践,在积累了大量的教学资源的基础上,并经多位老师的共同努力,教材得以成书。

本教材编写人员由南京审计大学政府审计学院教师组成,编写人员共7人,全部为博士研究生,且长期从事资源与环境审计、环境经济学、审计学基础及相关课程的教学,具有丰富的教学经验和丰硕的科研成果。

《资源与环境审计》由李兆东教授担任主编,徐志耀教授担任副主编,各章分工如下:第1章绪论,李兆东博士、教授;第2章国内外环境审计的开展状况,李兆东博士、教授;

第3章资源环境审计理论，李兆东博士、教授；第4章水资源环境审计，徐志耀博士、教授和高升博士；第5章大气环境审计，李兆东博士、教授；第6章土地资源审计，陆燕燕博士；第7章森林资源与环境审计，姚远博士；第8章矿产资源与环境审计，姚远博士；第9章大数据与资源环境审计，赵琛博士和葛蓉博士；第10章领导干部自然资源资产离任审计，徐志耀博士、教授和高升博士。

感谢为本教材提供经费支持的南京审计大学"审计学"专业国家一流专业建设点，感谢为本书的撰写、修改、审定等工作付出努力的专家。本书编撰人员投入了大量的时间和精力，但难免疏漏，有不当之处，敬请读者批评指正。

主编

2023年6月

于南京浦口

目录 CONTENTS

第一章　绪论 ·· 001
　第一节　资源环境审计的起源 ·· 001
　第二节　资源环境审计的相关概念 ··· 003
　第三节　资源环境审计与相关制度解析 ·· 007
　第四节　资源环境审计学科属性 ·· 012
　第五节　资源环境审计的未来展望 ··· 014

第二章　国内外环境审计的开展状况 ·· 016
　第一节　国外环境审计的开展状况 ··· 016
　第二节　我国资源环境审计开展状况 ·· 024

第三章　资源环境审计理论 ··· 041
　第一节　资源环境审计的理论基础 ··· 041
　第二节　资源环境审计的理论框架 ··· 053

第四章　水资源环境审计 ·· 064
　第一节　水资源环境相关概念 ·· 065
　第二节　水资源环境管理机构与制度 ·· 074
　第三节　水资源环境审计内容与方法 ·· 084
　第四节　水资源环境审计的长江案例 ·· 090
　第五节　水生态环境审计的环渤海湾案例 ···································· 096

第五章　大气环境审计 …… 102

第一节　大气环境相关概念 …… 103
第二节　大气环境管理的相关制度 …… 106
第三节　大气环境审计内容与方法 …… 114
第四节　大气环境审计典型案例 …… 125

第六章　土地资源审计 …… 137

第一节　土地资源相关概念 …… 138
第二节　土地资源管理制度与法规 …… 141
第三节　土地资源审计内容与方法 …… 148
第四节　土地资源审计案例 …… 155

第七章　森林资源与环境审计 …… 161

第一节　森林资源与环境相关概念 …… 162
第二节　森林资源环境管理制度与法规 …… 165
第三节　森林资源与环境审计内容与方法 …… 168
第四节　森林资源和环境审计典型案例 …… 174

第八章　矿产资源与环境审计 …… 183

第一节　矿产资源与环境相关概念 …… 185
第二节　矿产资源环境管理制度与法规 …… 192
第三节　矿产资源与环境审计内容与方法 …… 202
第四节　矿产资源和环境审计典型案例 …… 206

第九章　大数据与资源环境审计 …… 212

第一节　大数据审计概述 …… 213
第二节　大数据在资源环境审计中的应用 …… 215
第三节　领导干部自然资源资产离任大数据审计平台和案例研究 …… 228

第十章　领导干部自然资源资产离任审计 …………………………… 239

第一节　自然资源资产离任审计的理论分析 ………………… 240
第二节　自然资源资产离任审计的内容与方法 ……………… 242
第三节　领导干部自然资源资产离任审计的多案例分析 …… 246
第四节　健全自然资源资产离任审计制度的若干方向 ……… 250

第一章 绪 论

随着工业文明的发展，人类在享受工业文明创造的便利和舒适的同时，突然发现我们赖以生存的空间发生了变化，污水横流、空气雾霾、垃圾无处堆放、土壤污染严重等，这些无时不在干扰着我们的生活，若不加以重视，将影响人类的可持续发展。1962年Rachel Carson撰写的《寂静的春天》出版，这是人类首次关注环境问题的著作。1972年6月5日联合国在瑞典首都斯德哥尔摩召开了人类环境会议。这是第一次在联合国会议上讨论环境问题，也是第一次就环境问题召开世界性会议。会议提出了"只有一个地球"的口号，通过了《人类环境宣言》。1973年1月，联合国大会决定成立联合国环境规划署，负责处理联合国在环境方面的日常事务工作。之后环境保护越来越受到全球各个国家的重视，世界各国共同努力在经济和环境之间寻求共同发展的途径，资源环境审计正是在这样的大背景下产生的。

第一节 资源环境审计的起源

1972年6月5日联合国在瑞典首都斯德哥尔摩召开了人类环境会议。这是第一次在联合国会议上讨论环境问题，也是第一次就环境问题召开世界性会议。会议提出了"只有一个地球"的口号，通过了《人类环境宣言》，强调"保护和改善人类环境是关系到全世界各国人民的幸福和经济发展的重要问题，也是全世界各国人民的迫切希望和各国政府的责任"。

自斯德哥尔摩人类环境会议之后，为了应对环境污染，各国和各国际组织开始行动起来，1992年最高审计机关国际组织（简称INTOSAI）成立了最高审计机关国际组织环境审计委员会（The INTOSAI Working Group on Environmental Auditing——WGEA），环境审计正式成为审计机关的一项工作。1995年，最高审计机关国际组织第15届大会将环境审计作为重要议题，并在

其《开罗宣言》中明确指出:"鉴于有关保护和改善环境问题的重要性,国际审计组织鼓励各国最高审计机关在行使其审计职责时,对环境问题进行考虑。"环境审计职能在最高审计机关国际组织《开罗宣言》中加以明确后,逐步得到世界各国的普遍重视,各国依据具体情况,相继开展了不同形式、不同程度的环境审计工作,使环境审计得到了很大的发展,并日益成为现代审计的一个重要发展方向。

环境审计自产生以来已经经历了9个发展阶段。第1个阶段是1992—1995年,这个阶段最主要的事件是环境审计的产生。1992年在INTOSAI的大会上成立了环境审计工作组。首批成员国有12个国家,现在这个规模已经发展到77个国家,其中执行委员会成员国从最初的15个增加到17个。第2阶段是1996—1998,这个阶段环境审计工作组提出了第一个工作主题——水,在此期间,环境审计处理两个具体问题:审计或审核工作组协调国际环境协定和自然资源核算。还有一个重点是机构学习——促进审计机构之间的信息和经验交流,以及制定环境审计的准则、方法和技术。第3阶段是1999—2001年,这个阶段环境审计信息与经验交流得到加强,强调组织区域的合作与秩序,以有效应对跨边界环境问题,2000年建立环境审计工作组网站。制定并发布了第一个环境审计指南——《从环境的视角开展审计活动的指南》(2001)。各区域环境审计委员会成立。非洲、阿拉伯地区、亚洲、欧洲、拉美和加勒比海地区、南太平洋地区等区域性环境审计委员会成立。第4阶段是2002—2004年,提出了第二工作主题——固体废弃物。2002年起草《水和固体废弃物环境审计指南》。积极开展环境合作审计,欧洲、非洲等区域委员会积极尝试实施了跨界环境问题和国际环境协议的环境合作审计。开展了环境审计培训。世界审计组织发展培训委员会开展环境审计培训。第5阶段是2005—2007年,提出了第三工作主题——生物多样性。完成了三个主题的审计指南。研究环境审计合作,起草相关指南。加强与世界银行、联合国环境规划署等外部组织的联系。第6阶段是2008—2010年,提出第四工作主题——大气,对气候变化、大气污染防治等主题进行研究,起草指南。更多的最高审计机关,特别是一些发展中国家参加到环境审计相关课题和指南的研究中。第7阶段是2011—2013年,这个阶段没有提出新的主题,重点是更新和发展新的指南材料,指导研究。这个阶段的研究项目包括土地利用/环境视角的管理实践、环境数据、环境与可持续性报告、与基础设施相关的环境问题、野生动物保护与旅游。计划更新关于审计水问题的指导材料——最高审计机构的经验和编制环境审计欺诈和腐败指导材料;鼓励区域合作的环境审计促进信息交流和学习,包括环境审计的培训和网络培训;提供持续的与组织社区以及外部

组织的沟通和宣传。第8阶段是2014—2016年，提出四个目标，更新现有的和开发新的指南性材料，研究新兴的环境审计主题；促进并行、联合和协调审计；加强信息传播、交流与培训；增强WGEA与国际组织和最高审计机关国际组织的其他组织机构之间的合作。这个阶段的研究项目包括：可再生能源，节约能源，环境评估，海洋环境，环境保护与管理的市场化工具，绿化最高审计机构，提高质量和环境审核的影响，更新2004对审计废物管理的指导材料，回顾关于环境审计的ISSAI 5110（Guidance on Conducting Performance Audit with an Environmental Perspective）、5120（Environmental Auditing in The Context of Financial and Compliance Audits）、5130（Sustainable Development-The Role of Supreme Audit Institutions）、5140（How SAIs May Cooperate on The Audit of International Environmental Accords）等四个文件。第9阶段是2017—2019年，四个目标不变，仍然是更新现有的和开发新的指南性材料，研究新兴的环境审计主题，促进并行、联合和协调审计，加强信息传播、交流与培训，增强WGEA与国际组织和最高审计机关国际组织的其他组织机构之间的合作。研究项目包括：环境审计显性成果（重点是最高审计机关成员间以提高利益相关者和决策者的认识为目的的环境审计活动的关键信息的沟通），环境卫生，绿化城市，水卫生（废水）。工作内容还涉及制定审计准则、开发培训工具、开发一个环境审计网络课程（MOOC）等。

经过9个阶段的发展，环境审计的特征逐步明显，成为一种新兴的审计业务形态，环境审计的理论与实务也显现出与其他政府审计业务的不同，渐渐成为各国政府审计的一项重要任务。

第二节 资源环境审计的相关概念

一、资源、环境与生态系统

（一）资源

《辞海》关于自然资源的定义是："一般天然存在的自然物（不包括人类加工制造的原材料），如土地资源、矿藏资源、水利资源、生物资源、海洋资源等，是生产的原料来源和布局场所。"1972年联合国环境规划署指出："所谓自然资源，是指在一定的时间条件下，能够产生经济价值以提高人类当前和未来福利的自然环境因素的总称。"显而易见，自然资源具有能够为人类提供某

种福利的属性。从定义上来看，资源是环境的组成部分，是环境中够为人类提供某种福利的客观存在。

资源性国有资产是指在人们现有的知识、科技水平条件下，对某种自然资源的开发，能带来一定经济价值的国有资源。从内容上看，资源性国有资产包括我国领土上的矿藏、水流以及宪法规定属于国家所有的森林、山岭、草原、荒地和滩涂等自然资源。资源性国有资产分为三类：Ⅰ类，资产化程度较高，最适合资产化管理要求的，主要是土地资源和各类矿藏资源（燃料矿、金属矿、非金属矿）；Ⅱ类，具有一定的资产化程度基础，亟待需要通过资产化管理加强资源保护的，主要包括水资源（地表水、地下水）、森林资源、野生动植物资源、海洋渔业资源等；Ⅲ类，资产化水平低，开发程度不高，国家应该鼓励合理利用的各类新能源和资源，主要包括太阳能、风能、地热、潮汐能、大气、海盐等。

（二）环境

环境的概念较为宽泛，一般是指相对于某一事物来说的，是指围绕着某一事物并对该事物会产生某些影响的所有外界事物。按其属性可分为自然环境和人文环境。自然环境，是指未经过人的加工改造而天然存在的环境，是客观存在的各种自然因素的总和。人文环境是指人类创造的物质的、非物质的成果的总和。物质的成果是指文物古迹、绿地园林、建筑部落、器具设施等；非物质的成果是指社会风俗、语言文字、文化艺术、教育法律以及各种制度等。环境审计中所涉及的环境概念既包括自然环境也包括人文环境，是以《中华人民共和国环境保护法》对环境的界定为边界，即"影响人类生存和发展的各种天然的和经过人工改造的自然因素总体，包括大气、水、海洋、土地、矿藏、森林、草原、野生动物、自然古迹、人文遗迹、自然保护区、风景名胜区、城市和乡村等"。在这个环境概念中居于中心地位的是人类。

（三）生态系统

与环境相近且容易混淆的是生态系统。生态是指一切生物的生存状态，以及它们之间和它与环境之间环环相扣的关系。英国生态学家，乔治·坦斯利（George Tansley）受丹麦植物学家叶夫根·尼温（Eugenius Warming）的影响，首次提出生态系统的概念，认为生态系统是一个"系统的"整体，这个系统不仅包括有机复合体，而且包括形成环境的整个物理因子复合体，这种系统是地球表面上自然界的基本单位，它们有各种大小和种类。随着系统科学的发展，学术界对生态系统形成了如下定义：生态系统是指在一定时间和空间

内，由生物群落与其环境组成的一个整体，各组成要素间通过物种流动、能量流动、物质循环、信息传递和价值流动，相互联系相互制约，形成的具有自调节功能的复合体。生态系统由生命支持系统（非生物环境）、生产者、消费者和分解者四种基本成分组成。常见的生态系统有：森林生态系统、草原生态系统、海洋生态系统、淡水生态系统（分为湖泊生态系统、池塘生态系统、河流生态系统等）、农田生态系统、冻原生态系统、湿地生态系统、城市生态系统等。

简单地说，环境科学是以人类为中心，把人类生活与环境的相互影响作为一个整体来研究，从而和社会科学有着十分密切的联系，而生态系统是生物与环境之间的一个整体，人类在生态系统中只是一个组成部分，没有特殊性。从环境、资源和生态系统的定义来看，环境审计的概念更为科学，但由于资源环境审计在我国的审计实践中已广泛使用，故统一称为"资源环境审计"。

二、环境污染与污染源

（一）环境污染

环境污染是指自然环境中混入了对人类或其他生物有害的物质，其数量或程度达到或超出环境承载力，从而改变环境正常状态的现象。按环境要素分为水体污染、大气污染、固体废弃物污染、噪声污染、光污染、热污染等；按属性分为显性污染和隐形污染；按人类活动分为工业环境污染、城市环境污染、农业环境污染等；按污染的性质来源分为化学污染、生物污染、物理污染（噪声污染、放射性、电磁波）固体废物污染、能源污染、土壤污染等。

（二）污染源

污染源，通常是指向环境排放或释放有害物质或对环境产生有害影响的场所、设备和装置。按污染物的来源可分为天然污染源和人为污染源。天然污染源是指自然界自行向环境排放有害物质或造成有害影响的场所，如火山喷发；人为污染源是指人类社会活动所形成的污染源。按人类社会活动功能分，可分为工业污染源、农业污染源和生活污染源等。按其存在形式分，可分为固定污染源和流动污染源，如烟囱排放就是固定污染源，而汽车尾气排放就是流动污染源。按排放时间分，可分为连续源、间断源和瞬时源，如火电厂的烟囱就是连续源，锅炉的污染排放就是间断源，运输危险品的车辆发生交通事故就是瞬时源。目前最常用的分类方式是按排放污染物的空间分布分，可分为点源、面源和线源。点源，即排放源是一个点，如烟囱，污水排放口；面源，即

排放源是一个面，如一定面积的农田化肥和农药使用形成的水污染面源，工业区的所有烟囱形成空气污染面源；线源，即排放源是一条线，如流量较为固定的高速公路会形成沿高速公路的空气污染线源，高压线路是电磁辐射的线源等。按上述分类，我们就可以完整地定义一个污染源，如火电厂的空气污染就可以定义为连续排放的固定的工业污染点源。

三、环境污染控制、环境管理与环境治理

（一）环境污染控制

环境污染控制是指控制污染物排放的手段，包括技术手段、经济手段和法律手段。技术手段通常是以污染治理技术研发和应用为主要目标，如废水治理技术、烟气脱硫技术、固体废弃物焚烧技术等；经济手段较为复杂，包括主要污染控制政策、财税制度等；法律手段是指通过制定法律来约束环境污染行为。

（二）环境管理

环境管理是指国家运用行政、法律、经济、教育和科学技术手段，协调社会经济发展同环境保护之间的关系，处理国民经济各部门、各社会集团和个人有关环境问题的相互关系，使社会经济发展在满足人们物质和文化生活需要的同时，防治环境污染和维护生态平衡。由于环境管理的内容涉及土壤、水、大气、生物等各种环境因素，环境管理的领域涉及经济、社会、政治、自然、科学技术等方面，环境管理的范围涉及国家的各个部门，所以环境管理具有高度的综合性。它可分为环境规划管理、环境质量管理和环境技术管理等。

（三）环境治理

20世纪90年代，"治理"一词开始为人们所认识。联合国全球治理委员会（1995）将其内涵定义为："治理是个人、公共、私人机构管理其公共事务的诸多方式的总和。它是使相互冲突的或不同利益得以调和并且采取联合行动的持续的过程。"治理的理念引入公共领域是源于新公共管理运动和治理运动。新公共管理运动是将市场理念、市场机制和市场手段运用于公共管理过程中，而治理运动是将治理的理念和范式引入了政府公共管理的过程。环境治理是公共治理在环境领域的延伸，是对环境管理的发展。环境治理是指个人、私人机构和公共管理部门进行环境管理的诸多方式的总和，环境治理是一个持续过程，

在这个环境相互冲突过程中各方的不同利益得以调和,并采取联合行动对环境进行整治。

第三节 资源环境审计与相关制度解析

资源环境审计具有多学科交叉的属性,且体系尚不成熟,因此相关概念并不明晰,这也影响了环境审计理论的深入研究,本节希望通过分析环境审计与环境管理、环境审核的相关概念,确定环境审计研究的边界。

一、环境审计与环境管理

要区分环境审计与环境管理的概念,首先要明确广义的环境管理与狭义的环境管理的概念。广义的环境管理是指经济社会中一切与环境管理相关的行为活动,经济社会中一切参与环境管理的组织都属于环境管理的范畴。狭义的环境管理是指具有环境管理职责的相关部门进行的环境管理活动。如《中华人民共和国环境保护法》第七条规定"国务院环境保护行政主管部门,对全国环境保护工作实施统一监督管理。县级以上地方人民政府环境保护行政主管部门,对本辖区的环境保护工作实施统一监督管理。国家海洋行政主管部门、港务监督、渔政渔港监督、军队环境保护部门和各级公安、交通、铁道、民航管理部门,依照有关法律的规定对环境污染防治实施监督管理。县级以上人民政府的土地、矿产、林业、农业、水利行政主管部门,依照有关法律的规定对资源的保护实施监督管理",规定所涉及的相关部门就是狭义的环境管理部门。

从广义上说,环境审计是环境管理的一个环节,是协调社会经济发展同环境保护之间的关系,处理国民经济各部门、各社会集团和个人有关环境问题的相互关系,是社会经济发展在满足人们物质和文化生活需要的同时,防治环境污染和维护生态平衡的一个工具。但环境审计参与环境管理的过程又是通过监督狭义的环境管理体系而完成的,这又不同于一般的环境管理,是独立于狭义的环境管理体系之外的一种经济手段。而通常习惯于将环境管理定义在狭义的范围内,因而环境审计不能等同于环境管理,而是以审计监督的形式参与环境管理。

二、环境审计与环境审核

环境审计与环境审核在英文中都是Environmental Auditing,因而其概念极易被混淆,很多专家学者并未加以区分,认为是不同的人在做同样的事情。其

实不然，自环境审计产生发展至今，环境审计与环境审核都有着本质的差异。下面将针对环境审核体系中的相关概念逐一进行分析。

（一）环境审计与环境影响评价

根据《中华人民共和国环境影响评价法》第二条规定，环境影响评价是指对规划和建设项目实施后可能造成的环境影响进行分析、预测和评估，提出预防或者减轻不良环境影响的对策和措施，进行跟踪监测的方法与制度。从这个定义上来看，环境影响评价是利用环境科学专业技术，进行环境监测分析，从专业技术的角度进行预测和评估的活动。环境影响评价显然具有较强的专业性，未进行环境专业训练的人员很难从事这项工作。而环境审计人员显然不能胜任环境影响评价工作，且根据相关法律，环境影响评价需具备特殊资质，也非环境审计人员可以担当的。但是环境审计也包含评价的功能，这就是很多专家学者质疑的地方。其实环境审计的评价与环境影响评价是不同的。环境影响评价中的评价是对规划和建设项目实施后可能造成的环境影响的评价，是针对环境技术评价，而环境审计中的评价是对环境管理体系政策执行效果、资金使用情况的评价，是针对环境管理的评价。环境审计是通过资金审查评价环境管理和环境治理效果。环境影响评价中的经济性评价是通过经济性分析，比选环境保护措施方案。因而，在评价对象和目标上具有本质区别，不能混为一谈。环境影响评价是狭义环境管理的一个环节，是环境审计的一个对象。同时环境影响评价提出的措施，在证实其合理的前提下，可以作为环境审计的一个依据。

（二）环境审计与清洁生产审核

根据国家发展改革委和原国家环境保护总局制定并审议通过的《清洁生产审核暂行办法》第二条规定，清洁生产审核是指按照一定程序，对生产和服务过程进行调查和诊断，找出能耗高、物耗高、污染重的原因，提出减少有毒有害物料的使用、产生，降低能耗、物耗以及废物产生的方案，进而选定技术经济及环境可行的清洁生产方案的过程。清洁生产审核具有节能减排的双重目标，其也是通过调查和诊断技术环节存在的能耗高、物耗高、污染重的问题，从技术上提出方案进行改进，是一种技术手段。企业内部的环境审计也有这样的功能，可以通过资金审查，从工艺过程的角度发现问题，但是并不参与改进，环境审计发现的问题只是移交给生产部门处理。环境审计是从管理层面上发现生产过程中的问题，并在管理层面提出建议，是促进清洁生产的手段。政府环境审计中的节能减排审计主要是审查资金投入后节能减排目标的实现情

况，也包括清洁生产促进工作落实情况，是对清洁生产审核的监督过程。无论从企业还是政府角度，环境审计与清洁生产审核都存在明显差异，不可混淆。

（三）环境审计与能源审计

根据中华人民共和国国家标准《企业能源审计技术通则（GB/T17166-1997）》之规定，能源审计（Energy Audit）是审计单位依据国家有关的节能法规和标准，对企业和其他用能单位能源利用的物理过程和财务过程进行的检验、核查和分析评价，是一种能源科学管理和服务的方法。其主要内容是按照审计类别的不同对用能单位能源使用的效率、消耗水平和能源利用经济效果的客观考察，通过对用能物理过程和财务过程进行统计分析、检验测试、诊断评价并提出节能改造措施。北京市发展与改革委员会在其"十二五"能源规划中也明确给出了能源审计的定义：能源审计是指能源审计单位依据国家有关的节能法规和标准，对企业和其它用能单位能源利用的物理过程和财务过程进行的检验、核查和分析评价。它是一套集企业能源系统审核分析、用能机制考察和企业能源利用状况核算评价于一体的科学方法，它科学规范地对用能单位能源利用状况进行定量分析，对用能单位能源利用效率、消耗水平、能源经济与环境效果进行审计、监测、诊断和评价，从而寻求节能潜力与机会[1]。按《企业能源审计技术通则》，能源审计的内容包括能源管理状况、用能概况及能源流程、能源计量及统计状况、能源消费指标计算分析、用能设备运行效率计算分析、产品综合能源消耗和产值能耗指标计算分析、能源成本指标计算分析、节能量计算、评审节能技改项目的财务和经济分析等。从其内容上看，能源审计提出的对财务过程的检验、核查和分析，仍是节能技改方案的财务分析评价，而不是对企业能源利用进行综合的经济性的评价。能源审计的实质还是技术优化的过程。而环境审计对能源利用的监督不是在其技术环节，而是在管理环节，能源审计是否有效开展也是环境审计的监督范围。环境审计更关心是否有节能投入，投入后是否达到预期效果，并分析原因，为后续节能政策调整服务，而不是针对工艺技术的审查诊断，即使在环境审计过程中发现工艺技术缺陷，也只是督促生产技术部门进行整改，环境审计部门没有权限也没有能力进行改进。

（四）环境审计与碳审核

碳审核也常被称为"碳审计"，是通过计算被审核对象的温室气体排放量，从而发掘改善空间，组织进一步的减排工作。目前在开展的碳审核项目包括，清洁发展机制（Clean Development Mechanism，简称CDM）中碳审核、香港推行的《香港建筑物（商业住宅或公共用途）的温气体排放及减除的审计和报告指引》的碳审计，以及香港低碳制造计划（Low Carbon Manufacturing Program，简称LCMP）中为制造商提供的碳审计等，欧美国家也在推行为碳标识而进行的碳审核。这些碳审计一般程序是：设定范围、收集数据、建立温室气体清单及管理体系、第三方核查、第三方核查报告评审、颁发标签等，从这个过程可以看出碳审核是对产品和服务中产生碳排放量的计算和核定的过程，而非审计概念。环境审计中的低碳审计的目标是通过审计监督，促进低碳政策、低碳经济杠杆、低碳技术的合理和有效应用，保障低碳经济的健康发展，减缓气候变化，促进人类可持续发展[14]。具体内容应该包括低碳政策、法规和制度制定过程的科学性，实施过程的适当性和遵循性；中央、地方政府和企业单位低碳责任履行的效果性；低碳产品补助资金申请和使用，以及低碳技术扶持资金使用的真实性、合法性和效益性；低碳财税减免的符合性、真实性和效果性；低碳交易行为的真实性等。环境审计是对低碳管理的审计，而非温室气体排放量的核定。

（五）环境审计与国际标准化体系

国际标准化组织（International Standard Organization，缩写为ISO）先后制定了ISO9000、ISO14000和ISO26000系列标准体系。ISO9000是质量标准体系，ISO14000是环境标准体系，ISO26000是社会责任标准体系。ISO14000标准体系包括环境管理体系（EMS）标准号14001~14009，环境审核（EA）14010~14019，环境标识（EL）14020~14029，环境行为评价（EPE）14030~14039，生命周期评估（LCA）14040~14049，术语和定义（T&D）14050~14059，产品标准中的环境指标14060，备用14061~14100，共100个标准号。ISO26000标准体系的核心部分覆盖了社会责任内容的9个方面，包括：组织管理、人权、劳工、环境、公平经营、消费者权益保护、社区参与、社会发展，以及利益相关方合作。其中保护环境包括承担环境责任、采取预防性方法、采用有利环境的技术和实践、循环经济、防止污染、可持续消费、气候变化、保护和恢复自然环境等。国际标准化组织是希望通过标准化推广，使企业资源进行环境管理，承担社会责任。标准体系更加注重企业生产程序的环境保护问题，对于宏观政策层面以及企业环境风险的审核涉及较少，仍是环境审核的范畴。早期的环境审计研究者也有提出借鉴环境标准体系中环境审核程序。这里的环境审计主要是以建立环境标识为目标的，因而具有较强的技术性，对于内部环境审计尚有一部分借鉴价值，其程序和方法难以满足政府环境审计的需求。

三、环境审计与环境保护督察

2015年7月1日，中央深改领导小组第十四次会议审议通过《环境保护督察方案（试行）》，明确建立环保督察工作机制。环境保护督察是国家关于推进生态文明建设和环境保护工作的一项重大制度安排。督察的目的是重点了解省级党委和政府贯彻落实国家环境保护决策部署，解决突出环境问题，落实环境保护主体责任情况，推动被督察地区生态文明建设和环境保护，促进绿色发展。在具体督察中，坚持问题导向，坚持"四个重点"原则：重点盯住中央高度关注、群众反映强烈、社会影响恶劣的突出环境问题及其处理情况；重点检查环境质量呈现恶化趋势的区域流域及整治情况；重点督察地方党委和政府及其有关部门环保不作为、乱作为的情况；重点了解地方落实环境保护党政同责和一岗双责、严格责任追究等情况。

环保督察组的性质是中央环保督察，国务院成立工作领导小组，具体的组织协调工作由当时的环保部牵头负责。按照《环境保护督察方案（试行）》规定，督察组长由现职或近期退出领导岗位的省部级干部担任，副组长由环保部现职副部级干部担任，成员则为来自中纪委、中组部、环保部等多部门的领导、干部。中央环保督察的对象主要是各省级党委和政府及其有关部门，但在督察的过程中可以下沉到部分地市级党委和政府，而且能够直接深入企业进行调查。因此，环保督察以"督政"为重点，督察对象包括了省级、市级党委、政府及有关部门和地方企业，实现了对"党政企"的全覆盖。

中央环保督察的内容可以分为三大块：一是党委、政府对国家和省环境保护决策贯彻落实情况。主要包括党中央、国务院及省委、省政府环境保护重大决策部署贯彻落实情况；环境保护法律法规实施情况；环境保护计划、规划、重要政策措施的落实情况；环境监督执法能力保障情况；环境监管执法重点任务实施进展，以及经济发展和环保资金投入情况。二是突出环境问题及处理情况。主要包括环境质量变化情况；区域性、流域性突出环境问题及处理情况；群众反映强烈、社会影响恶劣的偷排偷放、治污设施不正常运行等方面的突出环境问题及处理情况；重大环境安全隐患问题及处理情况，以及环境基础设施建设运行情况。三是环境保护责任落实情况。主要包括党委、政府及其有关部门落实环境保护党政同责和一岗双责情况；对环境保护工作的研究部署、制度建设、责任落实、督促检查及工作成效、责任追究和长效机制建立等情况。

督察工作方法主要可以分为听取汇报、调阅资料、个别谈话、走访问询、受理举报、现场抽查、下沉督察几种，手段多样，形式丰富，如图1-1所示。

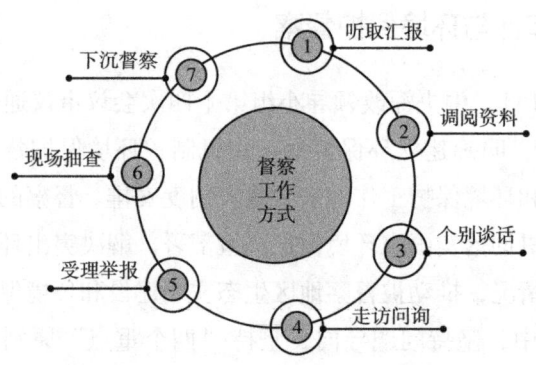

图1-1　环境保护督察方式

督察工作流程也越来越规范化、科学化，主要包括三个阶段：第一阶段是省级层面的督察。这一阶段中央督察组主要是与省委、省政府及相关部门领导谈话，调阅省委省政府及相关部门的资料，走访主要承担环保职责的有关部门，同时受理信访举报。第二阶段是下沉地市督察。这一阶段中央督察组针对督察准备期以及第一阶段整理出的问题和线索，下沉到部分地市进行调查取证核实，必要时深入企业或者其他现场，目的是评估问题严重性和落实责任分配情况。第三阶段是梳理分析归档。这一阶段中央督察组对前两个阶段的工作进行梳理，形成客观的结论和基本的观点，呈现报告框架，并对未下沉地市的突出情况进行"回头看"，展开有针对性的补充督察。主要环节包括：督察准备—督察进驻—形成督察报告—督察反馈—移交移送问题及线索—整改落实等，如图1-2所示。

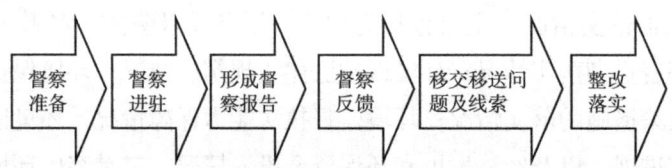

图1-2　环境保护督察流程

第四节　资源环境审计学科属性

资源环境审计实质上是经济社会环境管理和环境治理的一个环节，是应用环境科学和工程学的相关理论和手段，是结合管理学和经济学的分析方法的一种审计科学技术。因而，资源环境审计具有明显的交叉学科属性，是审计学与环境科学、资源管理、管理学、经济学、工程学等相关学科的交叉学科。

一、是审计学与环境科学的交叉学科

资源环境审计的审计对象是环境科学领域，主要是监督、鉴证、评价环境保护相关部门的责任履行、相关政策的履行、环境保护的绩效、环境保护措施的效果等，这些都要掌握和应用环境领域的相关知识。例如，对水污染防治的审计调查，通常要评价资金投入是否使水质达标。水质指标就是环境数据。审计人员必须掌握基本的环境科学知识才可以做出合理判断。同时在查证的过程中采用的又是审计学技术和方法，需要审计学的理论支撑。因而，资源环境审计是审计学和环境科学的交叉学科。

二、是审计学与管理学的交叉学科

资源环境审计的应用对象主要是环境管理领域，其实质是环境管理的一个工具。在组织内部，环境审计是控制组织环境风险的最后一道防线，协同其他环境管理部门共同实现环境风险控制，保障组织的持续发展。环境审计可以为政府环境管理提供真实、有效的综合信息，发现政府环境管理存在的问题，监督控制环境保护资金的使用。因而，资源环境审计应涵盖管理学的风险理论、组织行为理论等相关知识，同时要结合审计学的增值理论、舞弊理论等，是审计学与管理学的交叉学科。

三、是审计学与经济学的交叉学科

资源环境审计的服务对象是经济发展，资源环境审计的最终目的应该是提高经济效益或为宏观经济服务。从微观经济的角度，企业有追求经济效益的需求，资源环境审计可以查找工艺流程中不合理的环节，促进生产环节提高物料利用率，在减少排放的同时，提升经济效益。从宏观经济的角度，资源环境审计可以查证综合数据，对环境质量指标和宏观经济指标进行评价，提出综合效果和改进建议，保障宏观经济的健康发展。因而，资源环境审计需要利用微观经济和宏观经济的相关理论，是审计学与经济学的交叉学科。

四、是审计学与工程学的交叉学科

资源环境审计涉及的内容主要与工程技术相关，工程建设项目过程中一般会产生环境影响，为消除或改善环境影响，环境保护工作也大多通过工程项目加以实施。在资源环境审计过程中，通常会涉及工程建设项目，审计人员需要对工程投资、工程质量、工程效果等问题进行综合，在工程技术的基础上，对建设项目的整体效益进行评价。因而，资源环境审计必须掌握基本的工程技

术知识，以工程技术为基础，结合审计学的理论进行分析，是审计学与工程学的交叉学科。

综上，资源环境审计是审计学的衍生学科，具有多学科交叉属性，这使得资源环境审计的理论研究和实务应用较为复杂，学科体系尚不成熟。目前的资源环境审计理论研究对管理学和经济学的结合较多，但对环境科学与工程学的结合较弱，需要进一步完善。

第五节 资源环境审计的未来展望

经过30余年的发展，资源环境审计已经具备了区别于其他审计形态的特征，逐步成为一种特殊的审计业务。随着全球环境保护需求的不断增加，资源环境审计在其理论研究和实务应用上必将迎来更多的发展空间。

一、独立学科属性特征更加明显

资源环境审计具有明显的交叉学科属性，是审计学与环境科学、管理学、经济学、工程学等相关学科的交叉学科。但资源环境审计又有别于相关学科，环境科学、管理学、经济学、工程学是其基础，审计学是对相关学科的应用，是构建于相关学科基础上的新型的审计科学技术，而任何相关学科均不能涵盖资源环境审计范围。随着资源环境审计的深入研究和开展，资源环境审计理论体系将从环境科学和工程学中筛选出相关的技术基础，从管理学、经济学中分离出研究手段，从审计学中提炼出更具有针对性的应用方法，资源环境审计的独立学科特征也将更加明显。

二、审计技术方法更具科学性

目前的资源环境审计技术方法，无论是理论还是实务都呈现出多样性，在审计过程中，程序固定，但方法迥异，导致审计取证和审计判断差异明显，受审计人员的专业背景、从业经验，甚至于个人状态的影响较大，审计结果通常表现为同一审计人员不同时间对审计结果判断的差异性，以及不同审计人员同一时间对审计结果判断的差异性。由于资源环境审计技术方法的不成熟，导致审计判断的不一致，使资源环境审计的科学性较差。随着资源环境审计业务的拓展和资源环境审计案例总结的不断深入，资源环境审计一般性的技术方法的理论研究也不断深入，资源环境审计将更具科学性。

三、应用领域不断拓展

资源环境审计最早是对环境保护资金的使用情况进行核查,核查的范围限于资金使用中是否违反财经法纪,其实质就是对应用于环境保护领域的资金进行财政财务审计。随着资源环境审计向绩效审计发展,其已经不是简单的环境保护资金的财政财务审计,而逐步拓展为以环境保护效果性评价为主要目标的,对资金使用情况和政策执行情况的审计,其覆盖面已经涉及环境保护的所有领域。资源环境审计不仅可以提供资金使用上的监督服务,更将成为一种具有预测性的环境管理工具,为环境保护各利益相关方提供信息鉴证服务。资源环境审计业务将随着需求的增加而不断拓展。

四、审计结果更受关注

随着资源环境审计应用领域的拓展,资源环境审计结果的使用方也在增加,对资源环境审计提供信息的关注也在不断地增强。随着资源环境审计的进一步开展,会有更多的信息在资源环境审计结果中披露,民众除了可以从环境保护信息系统中查找环境保护信息外,也可以从资源环境审计结果中分析环境保护的进展和效果,资源环境审计将成为民众参与环境管理的又一个途径,因而更加受到关注。同时,随着对污染企业贷款的限制,资源环境审计披露信息也将逐渐成为企业在征信、市场及融资方面的重要参考,成为信贷审批的重要依据。

总之,随着社会需求的不断增加,资源环境审计理论研究将不断深入,资源环境审计业务也将不断发展,成为审计专业领域中的一个主要审计形态。

▷▷ 本章问题讨论

1. 最高审计机关国际组织环境审计委员会成立以来,资源环境审计发展经历了哪些阶段?有什么主要特征?
2. 简述资源、环境和生态系统的区别与联系。
3. 简述环境污染和污染源。
4. 简述环境污染控制、环境管理与环境治理的区别与联系。
5. 简述资源环境审计的学科属性。

▷▷ 本章参考文献

北京市发展与改革委员会. "十二五"能源规划 [EB/OL], http://www.bjpc.gov.cn/zt/125ny.

第二章
国内外环境审计的开展状况

自最高审计机关国际组织环境审计委员会成立以来,国外的环境审计已经经历了9个发展阶段,我国审计署1998年成立农业与资源环境保护司。该司自被赋予资源环境审计职责以来,也经历了20余年的发展,资源环境审计的特征逐步明显,成为一种新兴的审计业务形态,资源环境审计的理论与实务也显现出与其他政府审计业务的不同,渐渐成为各国政府审计的一项重要任务。本章将介绍资源环境审计在国内外的发展状况。

第一节 国外环境审计的开展状况

国外并无资源环境审计的概念,与之相对应的是环境审计。环境审计在各国的开展程度各不相同,其涉及的范围和重点内容也差异很大,对于环境审计技术方法的运用也存在不同的理解。

一、国外环境审计的涉及范围

环境审计尚无统一的定义。广义来讲,"环境审计"一词是用来形容以下各种活动的便捷的称呼,如管理审计、产品认证、政府控制措施和其它许多活动等,这些活动与外部审计很少或没有关系。最高审计机关在提出环境审计概念时,还将一些从定义上来讲不属于审计范围但对加强管理很有帮助的活动纳入环境审计的范围。

最高审计机关国际组织第15次大会提出了环境审计的概念并认为,环境审计从原则上讲,应当采用最高审计机关制定的各种审计方法,而且应当覆盖各种审计类型。因此,环境审计所注重的方面应当是披露环境资产和负债情况,检查对国内和国际法律法规的遵守情况,以及评价被审计单位为促进经济性、效率性和效果性而采取的各项措施是否恰当等。2001年最高审计机

关国际组织环境审计工作组在《从环境的视角开展审计活动的指南》中给出了环境审计定义的四个原则：(1)环境审计包括财务审计、合规性审计和绩效审计；(2)环境财务审计通常评价政府的财务报表是否反映环境成本和负债；(3)环境合规性审计主要评价是否遵照有关的环境法律、规章和政策；(4)环境绩效审计通常包括评价政府是否实现其环境目标，是否有效解决环境问题，是否高效、经济地运行。

最高审计机关亚洲组织环境审计工作组于2002年成立，并制定了《最高审计机关亚洲组织环境审计指南》，指南在《开罗宣言》所提出的环境审计的定义框架和《从环境的视角开展审计活动的指南》定义原则的基础上将环境审计界定为，由最高审计机关对政府和(或)企事业单位等被审计单位的环境管理以及有关的经济活动的真实、合法和效益性所进行的监督、评价和鉴证等工作。

从环境审计的定义原则和定义来看，环境审计涉及的范围较广，从广义环境审计来说，包括管理审计、产品认证、政府控制措施以及对加强管理很有帮助的活动等；从政府环境审计的角度，环境审计的范围限定在政府和(或)企事业单位等被审计单位的环境管理以及有关的经济活动，而这个范围实质上也很广泛，几乎涵盖政府和(或)企事业单位经济活动的全部内容。这显然给政府审计工作提出了更高的要求。

二、环境审计的主要内容

环境审计的范围广，内容也十分复杂，一般将环境审计分为财务审计、合规审计、绩效审计三类，具体而言分为对环境委托责任履行情况的审计、对环境法律和政策执行情况的审计、对环境保护项目的绩效情况审计、对建设项目的环境影响审计、对环境政策的制定过程和政策调整的审计、对环境管理系统的审计、对计划的环境政策和环境项目进行评估、对环境保护财政资金的审计，以及对以环境要素为主题的审计等9个方面内容。

(一)对环境委托责任履行情况的审计

环境责任是由公众或议会(国会)委托给中央政府，中央政府再逐级委托给地方政府实施的，一种分层级委托责任。环境责任履行情况的审计是国外审计机关关注的重点内容之一，审计机关通过检查和跟踪委托责任的完成情况，评价政府和相关部门在完成环境义务方面的积极程度。例如，1990年，经法律授权，美国审计署对公共饮用水供应系统的安全性进行了审计，详细审查了国家环境保护局以及抽选的6个州，完成公共饮用水供应系统主要项目要求的

情况。这些要求包括：公共水利系统是否对饮用水供应情况进行了适当的监督，以确保饮用水供应没有被污染；各州的法律机构是否发现并向国家环境保护局报告了违反饮水质量标准的情况；各州法律机构是否对违规人员进行了罚款处理或采取了其它措施；国家环境保护局对整个项目实施有效监控的情况如何等。美国审计署提出了一系列建议，如保证水利系统管理人员接受适当的培训，提高各州对违规现象的检查水平，保证各州及国家环境保护局根据法规规定对违法者进行罚款或采取其它处理措施等。

加拿大审计总长公署在1995年设置环境与可持续发展专员职位，2005年在针对联邦政府如何履行向数百万人提供安全饮用水的责任情况审计中，专业报告负责卫生的联邦部门（加拿大卫生部）在制定和审查《加拿大饮用水质量指导方针》时行动迟缓，积压了大约50份需要更新的，反映最新科学状况（如饮用水污染物最高允许浓度）的指导方针。在2009年对此项方针的跟踪审计整改情况时发现，卫生部在加快批准饮用水质量方针和处理积压问题方面取得令人满意的进展。

（二）对环境法律和政策执行情况的审计

环境质量的改善是通过环境法律、法案和政策进行推动的，一方面环境法律、法案和政策的执行效率对某一类环境问题的解决有直接的影响，另一方面环境法律、法案和政策本身的合理性更是环境问题得到解决的根本。审计在审查相关法律、法案和政策执行情况的同时更应该评估法律、法案和政策本身的合理性，这在国外的环境审计中得到了普遍关注。例如，美国审计署曾检查对农业废弃物和其它扩散源污染程度进行监控的资料。这些资料尽管不够全面，但也是可以得出结论，并提出预算建议的。在审查了环境保护局有限的一些资料以及一份较科学的共识性文件后，审计署认为非固定点源水污染是美国目前影响水质量问题的主要原因。审计发现，全国范围内非固定点源污染治理只取得了很小的进展；联邦政府在解决水质量问题的款项中只有小部分资金用于解决非固定点源污染。因此，审计署建议国会重新审定环境保护局有关水质量问题的预算，以加大对非固定点源水污染的控制。

1997年，受欧盟委员会和成员国的委托，欧洲审计法院对欧共体城市污水处理法令的执行情况进行了审计。该法令的目的之一是对城市发展所产生的水污染进行持续的监控，并建立一个所有欧洲国家都共同接受的标准。审计法院对各成员国所接受的用于资助城市污水处理相关项目和工程的拨款进行了审查，审计结果表明，为达到法令规定的新的质量标准，需要建立或改进约40000个污水处理站。

（三）对环境保护项目的绩效情况审计

环境的修复工作是通过一系列项目完成的。政府制定相关政策推动一些环境保护项目执行，以实现对环境的修复。这些项目大多使用政府补贴，是各国政府审计机关环境审计的主要内容之一。例如，英国审计署曾审查了环境部为减少办公楼和民用建筑对环境的影响所运用的各项政策措施，包括制定建筑业应遵守的规章制度，提供资助以帮助住户改善住房的隔音隔热条件，指导和帮助其它政府部门减少能源消耗，以及修建、装修房屋时使用环保型材料等。审计对能源耗用和二氧化碳排放的预期影响方面提出了一些意见，但并未对这些政策措施的全面效果进行评价。

2008年俄罗斯联邦审计院对联邦矿产基地修复情况进行了审计，审计院通过评估主管部门在自然资源研究、利用、恢复和保护方面工作，认为地质勘探工作业绩较好，大多数矿产预计勘探储量增加。但很多重要的经济领域矿产资源预计2013年至2015年将会耗尽。同时，俄罗斯自然资源部没有对矿产基地的修复进行全面管理，31个被审计单位的修复行为中仅有19个得到了俄罗斯联邦立法机构的认可，但在2005年至2007年有6万多卢布资金被用于矿产基地修复的管理，其中包括部分科研资金。

（四）对建设项目的环境影响审计

严格意义上说，除了那些以保护或改善环境为目标的项目之外，所有的活动都会因其使用资源或对本地区造成一定的后果而对环境产生影响，政府活动也不能例外。有些政府项目会产生重大的影响，一些影响是正面的，而另一些影响则是负面的。有些项目的影响是已经预见到，但仍然实施的，另一些则可能是没有预见到而产生的。例如，修建道路的目标是方便人和货物的运输，但修建道路过程会通过使用土地，与道路沿线的生态环境发生相互作用，修路会对生态环境产生直接或间接影响，同时道路在使用过程中还会引起空气和噪声污染。这些因项目建设对环境造成的影响是环境绩效审计关注的主要方面之一。为了解决政府活动对环境造成的影响，最高审计机关应当界定政府在建设项目环境影响中所承担的责任，并将其作为进行政策评价的标准。

最高审计机关的审计应当从了解政府自身对预期环境影响所进行的评价（如果有的话）入手。最高审计机关需要检查以下各项内容是否恰当：项目和活动的具体规定、所处环境和最基本条件；所认定的主要影响的完整性；用以评价影响和预期范围可能性的各种数据；任何可能降低影响的措施。最高审计机关还可以进一步检查政府活动对环境造成的影响、活动预计范围以及引起的成本增值，但这个过程需要专家的协助，也存在估值的不确定性，采用审计师

预期结果作为审计标准也存在争议的可能性。对建设项目的环境影响审计时，首先政府就应当明确可以缓解或减少环境影响的各种措施。最高审计机关进行审计时，需要认定这些措施是否已经实施，并符合最佳实务做法或在采用了最先进技术的同时却没有造成过多的开支，也就是在技术先进性评价的基础上，评价措施的经济性；是否已经取得了预计的制止作用，即措施的效果性；如果没有达到预期目标，政府采取的替代措施是什么等内容。

建设项目的环境影响审计是环境审计最为常见的类型，在开展环境审计的国家一般都有案例。环境影响评价制度的审计是加拿大审计总长公署的主要审计类型之一。2009年专员向议会报告了加拿大联邦的《加拿大环境评价法案》的执行情况。审计采用随机统计样本，在审核中发现，大约有50%的环评没有足够的证据来证明与某些项目相关的环境或生态风险已得到注意，有75%的环评不能证明实际执行了缓解环境风险的必要措施。审计还发现，将正在实施的环境评价告知公众的措施与支持公众有效参与的现有机制不一致或不到位。审计还发现，已经开展的多个项目或同时开展的项目位于同一地理区域或影响同一生态系统时，很难执行累积性环境影响评价，也就是环境影响的叠加效果难以确定。

英国审计署对运输部如何评估公路建设项目的环境效益进行了审计。根据需要执行的欧盟环境效益评估的法令和最佳的实务做法，对运输部进行审查评估。审计认为，需要进一步评估公路建设的全球效益和累计效益，改进对特定效益的评估，并完善对环境效益成本的量化管理。

智利审计总署办公室选取了国家环境委员会的四个地区办公室，对其环境评估体系试点工程样本项目的历史记录进行了分析，依据环境影响报告审核过程的要求和时间表进行符合性审计，同时还对所审计样本的内部控制等方面进行评审。除审计总署办公室外，还邀请有环境管理权限的政府机构参加。审计发现环境影响评估在标准上存在差异，特别是授予环境许可证方面差异较大。审计还发现，审计的四个地区有三个地区的涉及环境影响评估的政府主管机构没有遵循环境影响评估体系的某些条款规定。

伊朗最高审计署对突出环境因素的项目和公共工程进行过审计，审计发现环境保护机构从环境角度进行评估的时间过长，形成一定危害，导致有几十个项目在排队等候项目环境评估工作组的评估，而评估周期可能要几个月，甚至几年的时间，致使项目进度受到严重影响。

（五）对环境政策的制定过程和政策调整的审计

对政策执行过程的监督，在合规审计中已有较多涉及。对政策和制度的制定进行的审计是评价政策本身的效果，即政策、制度、法律、法规的执行是否准确、到位，因此要剔除政策执行的影响因素。只有这样，对政策制定效果的评价才更为客观。

爱沙尼亚审计院曾经对环境部政策制定进行审计。审计以维护可持续发展的相关法律为评价标准，相关法律要求建立长期项目，以处理敏感的环境问题，实现经济活动与环境效益、社会效益之间的平衡。在审查了环境部制订的项目计划后，审计院认为这些项目未能做到一贯充分地表述主要目标，未编制项目的总体预算，项目资金计划和来源不够具体，未能详细说明项目的进展及效益情况。审计院建议环境部要进一步明确项目目标，同时要制订相应的进度计划并安排资金来源。同时审计院还建议财政部要抓紧制订项目的编制、批准以及融资方面的规定。

美国审计署曾经对《安全饮用水法案》进行审计，审计发现饮用水系统不符合法案的主要规定，违反事项通常与遵守法案的成本相关，且审计发现不符合法案的问题十分严重，不遵守合法案的普遍存在，这使政策制定者意识到，法律所建立的系统是否有效，或者政策本身是否需要根本性变化。因此，国会要求审计机关提供的信息需求发生了变化，从"各州及环境保护署饮用水系统是否符合计划要求，转变为法定要求和计划要求本身是否需要变化，以便用能够承受的成本保护饮用水供应。审计目标也由此发生调整。美国审计署通过分析大量报告、证据以及现有法律的变化，判断出州和地方政府能够更加经济、有效地保护水源的方式。例如，美国审计署的一项报告指出，法律要求环境保护署每三年增加监管25种饮用水污染物，却不考虑这些污染物的风险和大小。报告显示监管机构和受监管群体的资源均较为有限，因此建议取消这项要求，以促进将资源更有效地配置给那些对于州和地方饮用水保护能力和效果更为重要的活动，国会根据审计机关的调查修订了该项法案。

（六）对环境管理系统的审计

环境管理系统是相对宽泛的概念，有政府环境管理系统（如环境保护行政体系）、部门和行业环境管理系统、企业环境管理系统等。国家审计机关只是有选择地对前两种管理系统的绩效进行评价，因为社会审计机构或内部审计机构完全可以承担对企业环境管理系统和部分行业环境管理系统的评价监督工作。最高审计机关国际组织认为，国家审计机关对环境管理系统的工作绩效进行审计，包括以下一些方面：环境管理系统的运行情况；环境管理系统是否正确地承担了管理职责；环境管理系统是否实现了既定环境保护目标，以及实现方式与途径是否科学；本国或本地区的环境管理系统与其他国家或其他地区的

环境管理系统相比，是否有值得改进的方面等。

加拿大审计长公署对各类私营部门和联邦政府环境管理机构进行了审计，并设计了调查问卷来评估政府环境管理系统。美国审计署通过审计发现，政府对环境效益进行考核的效果，以及评价政府从环境效益考核中获益的可能性。

英国审计署审查了几个政府部门在维修和保护仍在使用中的历史建筑物方面的情况。审计认为，历史性建筑是国家遗产的一部分，政府应在保护这些遗产方面发挥作用。审计还强调对这些建筑物要进行全面勘查，记录最新的修缮资料，加强维修养护以预防风化腐蚀。

（七）对计划的环境政策和环境项目进行评估

荷兰审计院在1995年对各国最高审计机关做了一项调查，发现很少有最高审计机关对计划的环境或项目进行评估。实际上，各国最高审计机关普遍都不愿意卷入这一领域，因为在这种情况下审计标准本身（如环境法律规范）可能成为被评估对象。如果，最高审计机关的结论可能被认为脱离事实，或者过于理想化，那么就会给审计机关带来很大的风险。但最高审计机关国际组织仍呼吁各国审计机关就计划中的环境政策或项目为其国家的立法部门提供信息。这种工作既是挑战，也是风险，需要外部专家的协作。例如，对计划中环境法规的成本收益进行评价经常需要经济学的知识。在这种情况下，最高审计机关可以聘任具有所需技能的专业人士，或者采用更简单的方式，即直接购买外部咨询顾问的服务。但即使有外部专家的专业知识补充，此类分析还是会给审计机关带来额外的风险，特别是当审计部门与政策制定部门，就某项政策出现分歧和争论时，更加大了审计风险。

面对这样的审计任务，可以采取如下措施：一是提供事实信息，而不是判断信息，即对各种政策决策可能产生的影响提供事实性和分析性信息，而不要建议具体的替代措施。二是对其他组织的分析成果进行评价和评论。一般来说，最高审计机关对各项计划的政策进行评价时所面对的最大风险是对预见性的假设进行分析，如未来的经济增长率，或者对技术性因素进行分析，如生态系统会对不同的环境压力产生何种反应等。为了解决审计风险的问题，审计机关也可以对计划政策已有的研究成果和结论进行评价，而不是自己对政策中的假设问题进行分析；可以从计划政策或项目在制定阶段的方案论证的程序合规性和合理性进行评价，间接地分析和评估计划政策和项目的合理性、科学性。

美国审计署曾被要求对"如何把资源有效地集中到处理对人类健康和环境造成极大危害的环境问题上"进行分析并提出建议。例如，在报告"环境保护：以有限的资源来满足公众的预期（GAO/RCED-91-97）"中，审计认

为，国家最重要的环境计划目标并没有达到，主要原因之一就是资金没有被有效用于解决最严重的问题。报告显示，在审计署主办的一个研讨会上，来自工商界、政府及其他行业知名的环境专家们一致认为，环境保护局的资金并没有放在对环境问题所带来危害的科学研究分析上，而是更多地集中到消除公众对这些危害的误解上。为此，报告建议国会和环境保护局应共同努力寻找合适的时机，实现资源从危害较少的问题到危害较大的问题的转移，并对公众进行有关环境危害的宣传教育。

（八）对环境保护财政资金的审计

各国政府越来越认识到为遵守环境政策、履行环境义务所花费的成本是非常大的，很多国家（或地区）都根据本国（或地区）环境保护工作的开展情况组织一些环境保护专项资金。环保专项资金具有专用性、金额巨大和用于国家或地区环境保护的重要方面等特点。对环境保护财政资金的审计是传统的审计内容，一般检查资金的管理情况，包括分配、下拨、使用等环节。这与传统财务审计的内容没有本质上的区别，需要重点关注的是分散到基层的那部分资金，尤其是针对个体的那部分资金。

2008年，日本会计检察院对国家资助家庭高效能源系统安装项目（推广使用节能热水器的项目）实施进行了审计，审计发现政府补贴总额为3.7亿日元，对2005—2008财年中总计安装的5万多台推广使用燃气热水器中的2119台的财政补贴，已经超过燃气热水器销售价格与价格基数之间的差价，超过部分的补贴金额为1.18亿日元。据此认为，用以推广燃气热水器使用的政府补贴尚未以一种高效的方式发放。也就是说，财政补贴补多了。审计结论被日本资源厅采纳，并修正了补贴政策。

同一年，日本会计检察院还对道路改善工程进行了审计，审计发现2006—2008财年期间所实施的并接受审计的341个项目中，有53项作为政府工程由3家国有道路公司实施，288项工程作为政府补贴项目由政府主体实施，这些项目中297个项目成本是以新碎石或鹅卵石为路基材料计算的。而日本国土交通省曾在颁布的关于回收利用的指南中规定，当距离建筑工程40公里内有制造回收碎石的回收中心，应该优先采用质量合格的回收碎石。据此，日本会计检察院以回收碎石价格修正被审计项目的成本后发现，如果用回收碎石替代新碎石可以将53项政府工程成本降低约170万日元，288项政府补贴项目若采用回收碎石，可以降低成本1.582亿日元，这就大大降低了项目成本，提高了政府补贴的利用效率。

韩国审计监查院2007年对改善大城市空气质量的专项措施进行了审计，

审计发现，大城市中约有116527辆施工机械运营，而这些车辆没有纳入车辆尾气排放控制计划的补贴范围。但是，施工机械，如自动倾卸卡车、水泥搅拌车、混凝土泵车，使用7年以上的劣化率为69%，比柴油车劣化率高27%。此外，由于这些车辆执行了更为宽松的排放标准，故其比大型货车排放更多的废气，建议修改柴油车辆尾气排放控制计划的补贴范围，将其扩大至水泥搅拌车等施工机械。

国外对环境保护财政资金的审计不仅限于财政补贴的用途，更重要的是关注补贴的合理性，审计建议也不仅限于对使用发表意见，而是从最大限度发挥财政资金效果的角度提出审计建议。

（九）对以环境要素为主题的审计

对环境要素的审计是以水、大气、固体废弃物等环境要素为主题，围绕这些环境要素开展相关的审计工作，包括财务审计、合规审计和绩效审计。这是不同的分类方式，我国也更倾向于按环境要素开展环境审计工作。

智利审计总署办公室对工业废水和船舶污水进行过审计，对卫生服务监督局及领海和商船总署对工业废水和船舶污水的控制情况发表了意见，审计发现内控机制存在问题，如在同一海运局内，船舶污水排放到市政公司的控制程序存在差异，排放记录不完整，建议对员工进行培训以消除这些问题。

萨尔瓦多共和国审计署于2004年1月1日至2005年10月31日对露天垃圾填埋场的管理进行了审计，主要检查垃圾填埋场对固体垃圾的收集、贮存、运输、处理和最后处置等一系列过程。审计发现，受露天固体废物处理影响的环境资源主要包括土壤、水、空气和公共卫生，从资源保护的角度来看，这个地方设置露天填埋场不可行，已经超出该地区承载能力，并对区域内的自然资源和环境产生严重的影响。

第二节 我国资源环境审计开展状况

一、我国资源环境审计的产生

（一）我国生态环境保护现状

近年来我国经济的高速发展，环境污染与经济发展的矛盾日益显现，为此国家出台大量的环境保护政策，希望能缓解环境污染加剧的趋势。据《国

家"十三五"生态环境保护规划》①显示，2015年，全国338个地级及以上城市细颗粒物（PM2.5）年均浓度为50微克/立方米，首批开展监测的74个城市细颗粒物年均浓度比2013年下降23.6%，京津冀、长三角、珠三角分别下降27.4%、20.9%、27.7%，酸雨区占国土面积比例由历史高峰值的30%左右降至7.6%，大气污染防治初见成效。全国1940个地表水国控断面Ⅰ—Ⅲ类比例提高至66%，劣Ⅴ类比例下降至9.7%，大江大河干流水质明显改善。全国森林覆盖率提高至21.66%，森林蓄积量达到151.4亿立方米，草原综合植被盖度54%；"十二五"期间，全国化学需氧量和氨氮、二氧化硫、氮氧化物排放总量分别累计下降12.9%、13%、18%、18.6%，超额完成减排任务。尽管如此，我国环境状况总体恶化的趋势仍然没有得到根本性遏制，环境矛盾仍然凸显，压力继续加大，因环境污染导致的群体性事件不断增多。一些重点流域、海域水污染严重，部分区域和城市大气灰霾现象突出，许多地区主要污染物排放量超过环境容量。农村环境污染加剧，重金属、化学品、持久性有机污染物以及土壤、地下水等污染显现。部分地区生态损害严重，生态系统功能退化，生态环境比较脆弱。人民群众环境诉求不断提高，突发环境事件的数量居高不下，环境问题已成为威胁人体健康、公共安全和社会稳定的重要因素之一。生物多样性保护等全球性环境问题的压力不断加大。环境保护法制尚不完善，投入仍然不足，执法力量薄弱，监管能力相对滞后。同时，随着人口总量持续增长，工业化、城镇化快速推进，能源消费总量不断上升，污染物产生量将继续增加，经济增长的环境约束日趋强化。

（二）环境治理困境

由于我国现阶段一定时期内的主要任务是发展经济。为了刺激经济的发展，国家需要建立有效的经济发展动力机制，而这个动力机制也是环境治理困境的来源。自新中国成立以来，我国经历了从计划经济到经济改革的转变。在计划经济时代的地方政府主要经济作用是实施中央政府经济发展计划，充当一级管理者。随着非国有经济的发展，在20世纪80年代初，采取了"财政大包干"的财税制度，各省按中央政府的指标上缴，剩余部分留到省内。这个制度激发了地方发展工业经济的热情，同时也使中央财政的能力下降。20世纪90年代初期，有学者提出按美国联邦制下的"财政分税制"，并于1994年正式推行财政分税制，在税源、税基、税率、税种上，中央和地方清晰分开，分税制之后中央财政能力迅速加强，但地方财政被削弱。为弥补财政缺口，地方政府

---

① 中华人民共和国环境保护部：《国家环境保护"十三五"规划》，http://www.zhb.gov.cn。

只能靠进一步发展经济来获得利益。这个转变使地方政府从经济计划的执行者和管理者转变为具有独立利益诉求的经济发展组织者和推动者[5]。

地方政府出于自身的经济利益的考虑而发展经济，引发了地方政府之间的竞争，这种竞争表现在经济资源和政治机会两个方面，而在现行以GDP为主要绩效考核指标的前提下，经济资源的竞争优势也意味着政治机会的优势。作为一个理性的行为人，地方政府官员通常选择接纳污染企业发展经济，以赢得GDP优势，为晋升铺平道路。在这样的行为选择下，对于环境治理的态度会出现两种情况：一是由于发展经济的需要对存在环境污染的企业不去治理，或治理的动力不足；二是由于分税制后地方的财力不足，而环境治理需要投入大量资金，同时环境治理的财政投入却不能对GDP产生直接贡献，地方政府治理的能力也十分有限。两方面的共同作用是地方政府对环境治理长期处于懈怠状态，对形成的污染不仅不积极治理，反而协助企业掩盖污染事实。例如，2013年2月山西长治苯胺污染事故，2013年4月报道的河北沧县环保局长面对红色地下水污染，辩解"红色的水不等于不达标的水"等。这些事件反映出地方政府在治理环境过程中与污染企业"合谋"，充当污染企业的"保护伞"。

（三）我国环境治理中的政府干预

我国环境治理的政府干预行为主要是指政府的行政、法律手段的应用。政府环境行政制度方面，主要是实施了"老3项"、"新5项"和总量控制制度，共9项环境管理制度。1973年国务院颁布的《关于保护和改善环境的若干规定（试行草案）》提出"新建、改建、扩建项目的防治污染措施必须同主体工程同时设计、同时施工、同时投入使用"的要求，形成我国第一个环境管理制度——"三同时"制度。1981年在"三同时"制度实施的基础上，又实施了环境影响评价制度和超标排污收费制度。这三项制度称为"老3项"。1989年全国第三次环境保护会议召开，出台了环境保护目标责任制、污染物集中控制制度、排放污染物许可证制度、城市综合整治定量考核制度、限期治理制度等"新5项"制度。1996年国务院《关于环境保护若干问题的决定》中提出"实施污染物排放总量控制"。至此，我国环境管理制度体系的9项制度建立起来。

法律方面，我国已经建立了宪法、法律、法规、规章、规范性文件、缔结和参加的国际环境保护条约等一系列的环境保护法律法规体系。法律体系已经较为完善，法律法规的数量也十分庞杂，几乎涉及环境保护的方方面面。从法律层面来看，有基本法1部，污染防治法6部，自然资源保护法12部，环境影响评价法1部，其他相关法律20多部。截至2000年底，国务院制定的环

行政法规有130多部，地方立法机关制定的地方环境法规1020多部。以及430多项国家环境标准，缔约的国际公约多达60余项[1]。如此众多的法律法规虽然不能完全覆盖环境保护的所有领域，但主要方面已经十分详尽。目前环境保护法律方面的主要问题不是立法问题，而是执法不严的问题。

在政府干预的过程中，中央政府认识到行政和法律手段未能很好地控制环境污染，也尝试使用经济手段，如绿色信贷制度、排污权交易制度、环境审计、资源税、环境税等。目前来看，除环境审计已经成为有效的经济手段外，其他的经济干预效果并不明显。

（四）资源环境审计的动因：缘于环境治理的需要

为解决环境治理困境，很多学者认为应该引入公众参与的机制。一般认为，如果公众可以有效地参与环境治理，那么可以改变目前的博弈状态，使博弈的结果有利于环境治理。

但事实上，一方面公众参与需要大量真实的环境信息，而我国环境信息尚未完全披露，这种矛盾导致公众无法理性地参与到环境治理中。例如，2007年6月厦门PX项目、2011年8月大连PX项目、2012年10月宁波PX项目，以及2013年的昆明PX项目都在公众抗议声中放缓或取消。而这表面上看似公众参与的成果，实质上恰恰反映了信息不公开、不对称，导致公众参与的非理性。因此，环境信息公开是公众理性、科学参与的基础。

另一方面，我国目前公众参与的能力和权利不足，导致公众参与流于形式。公众参与一般在公众收入较高、教育水平较好和社区组织较强时，才可以得到很好的应用，而这需要一个长期的培育过程。同时，就我国民主法治建设的进程来看，即使公众参与是真实的，其效力也难以发挥。这就决定了目前环境治理中的公众参与必然向不作为或群体性事件两个极端发展。

因此，要解决环境治理的困境，需要环境信息被真实、有效地披露，需要与环境治理主体对等的权力机构对其治理行为进行监督。经济和责任的监督是审计机关的基本职能之一。环境治理的需求，结合审计机关在责任监督中的独特地位，便产生了环境审计。也就是说，通过环境审计披露环境信息使公众可以参与环境治理，同时也由于环境公共物品属性所产生的公共委托代理，公众也需要对代理行为的信息进行披露，加之审计可以掌握和披露环境信息，于是产生了环境审计。

二、我国资源环境审计的开展状况

我国的资源环境审计工作最早可以追溯到1983年审计署成立初期。审计

署在成立后就开展了对于排污费、运用外资等环境专项资金的审计。虽然在当时还没有"资源环境审计"的概念，但按现在对于资源环境审计的理解，其性质已经是资源环境审计。1998年国家审计机关被明确赋予资源环境审计的职能后，特别是2003年审计署设立农业与资源环保审计司后，资源环境审计职能得到进一步加强。在全国范围先后开展了对部分城市环境保护资金、46个重点城市排污费、天然林资源保护工程、退耕还林（草）试点、重点流域水污染防治、青藏铁路环保资金使用情况、渤海水污染防治审计调查、"三河三湖"水污染防治绩效审计调查、节能减排等重大环境保护项目、重点环境保护区域的审计和主要环境保护资金等，进行了环境审计探索。环境审计逐步成为政府审计的重要组成部分，在审计范围、方式等方面越来越呈现出不同于其他专业审计的个性特征[2]。从环境审计的重要承担来看，《审计署2003—2007年审计工作发展规划》和《审计署2006—2010年审计工作发展规划》中是将环境审计作为财政审计的一个主要内容，但《审计署2008—2012年审计工作发展规划》已将资源环境审计与财政审计并列为主要的审计任务，《审计署"十二五"审计工作发展规划》《审计署"十三五"审计工作发展规划》中也将环境审计作为主要任务和重点内容。随着我国环境保护工作的深入开展，环境审计工作仍将不断强化。

　　在资源环境审计理论体系的研究方面，20世纪90年代中期我国开始对环境审计理论进行探讨。经历了发起阶段、发展阶段、深入阶段，目前已经基本成熟。1995年到2000年是发起阶段，开始有环境审计的论文和专著发表，主要是对环境审计的国外做法进行介绍，并结合中国实际进行分析。2000年到2008年是发展阶段，这一阶段的环境审计文献大量出现，对环境审计动因、环境审计理论基础、环境审计本质、环境审计职能、环境审计目标、环境审计假设、环境审计原则、环境审计准则、环境审计程序、环境审计方法、环境审计主体、环境审计对象等均进行了探讨[3]~[8]。环境审计理论体系得到了较大的发展。2008年到2013年是深入阶段，这个阶段开始出现相关学科的交叉研究，很多环境学、工程学、管理学的方法被引进到资源环境审计中，并随着实务的发展不断深入，相关成果逐渐丰富。2013年以后为成熟阶段，2013年11月党的十八届三中全会报告在"加快生态文明制度建设"的章节中提出，"探索编制自然资源资产负债表，对领导干部实行自然资源资产离任审计"。这之后，各地审计机关积极开展试点，相关理论研究也不断跟进，围绕领导干部自然资源资产离任审计中涉及的相关资源与环境如何审计的问题展开讨论，极大丰富了资源环境审计的理论成果。总体而言，我国的资源环境审计的实务和研究已经较为深入，并形成了独立的审计业务形态，特色更加鲜明。

在不断严格的资源环境审计要求下,中央审计机关开展了实务探索,根据审计署公布的审计结果公告,目前涉及资源环境审计的审计结果公告多达26份,如表2-1所示,资源环境审计已经成为我国政府审计的一个重要业务领域。

表2-1 审计署涉及资源环境审计的结果公告

序号	审计结果公告
1	2006年第1号(下):部分水利建设资金和水利项目审计结果等五个审计结果——重点流域水污染防治资金审计结果
2	2006年第2号:青藏铁路环境保护资金使用情况审计调查结果
3	2007年第3号:天然林资源保护工程资金审计结果
4	2007年第4号:三峡水利枢纽工程审计结果
5	2009年第5号:渤海水污染防治审计调查结果
6	2009年第6号:41户中央企业节能减排情况审计调查结果
7	2009年第13号:"三河三湖"水污染防治绩效审计调查结果
8	2010年第3号:西气东输二线工程西段跟踪审计结果
9	2010年第4号:金沙江向家坝水电站工程跟踪审计结果
10	2010年第5号:103个县农村饮水安全工作审计调查结果
11	2011年第6号:"10省区市部分机场建设情况审计调查结果"
12	2011年第10号:"10省(市)扩大内需投资项目建设管理和资金使用审计调查结果"(46个项目执行国家土地和环境保护政策不够严格)
13	2011年第11号:"20个省有关企业节能减排情况审计调查结果"
14	2011年第36号:黄河流域水污染防治与水资源保护专项资金审计调查结果
15	2011年第37号:9个省市2010年度城镇污水垃圾处理专项资金审计结果
16	2011年第38号:20个省有关企业节能减排审计调查整改结果
17	2012年第29号公告:关于环保领域34个利用国外贷款项目绩效情况的审计结果
18	2013年第16号公告:10个省1139个节能减排项目审计结果
19	2013年第23号公告:长江三峡工程竣工财务决算草案审计结果
20	2013年第25号公告:5044个能源节约利用、可再生能源和资源综合利用项目审计结果
21	2015年第3号公告:审计署关于2448宗矿业权的审计结果
22	2016年第2号公告:审计署关于1724宗矿业权的审计结果
23	2016年第10号公告:审计署关于883个水污染防治项目审计结果
24	2016年第11号公告:审计署关于农林水专项资金审计结果
25	2017年第8号公告:涉农水利专项资金审计结果
26	2017年第9号公告:18个省节能环保重点专项资金审计结果

注:根据审计署网站相关资料整理。

从表2-1中可以看出,我国的资源环境审计中水污染领域是重点,涉及水

环境审计项目8项，其余依次是建设项目的环境审计有7项，环境保护专项资金审计有8项（与其他分类有交叉），节能减排绩效审计3项，矿业审计2项。我国在资源环境审计领域进行了较为深入的实践，取得了丰富的实务经验。从已完成的审计项目来看，审计的深度、广度均不逊色于国外环境审计。我国的资源环境审计的模式主要是以资金为主线，拓展到政策与项目，再延伸至行政部门和企业，从现象问题查证出发，定位在宏观制度建议的目标上，初步发挥出审计服务国家环境治理的功能。我国资源环境审计的主要特点如下。

（一）以环境保护专项资金审计为主线的绩效审计

从已经披露的环境结果公告来看，最早涉及资源环境审计的结果公告是"2006年第1号（下）：部分水利建设资金和水利项目审计结果等五个审计结果——重点流域水污染防治资金审计结果"，该公告披露的是2004年，审计署组织的对太湖、淮河、海河和辽河等4个重点流域水污染防治情况的审计工作。

这次审计的目标有三个：一是通过对"十五"计划各项环境控制目标完成和保障措施落实情况的专项审计调查，总体评价"十五"计划安排的水污染防治工作进展效果，提出改进此项工作的意见与建议；二是通过对"十五"计划确定的重点水污染防治项目与投入资金的审计，掌握"十五"计划以来国家和地方政府用于"三河一湖"水污染防治资金的总体情况，揭露严重违法违规问题和经济案件，促进提高财政资金投资效益；三是通过对污水处理费与排污费的征收、管理和使用情况的审计，促进污水处理设施良性运行机制的建立与完善。

审计的主要内容包括：一是对"十五"计划基期数据真实性和计划执行情况进行专项审计调查，以验证环境信息系统数据的真实性，利用该系统的数据分析"十五"计划确定的主要污染物控制目标的执行结果。二是对环境管理措施落实情况进行专项审计调查。调查各地执行污染物总量控制、排污许可、环境统计、环境监测等环境管理措施情况，重点关注未施行污染物总量控制、无证排污、环境统计和环境监测数据不真实等问题。三是对重点水污染防治项目的实施情况进行审计。主要包括重点水污染防治项目的资金使用、工程管理与运行效益情况。在掌握水污染防治项目总体进展情况的基础上，检查项目资金使用与工程管理中有无严重违法违纪、重大损失浪费和工程质量隐患等问题。四是对污水处理费、排污费征收与管理使用情况进行审计。全面了解污水处理收费制度和排污收费制度的建立与执行情况，在总体掌握污水处理费、排污费的规模与使用情况的基础上，重点检查污水处理费、排污费征收与管理

使用中有无隐瞒收入、截留私分、挤占挪用等问题。

从目标和主要内容来看，环境保护资金的使用与管理是审计的重点，但不限于此，还包括在资金审计的基础上的污染防治效果审计，以环境保护专项资金审计为主线的绩效审计特征较为明显。在此之后开展的其他资源环境审计项目也都强调在资金使用真实的基础上的效果性评价。也就是说，我国的资源环境审计自始就是绩效审计，而非单纯的财务财政审计。

（二）审计评价主要是针对资金使用与管理情况，较为局限

虽然我国的资源环境审计总目标是对资源环境的保护，如2009年审计署下发的《审计署关于加强资源环境审计工作的意见》中指出，"各级审计机关要通过积极履行审计监督职责，加强资源环境审计监督，维护资源环境安全，推动生态文明建设，促进经济社会可持续发展"；审计署"十二五"工作规划中指出，"资源环境审计是以促进贯彻落实节约资源和保护环境的基本国策为目标，检查国家资源环境政策法规贯彻落实、资金分配管理使用和资源环保工程项目的建设运营情况，维护资源环境安全，发挥审计在资源管理与环境保护中的积极作用，推动生态文明建设"；审计署"十三五"工作规划中再次强调，"以促进全面节约和高效利用资源、加快改善生态环境为目标，依法对土地、矿产、水资源、森林、草原、海洋等国有自然资源，以及环境综合治理和生态保护修复等情况进行审计，加大对资源富集和毁损严重地区的审计力度，对重点国有资源、重大污染防治和生态系统保护项目实行审计全覆盖，推动加快生态文明建设"。

这表明我国政府审计机关对资源环境审计总体目标的认识是一贯的，就是保护资源环境，促进生态文明建设。在这个总体目标下的绩效审计应该是评价资金投入后的资源环境是否得到保护。但在审计实务中，由于审计人员对资源环境审计总体目标的认识不足，通常是评价资金使用是否符合使用范围，是否完成资金任务，而不是评价整体环境改善。例如，2004年开展的重点流域水污染防治资金审计，其主要以"十五"计划的任务为标准，评价资金投入是否完成水污染防治的具体任务，而并不是评价重点流域水环境是否得到改善，这显然是偏离了审计署对于资源环境审计的总体目标，审计评价具有局限性。

（三）关注资源环境领域的政策执行

《审计署关于加强资源环境审计工作的意见》确定了资源环境审计的三项任务，即检查资源环保政策法规的贯彻执行和战略规划的实施情况，分析政府履责绩效，促进落实和完善相关政策制度，规范资源开发利用管理和环境保护

工作行为；检查资源环保资金的征收、分配、使用和管理情况，揭露存在的偷漏拖欠、挤占挪用、损失浪费等问题，分析评价资源环保资金使用绩效，促进规范资金管理，提高资金使用效益；检查资源环境相关项目的建设和运营效果，揭示和查处资源开发利用管理和环境保护工作中的浪费资源、破坏环境、资产流失等问题，促进加强资源环境管理，维护国家资源环境安全。

关注资源环境审计领域的政策执行情况，是事后审计，不涉及政策制定和政策调整。这与最高审计机关国际组织环境审计委员会倡导的"对计划的环境政策和环境项目进行评估"有一定的差距。这个差距的根源是，目前我国政府审计尚无对预算和计划政策审计的制度设计，资源环境审计领域也很难突破，但我国的资源环境审计对已经执行的资源环境政策的评价是有所涉及的。例如，审计署2012年节能减排审计中发现合同能源管理工作推进缓慢，存在中央奖励资金大量闲置、税收减免和贷款扶持政策执行不到位、部分合同能源管理项目合同履行难等问题，亟须引起重视。审计建议：一是加强业务主管部门和税务部门、金融机构的沟通协调，制定落实税收减免、贷款扶持等政策，解决节能服务公司融资难等问题，促进其加快发展；二是加强合同能源管理政策的宣传，扩大市场认同度，对符合条件的合同能源管理项目加大资金扶持力度；三是健全第三方审核监督体系，对项目节能状况进行权威性认定，促进合同的正常履行，保障合同能源管理制度的良性发展。通过对合同能源管理政策的审计和评价，促进政策优化，发挥审计的服务功能。

（四）审计方式方法更注重创新

审计方式上，我国政府审计机关除了采用最高审计机关国际组织环境审计委员提出的平行审计、联合审计、合作审计外，更强调合作审计和跟踪审计，积极构建资源环境审计与财政审计、投资审计、金融审计、企业审计、外资审计和经济责任审计等专业审计有机结合的多元工作格局。这是立足于我国审计制度的一种创新。审计署最新开展的政策落实跟踪审计，在资源环境政策领域也得到了实践，初步探索了跟踪审计方式在资源环境领域的应用。

在审计方法上，我国政府审计机关希望通过审计方法创新，实现资源环境审计技术的发展。审计署要求各级审计机关积极运用信息技术与方法：一是积极探索使用行业主管部门已有的监测、测量技术方法［如全球卫星定位系统（GPS）和环境质量监测技术等］，以及其他监督检查手段与方法（如排污费核定和污染物减排核算办法等），并将得出数据与主管部门数据进行比较，对比较结果进行判断分析，为资源环境审计提供线索和数据。二是积极开展资源环境信息系统审计，检查有关部门和单位资源环境信息系统（如环境统计信息

系统、排污费征收管理系统和污水处理信息系统等)的安全性、稳定性、合理性和效率性,对数据的真实、有效性进行核查,以推动被审计单位切实加强内部控制和改进管理。同时这些审计方法在审计项目中也得到了应用,如重点流域水污染防治资金审计中就采用信息系统审计方法对环境保护数据系统的功能、安全性进行测试,判断其是否存在环境统计人员调整数据的现象,进而判断数据的真实性与完整性。尽管在审计实践中,审计技术创新给资源环境审计提供更多的新的取证途径,但是随着审计实践不断开展,审计人员越来越认识到,监测、测量技术方法运用存在局限性和合法性问题,审计人员是否有法律权限复核监测与测量数据,成为困扰审计人员的主要问题。

三、领导干部自然资源资产离任审计的开展状况

(一)领导干部自然资源资产离任审计制度的建立

党的十八大提出经济建设、政治建设、文化建设、社会建设、生态文明建设"五位一体"的总体布局。2013年11月,党的十八届三中全会明确提出建立"对领导干部实行自然资源资产离任审计"制度;2014年10月,国务院出台《关于加强审计工作的意见》,要求"加强对土地、矿产等自然资源,以及大气、水、固体废物等污染治理和环境保护情况的审计,探索实行自然资源资产离任审计";2015年7月,中央深化改革领导小组第十四次会议审议通过《关于开展领导干部自然资源资产离任审计的试点方案》(下简称《试点方案》),《试点方案》中明确审计机关的审计主体地位;2015年9月,中共中央政治局召开会议,审议通过了《生态文明体制改革总体方案》,明确在内蒙古呼伦贝尔市、浙江湖州市、湖南娄底市、贵州赤水市、陕西延安市开展自然资源资产负债表编制试点和离任审计工作试点,陈尘肇副审计长在出席国务院新闻办生态文明体制改革总体方案等情况新闻发布会上给出领导干部自然资源资产离任审计的时间表:2015年启动审计试点,制定《关于开展领导干部自然资源资产离任审计的试点方案》;2016年扩大试点范围,审计署统一组织指导部分地方审计机关开展审计试点;2017年全面开展试点审计,制定《领导干部自然资源资产离任审计暂行规定》;从2018年开始,各级审计机关按照干部管理权限接受组织部门委托组织开展离任审计,形成经常性审计制度。2016年发布的《国民经济和社会发展第十三个五年规划》《土壤污染防治行动计划》《"十三五"生态环境保护规划》《耕地草原河湖修养生息规划(2016–2030)》《生态文明建设目标评价考核办法》《关于全面推进河长制的意见》等文件均要求实行或推进领导干部自然资源资产离任审计制度;2017年6月中央

全面深化改革工作领导小组会议审议通过了《领导干部自然资源资产离任审计规定（试行）》（以下简称《规定（试行）》）；2018年5月23日，习近平主持召开中央审计委员会第一次会议，会议审议通过《2018年省部级党政主要领导干部和中央企业领导人员经济责任审计及自然资源资产离任（任中）审计计划》等文件。自党的十八届三中全会以来，领导干部自然资源资产离任审计工作积极试点，稳步推进，逐步成为一种新型的审计业务。

领导干部自然资源资产离任审计作为新型审计业务，既是一种特殊的经济责任审计，也是一种特殊的资源环境审计[9]。其在本质上是控制领导干部环境行为的管理工具，是将政府环境行为的人格化，突出了对人的监督和责任追究[10]。其目标是促进领导干部履行资源管理和环境保护责任，建设社会主义生态文明，内容不仅是自然资源管理情况，还包括环境保护和污染防治等情况[11]。2015年7月通过《开展领导干部自然资源资产离任审计试点方案》后，县级试点工作开始启动，在审计重点、评价指标、技术方法等方面均进行了探索[12]。经过3年的试点，领导干部自然资源资产离任审计取得了大量的试点，但也发现了一些需要解决的问题，因此，有必要总结试点经验，创新审计理念，更好推进领导干部自然资源资产离任审计工作。

（二）领导干部自然资源资产离任审计开展状况

领导干部自然资源资产离任审计的试点方案虽然是2015年出台的，但试点工作已于2014年就开展了。2014年7月，国家发改委等6部委曾发布《关于开展生态文明建设示范区建设（第一批）的通知》，要求贵州省、天津市武清区、河北张家口市、陕西延安市、甘肃定西市、宁夏永宁县等区县市开展自然资源资产离任审计制度创新。2015印发的《生态文明体制改革总体方案》，明确在内蒙古呼伦贝尔市、浙江湖州市、湖南娄底市、贵州赤水市、陕西延安市开展自然资源资产负债表编制试点和离任审计试点，这5个国家级试点既积累了经验，也暴露出问题。2016年，审计署审计试点地区为内蒙古自治区呼伦贝尔市等8个地区，各省级审计机关审计试点地区为秦皇岛等32个地区；2017年审计署下发了试点方案，要求各省级审计机关应直接对1个地级市（县）开展审计试点，5个计划单列市应直接对1个县区开展审计试点，同时，除4个直辖市、西藏、新疆、新疆生产建设兵团外的各省级审计机关应指导2个以上地市审计机关分别对县区开展审计试点。据审计署2017年10月公布数据，全国审计机关已经开展827个领导干部自然资源资产离任审计项目，问责1210人。表2-2是各审计机关公布的领导干部自然资源资产离任审计开展情况。

表 2-2　　2015—2017 年各省市开展自然资源资产离任审计试点情况统计表[①]

试点时间	试点省份	试点覆盖范围
2015年	山东	以青岛胶州市为起点，覆盖市、县、乡三级
	湖南	以娄底为起点，开始探索乡镇级自然资源资产离任审计
	浙江	以湖州为主，在丽水、杭州等市县陆续展开
	陕西	以延安为起点，2017年安排对1市10县进行试点审计
	贵州	将赤水市、荔波县作为起点
	内蒙古	呼伦贝尔
2016年	湖北	全面覆盖武汉、鄂州市、神农架林区、宜都市、武穴市、竹溪县、荆门市等116个市州县
	湖南	开始在长沙启动审计试点
	浙江	以桐庐县、开化县为主；同时在经济责任审计中加大对自然资源和环境问题的关注
	山东	部署17市审计机关对所辖的至少2个县（市、区）开展审计试点
	四川	以绵阳市为首开展1市4县试点；三台县；攀枝花
	贵州	先后组织贵阳市、遵义市、安顺市、毕节市、黔东南州、黔南州6地审计局开展审计试点
	广东	选择惠州市和开平市、德庆县开展审计试点，2017年进一步扩大全省试点范围
	福建	福州市闽清、福清、连江、罗源县；福鼎市
	云南	大理州和普洱市；德宏州和曲靖市
	海南	海口，编制了自然资源资产负债表
	山西	从朔州开始，2017年安排对1市10县进行审计
	黑龙江	以齐齐哈尔为主，在1市2县开展审计试点
	吉林	以长春为首选取一市两县为试点，构建了评价指标体系
	河北	秦皇岛；运用大数据审计技术方法
	安徽	滁州、安庆市等
	北京	在京津冀地区落实"一区一试点"政策
	河南	安阳市；洛阳市栾川县；郑州登封市
	内蒙古	开始对鄂尔多斯开展试点工作
	新疆	哈巴河县；若羌县
2017年	江苏	以张家港、扬州为主，开始全面探索
	福建	以宁德市为主，围绕六大重点审计领域将审计范围扩展到县级
	湖北	出台《审计操作指南（试行）》，审计试点全面铺开
	陕西	安排对1市10县进行试点审计
	山东	启动105个领导干部自然资源资产离任审计试点项目，涉及市、县、乡三级党委和政府主要领导干部
	山西	安排对1市10县进行审计
	四川	在前期（1市4县）试点基础上，2017年四川将适当扩大审计试点范围
	青海	选取一州八县开展试点工作
	安徽	1市及10县党政主要领导干部开展

① 资料来源：审计署网站（http://www.audit.gov.cn）及各省市审计机关网站资料。

续表

试点时间	试点省份	试点覆盖范围
2017年	河南	省厅：周口市、巩义市，各市审计局直接对下辖1个县（市、区）党委和政府的主要领导干部开展审计试点
	云南	昆明市审计局组织全市14个县（市）区审计局及市本级在全市范围内开展审计试点工作
	辽宁	以锦州为主
	河北	在衡水开展大数据审计试点
	天津	市级2个试点项目，涉农区至少开展1个试点项目
	甘肃	瓜州南岔镇为代表，在兰州市开展试点
	宁夏	吴忠市
	黑龙江	在1市2县试点基础上，结合黑龙江省实际情况选取具有代表性的地区开展审计试点

如表2-2中所示，从覆盖面来讲，2016年开始进行自然资源资产离任审计试点探索的地区数量增速较快，覆盖范围也不断加大。截至2017年10月，除西藏自治区以外，各级审计机关的审计试点已基本覆盖全国各省，有些地区甚至将试点延伸至区县级政府机关，如山东、湖南、陕西等，我国东部地区开展审计试点数量明显多于西部地区，南方地区略多于北方地区。其中，浙江、江西、湖南、广东开展的审计试点项目数量较多。

（三）已经出台的领导干部自然资源资产离任审计试点方案与规定情况

随着领导干部自然资源资产离任审计试点工作的开展，2015年出台《试点方案》，2017年发布《规定（试行）》，各地也根据地方特点出台了相关规范性文件，以指导领导干部自然资源资产离任审计工作。本书根据资料的可获得性，选择山东、湖北、浙江、湖南、青海、福建、广东七个省份，与两办下发的《试点方案》和《规定（试行）》进行对比，如表2-3所示，以总结经验，更好地指导后续工作的开展。

表2-3 两办及各省市自然资源资产离任审计试点方和规定的比较

试点单位	试点覆盖地区	审计客体	审计内容与重点	审计评价与责任界定	组织方式与审计方法
中办、国办《试点方案》[1]	指导全国	地方各级党委、政府主要领导干部	（1）贯彻落实中央重大决策部署情况； （2）遵守法律法规情况； （3）资产管理和生态保护目标完成情况； （4）重大决策与履行监管责任情况； （5）相关资金和项目管理情况	以主管部门的资源及环境指标体系为基础，审计通过必要的技术方法进行核实，依法准确界定责任，全面客观作出评价	审计署作为牵头部门；发展改革委、财政部、国土资源部、环境保护部、水利部、农业农村部、统计局和林业局等参与部门支持和配合

---

[1] 资料来源：审计署网站，www.audit.gov.cn。

续表

试点单位	试点覆盖地区	审计客体	审计内容与重点	审计评价与责任界定	组织方式与审计方法
中办、国办《规定（试行）》[①]	指导全国	地方各级党委和政府主要领导；各级发改委、国土、环保、水利、农业、林业、能源、海洋等部门主要领导干部	（1）领导干部贯彻执行中央生态文明建设方针政策和决策部署情况；（2）遵守自然资源资产管理和生态环境保护法律法规情况；（3）自然资源资产管理和生态环境保护重大决策情况；（4）完成自然资源资产管理和生态环境保护目标情况；（5）履行自然资源资产管理和生态环境保护监督责任情况；（6）组织自然资源资产和生态环境保护相关资金征管用和项目建设运行情况；（7）履行其他相关责任情况	分为"好""较好""一般""较差""差"5个等次评价	根据组织部门委托，独立实施
山东[②]	以胶州市为起点，覆盖市、县、乡三级	地方各级党委和政府主要领导干部	（1）贯彻落实生态文明建设重大决策部署情况；（2）遵守资源管理和生态保护法律法规情况；（3）资源管理和生态保护目标完成情况；（4）履行资源管理和生态保护监督责任履职尽责情况	将评价分为"好""较好""一般""较差""差"五级；完善了定责标准	建立由审计局牵头，发改委、财政等十余部门共同参加的联席会议制度
湖北[③]	全面覆盖116个市州县	地方各级党委和政府主要领导干部	（1）政策措施执行情况；（2）自然资源资产开发利用保护情况；（3）资金征管及项目建设；（4）预警机制建立以及重大污染事件处理情况	将责任界定为领导责任、主管责任、直接责任，但界定标准宽泛，不够细化	各级党委和政府成立领导小组，或者由经济责任审计工作联席会议代为履行；要求建立数据平台和分析模型
浙江[④]	以湖州为主，在丽水、杭州等市县陆续展开	全市各县区的县处级党政主要领导干部	（1）法规政策执行情况及效果；（2）决策措施制定实施情况及效果；（3）约束性指标、目标责任制建立情况；（4）资金征管及项目建设；（5）重大污染事件处理及预警机制建立	未直接规定，参照《党政主要领导干部和国有企业领导人员经济责任审计规定实施细则》	各级党委和政府成立领导小组，或者由经济责任审计工作联席会议代为履行；积极利用地理测绘技术，依托测绘部门GIS技术支撑开展审计工作

① 资料来源：审计署网站，www.audit.gov.cn。
② 资料来源：山东省审计厅，www.sdaudit.gov.cn。
③ 资料来源：湖北省审计厅，http://www.hbaudit.gov.cn/。
④ 资料来源：浙江省审计厅，http://www.zjsjt.gov.cn/。

续表

试点单位	试点覆盖地区	审计客体	审计内容与重点	审计评价与责任界定	组织方式与审计方法
青海①	选取一州八县开展试点工作	党委和政府主要领导干部	（1）通过量化自然资源资产，评价领导干部任职期间职责履行情况；（2）资源保护利用情况情况；（3）管理制度建立执行情况；（4）专项资金收支情况；（5）评价资产管理的效益性及是否有效配置	未有明确的领导干部责任界定，由审计人员依据问题的严重程度作出评价	对发生重大生态环境破坏和重大污染事件的地区责任人实行"一票否决""终身追责"
湖南②	以娄底为起点，深入探索乡镇级自然资源资产离任审计工作	党政主要负责人；将相关职能部门负责人作为第二类审计对象	（1）国家政策措施执行情况和效果；（2）约束性指标、目标责任制完成情况；（3）重大决策制定情况；（4）资金征管分配及项目建设情况；（5）重大污染事件处理、环境风险隐患防治及预警机制建立和执行情况	将自然资源资产管理责任一一分解到各乡镇、各部门，确保责任到单位到个人	在乡镇级审计试点工作中，将自然资源资产审计融入领导干部任期经济责任；强化成果运用，促进审计整改
福建③	开展县级审计试点，2018年开始全面审计	党政领导干部	（1）法规政策贯彻落实与执行情况；（2）决策制定和规划任务落实完成情况；（3）约束性指标和目标责任制建立情况；（4）资金管理使用和项目建设运行情况；（5）预警机制建立和风险处置情况	构建审计评价指标体系，做到"三个区分"：无意过失与明知故犯、工作失误与失职犯错、探索实践与以权谋私	构建了自然资源资产大数据共享服务平台
广东④	2016年选择惠州和开平市、德庆县开展审计试点；随后扩大范围	直属党政机关检察机关、群众团体和事业单位的正职领导干部	（1）法规政策执行情况；（2）约束性指标、目标责任制完成情况；（3）重大事项决策情况；（4）资金征管、重大项目建设运行情况；（5）重大安全隐患、环境污染处理及预警机制建立及执行情况	将领导干部应承担的责任主要分为主管责任和直接责任，由审计人员依据评价标准作出审计评价	审计局组织领导，形成审计合力；注重利用GIS、Google Earth等工具

从表2-3中可以看出，中央和各省市出台的试点方案或规定有所差异，在审计对象、审计内容、审计组织、审计评价与责任界定、审计方法等方面不尽相同。具体如下：

1.审计对象选择方面的差异。中办、国办在《试点方案》中确定的审计对象是"地方各级党委、政府主要领导干部"，在《规定（试行）》中将审计对象扩大至"地方各级党委和政府主要领导"和"各级发改委、国土、环保、水利、农业、林业、能源、海洋等部门主要领导干部"。这一变化，是在试

---

① 资料来源：青海省审计厅，http://www.qhaudit.gov.cn/。
② 资料来源：湖南省审计厅，http://www.hnsjt.gov.cn/。
③ 资料来源：福建省审计厅，http://www.fjaudit.gov.cn/index.aspx。
④ 资料来源：广东省审计厅，http://www.gdaudit.gov.cn/。

点过程中发现责任界定困难,需要将部门领导纳入审计对象,因此而做的调整。地方政府也对审计对象的认识有差异,从已经出台的地方试点方案和规定来看,对于将"地方各级党委、政府主要领导干部"列为审计对象并无异议,但只有部分地方政府将部门领导列入了审计对象,如湖南省在关注党政主要责任人的同时,将相关职能部门负责人作为第二类审计对象。

2.审计内容与重点方面的差异。地方政府与中办、国办的要求基本一致。《试点方案》提出的五个大方面的内容,各地方政府基本按这个要求制定本区域范围内的审计内容。内容虽有差异,但并无实质变化。《规定(试行)》更加细化了审计内容,各地方政府的方案和规定早于《规定(试行)》,但基本内容相同,审计的覆盖面很大。

3.审计组织方式方面的差异。《试点方案》和《规定(试行)》要求根据组织部门委托,独立实施;对于专业不足的问题,通过利用外部专家解决,请国土、环境、农业、林业、水利等领域的专家提供支持。但地方实践中,出现另外一种方式,即参考领导干部经济责任审计组织方式,成立联席会议或领导小组,成员由相关部门主要负责人参加。由于各地情况不同,参加单位有别,以弥补专业不足的问题。第一种方式独立性高,协调性差;第二种方式独立性低,协调性高。

4.审计评价与责任界定方面的差异。审计署和大多省份已初步构建相应的自然资源资产离任审计评价指标,但责任界定标准未进行细化。湖北、湖南、广东等省在试点中按自然资源资产类别确立了审计评价指标体系,并规定了领导干部应承担的责任类型,但没有具体明确如何开展责任界定工作,审计问责缺乏科学性。对于是评价区域禀赋状况,还是界定委托责任也存在分歧。实务中,审计署倾向于按"好""较好""一般""较差""差"等五级评价资源环境状态,而地方政府更倾向于参考经济责任审计的责任类型,分直接责任、主管责任和领导责任进行界定。无论是评价还是定责都存在问题,也都有成立的理由。

5.各省市方案在审计方法更有创新性。如浙江、广东都提出了利用包括GIS在内的多种地理信息工具;有些试点地区还借助了国土监察、环保督察、环保举报等第三方资料,提出由地方审计局主持构建地区信息共享与数据应用平台,与其他职能部门形成审计合力,以提升审计效率等。

▶▶ 本章问题讨论

1.国外资源环境审计包括哪些方面?

2.我国的资源环境审计有哪些特征？

3.思考国内外资源环境审计的区别和联系。

本章参考文献

[1] 蓝文艺.环境行政管理学[M].北京：中国环境科学出版社，2004.

[2] 王本强.我国政府环境审计的特点和发展趋势[J].中国审计，2006（12）：11-12.

[3] 李雪，杨智慧，王健姝.环境审计研究：回顾与评价[J].审计研究，2007（2）：53-57.

[4] 西南科技大学课题组.我国环境审计运行的模式[J].上海会计，2001（7）：54-56.

[5] 高鹤，刘波.对国家环境审计主体的新思考[J].北方经贸，2003（7）：9-11.

[6] 江金锁.对环境审计的两点思考[J].新疆农垦经济，2002（3）：68-69.

[7] 李雪，杨智慧.对环境审计定义的再认识[J].审计研究，2004（2）：26-30.

[8] 李兆东，鄢璐.低碳审计的动因、目标和内容.审计月刊.2010（8）：21-22.

[9] 李兆东.领导干部自然资源资产离任审计的现状与对策[J].财政监督，2019（17）：62-66.

[10] 林忠华.领导干部自然资源资产离任审计探讨[J].审计研究，2014（5）：10-14.

[11] 牛鸿斌，崔胜辉，赵景柱.政府环境责任审计本质与特征的探讨[J].审计研究，2011（2）：29-32.

[12] 陈尘肇.自然资源资产离任审计明确领导干部环境保护责任[J].中国党政干部论坛，2015（7）：55-58.

[13] 钱水祥.县级党政主要领导干部自然资源资产离任审计研究[J].审计研究，2016（4）：15-19.

第三章 资源环境审计理论

第一节 资源环境审计的理论基础

一、产权理论

产权理论揭示了资源环境审计的本质。所有权和经营权的分离,产生信息不对称,即产生审计需求,产权关系是审计产生的基础。

(一)产权的定义

产权,即财产权利,也称"财产权",是人们(财产主体)围绕或通过财产(客体)而形成的经济权利关系。在经济生活中存在着各种各样的主体。不同的主体或一个范围较大的主体的不同部分,对财产发挥的职能或作用是不相同的。他们不仅与物质资料有不同的关系,而且通过自己的不同职能、作用,彼此之间通过物质资料结成一定的关系,这就是"产权关系"。可见,产权的直接形式虽是人对物的关系,实质上却是产权主体之间的关系。只有当人们之间在财产上发生了一定的关系,如排斥他人侵犯已为某些人占有的财产,或者在财产的支配、使用上进行一定的联系,人对物的关系才成为权利关系。

产权是一个复杂的体系,有时它指完整的产权体系,有时指一组或一束产权,有时指单个的产权,有时甚至是由某个产权派生或衍生出来的细小的产权。例如,所有权就包含了物权、债权;在股份公司出现后,出资者的所有权就体现为股权;而股权又可派生出股票转换权、股票期权、配股权等。任何一项产权,都包括了主体的权能和利益两部分内容。所谓"权能",是指产权主体对财产的权利、职能或作用。所谓"利益",则是指财产对主体的具体效用或带来的好处。权能与利益互相依存,不可分割,存在着内在、统一的关系。

（二）产权的内涵

产权的内容很丰富，包括了各种各样的或大或小的权利，但从最根本的关系上归纳和分类，它包括狭义的所有权、占有权、支配权、使用权，即人们通称的"四权"。它们指的是产权主体对客体拥有的不同权能和责任，以及由它们形成的人们之间的利益关系。这些关系首先是客观的经济关系，同时又得到社会或法律的承认和保护，取得法权的形式。

1.所有，指产权主体把客体当作自己的专有物，排斥别人随意加以侵夺的权能和作用。这种关系得到社会或法律的承认，使它的担当者成为相关客体的合法主人。具体地说，"所有"，第一，表明对客体的归属、领有关系，排斥别人违背他的意志，侵犯他的所有物；第二，可在他的所有物上设置法律许可的权利，如决定他的所有物的其他权能是否让渡、让渡给谁、让渡方式、让渡条件、让渡期限等；第三，利用所有者的权能收取一定的经济利益。

2.占有，指主体实际地或直接地掌握、控制或管理客体，并对它施加实际的、物质的影响的职能，即事实上的管领力。英国经济学家汉森在《经济学与商业词典》中解释，占有就是对物进行实际的物质的管理、控制。占用是主体的一个权能，是在事实上掌握、控制或管理着客体。

3.支配，又称为处理、处分、处置。我国的《民法通则》和其他一些法律、法规等就沿用"处分"，而不用"支配"，其实是相同意思表达。支配有两个含义，或者两个层次。第一，它指所有制主体在事实上或法律上决定如何安排、处理客体的权能，如拥有支配权的地主可以决定把土地出售、赠予、抵押给别人，也可以自己使用或闲置。第二，指主体安排和决定客体使用方向的权能，如拥有支配权的农场主，可以决定土地是用来耕种或挖塘养鱼，或用作牧场、停车场，可以决定土地是休耕、轮耕或连作，怎样耕作、种植什么等。

4.使用，是指产权主体利用、改变或消费客体的权能。包括三种情况：一是利用、应用而不改变客体的原有状态；二是改变客体的某些状态，而不改变其根本性质或其物质存在形式；三是消费客体，即在消灭它的原有物质形态，转换它的存在形式。

（三）马克思的产权理论

马克思主义把产权定义为，人们（主体）围绕或通过财产（客体）而建立和形成的经济权利关系。产权首先表现为人对物的关系，即一定的主体对物质资料的所有、占有、支配或使用。在现实社会里，人们只有结成一定的社会关系才能进行生产和生活。因此，人们对财产履行一定职能的同时，必然围绕财产同周围有关的人发生一定关系或者要以一定的社会关系作为前提。例如，当

人们使用某一生产资料时，需要事前取得该生产资料的所有者或占有者的同意，以一定的代价与后者建立生产资料的租赁或承包关系。有时，产权主体是由许多人共同组成的，在这种场合，人们必须先结成一定的关系，然后才能对其共同所有的生产资料发挥权能。即使在个人自己占有、使用属于自己所有的生产资料，也会存在一定的经济关系。因为，他至少要排斥别人对他的生产资料的侵犯，维护自己对生产资料的各种权利，在所有者和非所有者之间仍然存在一定的关系。总之，产权的直接形式虽是个人对财产的关系，实质上却是产权主体之间的关系。只有当人们之间在财产上发生了一定的关系，如排斥他人侵犯已为某些人占有的财产，或者在财产的支配、使用上进行一定的联系，人对财产的关系才成为产权。马克思在分析土地这种人类最早的财产时指出："如果说，个人劳动的客观条件是作为属于他所有的东西而成为前提，那么，在主观方面个人本身作为某一公社的成员就成为前提，他以公社为媒介才发生对土地的关系。他对劳动的客观条件的关系，要以他作为公社成员的身份为媒介；另一方面，公社的现实存在。又由个人对劳动的客观条件的所有制的一定形式来决定。""私有财产的关系潜在地包含着作为劳动的私有财产和作为资本的私有财产的关系以及这两种表现的相互关系。"①

马克思主义从客体和主体两个方面研究产权关系，也从这两方面界定了产权的内涵。

产权虽然在本质上是人们的经济关系，但它离不开一定的客体。因为，没有一定的财产作为承担物或载体，人们便无法互相发生经济关系。可以从不同角度对财产进行分类，例如，按它们的自然属性可以分为动产和不动产、有形财产和无形财产；从物质形态上可以分为实物财产，价值财产或货币财产；从再生产中的地位和用途看，可以分为生产要素以及物质的和精神的产品；生产要素还可分为生产资料、流通资料、消费资料和劳动力。人们与不同的对象相结合，或者说，通过不同的对象彼此发生关系，就出现了不同的产权，如实物产权、货币产权、劳动力产权、知识产权；等等。随着社会生产力的发展，人们创造的财产总量越来越庞大，财产的种类越来越繁多；存在形态也趋于多样化，特别是无形财产不断增加。这一切都会影响到人们围绕财产结成的相互关系，使产权的种类越来越多样化，产权关系越来越复杂化。

当然，财产毕竟是独立于主体之外的客观存在，它自身并不直接体现出什么权利关系。一部缝纫机可能是家庭里的消费品，也可能成为工厂中的生产资料，但从缝纫机本身是看不出它有什么经济关系的。因此，界定和分析产

---

① 《马克思恩格斯全集》第46卷，上册，人民出版社1979年版，第483~484页。

权还必须研究围绕财产建立起关系的各种主体。产权主体，是指与财产相关的经济责任、权力、利益的担当者、管理者或承受者。他（他们）包括不同的阶级、阶层、社会集团和个人，存在着不同的组合。既然产权在实质上是人们的经济关系，马克思主义当然不会笼统地谈论产权主体，而是从他们在社会经济关系中的地位和作用，确定不同产权主体及其产权关系的性质和状况。例如，根据主体的阶级属性划分，人类社会存在过奴隶主、封建主、资产阶级和劳动人民以及奴隶主所有制、封建所有制、资本主义所有制和不同的劳动者所有制；在以劳动人民为主体的所有制中，按主体的组合情况看，又可区分为劳动者个人所有制、部分劳动者共同所有的公有制，即合作制和集体所有制，以及全社会劳动者共同所有的公有制，即表现为国家所有制形式的全民所有制。但是，马克思主义研究产权关系和所有制不只是停留在主体的性质上，还研究不同主体的权力、职能、作用以及它们相应带来的利益，研究这些产权关系对生产、交换和分配的影响。在《资本论》中，特别是在具体分析资产阶级如何瓜分剩余价值的第3卷中，马克思指出，在以同一客体为对象的产权关系中，不同的产权主体发挥的职能和作用存在很大差别，如在资本主义的农业生产中，有的农业资本家向土地所有者租地，向货币所有者借钱，同这些人结成租赁或借贷关系，然后利用归他占有和支配的土地和货币资本，雇佣工人进行生产。在这个过程中，不同的人在生产资料所有制中发挥的作用、执行的职能都不一样。他们不仅与生产资料有着不同的关系，而且通过自己的不同职能、作用，彼此之间在生产资料上也结成一定的关系。这些关系往往都要受到一定的约束，连带承担一定的责任和义务，一般都能带来一定的利益、收益或得益，即在经济利益上得到一定的体现。例如，地主出租土地以后，他就不能在租期到来之前再使用属于他的土地，也不能任意收回，但他能根据他对土地的所有权取得地租；货币资本家在借贷合同期满前也不能随意逼债，但他可以利用对货币的所有权得到利息；农业资本家租地、借钱也都要承担一定的义务，如保证土地不受破坏，到期归还土地和全部债务、按期偿付地租和利息，在此条件下，他可以通过对生产资料的占有、支配和使用，雇佣和剥削农业工人，获得产业利润；等等。所以，从主体方面考察，产权便是人们通过或围绕一定客体（即财产）建立和形成的权能、责任和利益关系。

在现实社会的经济生活中，主体的责任、权能和利益关系及其组合是非常复杂和多样的，因此，从主体的责权利关系看，就有多种多样的产权。马克思主义著作中经常出现的"所有、占有、支配、使用"，是根据法律的习惯用法，对产权内涵的最高度、最基本的归纳和概括。这些由经济责任、权能和利益构成的经济关系，得到社会的承认和保护，反映在法律和法权上，就是通

常所说的"四权"。列宁在批评民粹主义时也讲到区别所有权、占有权、支配权、使用权的意义。①

其他在经济生活中出现的各式各样的具体产权,如出租权、让渡权、选购权、经营权、监督权等,有的是从这些基本产权派生、拆分出来的,有的则是由一些产权组合而成的,但是,它们总是可以归入上述四种基本产权中去,或者都可以从这四种基本产权追溯到其来源。

二、委托代理理论

(一)委托代理理论的产生与发展

委托代理理论(Principal-agent Theory)是制度经济学契约理论的重要组成部分,极大地丰富了现代经济理论。委托代理理论的起源最早可追溯到亚当·斯密(1979)。他在《国富论》中指出:"股份制公司中经理人使用别人的钱财,这导致在企业经营管理过程中发生了很多奢侈浪费的事情。"现代委托代理理论起源于美国经济学家伯利和米恩斯(1932)。他们发现企业所有者兼具经营者的做法存在着极大的弊端,于是倡导所有权和经营权分离,企业所有者保留剩余索取权,而将经营权利让渡。但那时并没有真正建立委托代理理论框架,直到20世纪60年代末70年代初,一些经济学家深入研究企业内部信息不对称和激励问题,委托代理理论才发展起来。现代意义上的委托代理关系的概念最早是由罗斯(1973)提出的:"如果当事人双方,其中代理人一方代表委托人一方的利益行使某些决策权,则代理关系就随之产生了。"按照杰森和麦克林(1976)的定义,委托代理关系是指一种契约。根据这个契约,一个或多个行为主体指定雇用另一些行为主体为其提供服务,并根据其提供的数量和质量支付相应的报酬。普拉特和泽克豪瑟(1985)则进一步简化了委托代理关系。他们认为,只要一个人依赖另一个人的行动,那么委托代理关系便产生了。采取行动的一方即为代理人,受影响的一方即为委托人。哈特(1987)指出,委托代理关系起源于"专业化",当"专业化"存在时就可能出现一种关系,在这种关系中,代理人由于相对优势而代表委托人行动。

委托代理理论遵循以"经济人假设"为核心的新古典经济学研究范式,它包含两个基本假设:一是委托人和代理人之间利益相互冲突。委托代理理论中,委托人和代理人都是经济人,行为目标都是为了实现自身效用最大化。在委托代理关系中,代理人更多地关注自身的努力或付出,而委托人更关心结

---

① 《列宁全集》第13卷,人民出版社1959年版,第314页。

果,两者对对方所关注的重点并不在意。委托人的收益直接取决于代理人的成本(付出的努力),而代理人的收益就是委托人的成本(支付的报酬)。因此,委托人与代理人相互之间的利益是相互冲突的。由于利益的相互冲突,代理人便可能利用委托人委托的资源决策权谋取自己的利益,即可能产生代理问题。因而,委托人与代理人之间需要建立某种机制(契约)以协调两者之间相互冲突的利益。二是委托人和代理人之间信息不对称。在委托代理关系中,委托人并不能直接观察到代理人的努力工作程度,即使能够观察到,也不可能被第三方证实;而代理人自己却很清楚付出的努力水平,代理人便可能利用自己拥有的信息优势,谋取自身效用最大化,从而可能产生代理问题。代理人努力水平的不可观察性或不可证实性意味着如果出现违约,也没有第三者能知道代理人是否真的违约。(张维迎,1996;刘有贵、蒋年云,2006)

因此,委托代理理论的中心任务是研究在利益相冲突和信息不对称的环境下,委托人如何设计最优契约激励代理人(Sappington,1991),诱使代理人选择适合委托人利益的最优努力水平。委托代理问题非常普遍,委托代理理论不仅具有理论意义,更具有现实意义。目前,委托代理理论已经由传统的双边委托代理理论(单一委托人、单一代理人、单一事务的委托代理),发展出多代理人理论(单一委托人、多个代理人、单一事务)、共同代理理论(多委托人、单一代理人、单一事务的委托代理)和多任务代理理论(单一委托人、单一代理人、多项事务的委托代理)。

(二)委托代理理论与审计

按照审计主体分类,我国审计可以划分为政府审计、注册会计师审计和内部审计。委托代理理论在三大审计主体中都被广泛运用。委托代理理论、信息不对称理论和受托责任理论等都是审计理论基础的重要组成部分(廖洪、李德文,2002)。而且,这三大理论是审计产生动因的主流观点。

1.注册会计师审计。在市场经济环境下,所有权与管理权分离,投资者与管理者各司其职,已经成为现代公司的主流管理模式。职业经理人行使公司的控制权与经营管理权,但不具备公司资产的所有权,因此,在公司投资者与职业经理人之间存在一系列委托代理关系。由于信息不对称、利益不一致和契约不完整等,管理层有动机伪造财务信息,侵占股东和债权人利益,公司所有者为了防止此类行为的发生,并确保自己可以实现企业经营的目标,基于经济监督的客观需求,聘请第三方注册会计师对职业经理人所披露的财务信息进行审计,发挥其鉴证、监督、评价的功能。注册会计师审计是现代公司治理的有效组成部分(陈丽蓉、李红,2008)。

在公司所有者和注册会计师之间也存在委托代理关系，注册会计师审计质量取决于注册会计师、公司所有者、公司管理者和监管部门之间相互博弈的结果（张志远，2014）。理论上，理想的委托代理机制应该具备事前防范、事中控制和事后惩罚三个环节，但现实中为了维持公司所有者与注册会计师之间委托代理关系的稳定性，主要采用事后审计措施。这主要是因为会计信息鉴证的复杂性和专业性，导致事前防范和事中控制成为监管者一直难以解决的痛点。如何保持注册会计师独立性，使得注册会计师能够提供高质量审计，保证审计的有效性，是研究注册会计师审计委托代理关系的主要目的（朱峰，2007）。需要设置一种激励机制，以形成"审计师高努力—审计高质量—审计师和所有者高收益"的格局。

2. 政府审计。根据《中华人民共和国宪法》规定，人民是国家一切财富的所有者。在实际操作层面上，不可能由个体公民直接行使其拥有的国家权力，因此，我国人民将自身的公共财产通过各级人民代表大会委托给其选举出来的各级政府去经营管理；各级政府也可以将公共财产委托给国有企事业单位的受托管理者去经营管理。政府接受人民的委托，按照人民意愿去行使管理社会公共事务的权力，达成个体无法实现的目标，人民和政府之间的委托代理关系由此形成（刘笑霞，2010）。政府机构具有多层级性，因此，人民与政府之间的委托代理关系也是多级的，按照"人民—政府行政主管部门—政府行政执行机关"这一过程委托至下级。人民与政府行政执行机关之间存在间接委托代理关系。政府和政府机构要兼顾上游委托人、下游代理人以及自身三重性，利益目标、经济目标和社会目标等多元化目标共容的难度大。当目标发生冲突时，政府行政执行机关往往很可能选择损害公众利益、国家或政府利益而维护机构（或个人）利益（吴青川，2009）。社会公众作为分散而大规模的群体，每一个个体的监督力量都是有限的，政府审计作为一种独立的经济监督应运而生。根据《审计法》规定，我国审计机关实行双重领导制，地方各级审计机关受本级人民政府和上级审计机关领导，对本级预算执行和其他财政收支情况进行审计监督，并向本级人民政府和上级审计机关报告工作。这是由于政府机关的多层级以及人民与政府行政执行机构的间接委托代理关系促成的（彭绍兵、周兵，2009），这种间接委托代理关系要求分级审计公共资金使用的合法性、公允性和效率性。

3. 内部审计。出于治理的需要，许多组织设立了内部审计机构，这些内部审计机构在组织目标实现的过程中发挥了重要作用。委托代理理论认为，内部审计是应对组织内部委托代理关系的代理问题而产生的。公司规模扩大（程新生、张宜，2005；Carcello, Hermanson & Raghunandank, 2005；耿建新，

2006)、内部报告层次多(Sarens,2007)企业所有权结构分散程度高(Sarens & Abdolmohammadi,2011)等因素均会导致委托代理关系的复杂化,从而对内部审计的需求越发强烈。一开始,内部审计作为组织内部重要的管理控制活动,以其相对独立、客观的立场以及对企业经营状况全面、深入的了解,能协助管理层对管理控制活动及程序的有效性作出科学的评判,促进整个管理控制系统的高效运行,成为管理层实现经营目标的重要工具(王光远,2002;Abbott,2010)。后来,董事会为提升治理效果,避免高管舞弊频发的状况,要求内部审计协助其履行治理职责,提供相关的合法性、舞弊和内部控制相关信息(时现,2003)。至此,内部审计功能的扩展使其面临双重领导的困境。研究发现,董事会与管理层角色间与角色内的冲突对内部审计和管理活动都存在显著影响,当面临角色间冲突时,内部审计人员的薪酬权与解聘权掌握在谁手里,内部审计结果就更有利于谁(罗艳梅、程新生,2013)。虽然与政府审计和注册会计师审计相比,内部审计的独立性更容易受到影响,但是内部审计仍是公司治理的重要手段。

三、公共受托责任论

(一)公共受托责任的起源与发展

1985年5月,最高审计机关亚洲组织(ASOSAI)第三届大会发表的"东京宣言"《关于公共受托经济责任的指导方针》中对公共受托责任赋予如下定义:"公共受托经济责任是指受托经营公共财产的机构或人员有责任汇报对这些财产的经营管理情况,并负有财政管理和计划项目方面的责任"[1][2]。美国审计总署(General Accounting Office)将政府受托责任定义为,受托管理并提出有权使用公共资源的政府和机构有向公众说明它们的全部活动情况的义务。美国政府会计准则委员会(GASB)在第1号概念公告《财务报告的目标》中指出,受托责任要求政府向公民作出回答以证实公共资源的取得及其使用目的是正当的[3][4]。受托责任涉及委托方和受托方。受托方必须按照委托方的要求履行责任,并向委托方报告;委托方有权对受托方是否按要求如实履行责任进行检查,并要求受托方做出解释和说明,受托方必须记录其履责情况和行为,并做出相应解释和说明。政治领域的公共受托责任,即国家受托责任,是进行国家审计的基础。国家受托责任可以按授权阶段分为三种:一是民众对权力机关的授权,权力机关对民众负有受托责任;二是权力机关对行政、司法、检察等机构的授权,行政、司法、检察等机构对权力机关负有受托责任;三是行政、司法、检察等机构内部的授权,下级机构对上级机构负有受托责任。前两

种受托责任是政治受托责任,第三种是执行受托责任[5]。伴随社会经济的发展,受托经济责任的演进历经受托财务责任、受托管理责任和受托社会责任三种不同形态;与之相对应,政府审计也经历从以财务审计为主,到以管理绩效审计为主,并向综合绩效审计发展的过程[6]。

从我国公共受托责任的演化历程来看,不同时期公共受托责任的内涵不同。在奴隶社会和封建社会,奴隶主或皇帝拥有国家一切的资源和权力,这时的公共资源指的是奴隶主或皇帝拥有的资源,公共受托责任主要依存于官吏对奴隶主或皇帝的受托责任,国家审计旨在审查国家财政财务收支情况,评价官吏治理国家的功过得失,解除官吏的公共受托责任。北洋军阀政府时期,国家的一切权力主要集中在政府首脑手中,由于此时的社会公众的民主意识较弱,公共受托责任主要表现为下级官员对政府首脑的受托责任,政府对社会公众的公共受托责任只是一种形式上的受托责任,国家审计旨在审查国家财政财务收支情况,评价下级官员的政绩。广州革命政府时期,国家陷入战争的阴霾,国家审计也主要服务于战争的需要。此时国家的一切权利掌握在军队手中,公共受托责任主要表现为下级军官对军队首长的受托责任,政府对社会公众的公共受托责任也是"名存实亡",国家审计旨在审查军队财政财务收支情况,评价军官的政绩。革命根据地时期,政府的一切公共资源都来源于人民,虽然国家审计主要也是服务于战争,但此时的军队首长已经认识到了社会公众在军队建设中的重要性,公共受托责任主要表现为政府对社会公众,上级军队对军队首长的受托责任,国家审计旨在审查军队的财政财务收支情况。中华人民共和国时期,我国奠定了人民民主专政的政治体制,确立了人民代表大会制度,社会公众真正成为国家的主人。此时国家的一切权力属于人民,公共受托责任主要表现为政府对社会公众,行政机关对立法机关,公务员对行政长官的受托责任,国家审计旨在审查各级政府机构财政收支、国有金融机构和企事业单位财务收支情况,评价公共资源的使用绩效[7]。

(二)公共受托责任的分类

从其内在职能来看,公共受托责任是一个层次分明的"梯形受托责任",它由高到低可分为五个层次:政策受托责任、项目受托责任、业绩受托责任、过程受托责任、忠实受托责任。从其特点来看,公共受托责任产生于民主政治中的委托代理关系,依存于三个主要代理关系中:公务员对行政长官的受托责任、行政部门对立法部门的受托责任和政府对民众的受托责任[8]。

公共受托责任又可分为公共部门的受托财务责任和公共部门的受托管理责任。公共部门的受托财务责任是指公共部门的财政收支要合法,公共部门要

按照公认政府会计准则编制财务报表并公布；公共部门的受托管理责任是指公共部门在使用公共资金时要尽到有效地使用、公平地使用、保护环境、促进社会福利的责任[9]。

（三）公共受托责任与审计的关系

公共受托责任区别于私营企业中的受托责任，其范围不仅包括经济方面，更拓展至政治、社会和文化等其他范畴，几乎涉及社会公共生活的各个方面，因此称之为"公共受托责任"。国家审计作为国家监督体系的重要组成部分，因公共受托责任的发生而发生，又因公共受托责任的发展而发展，每一种新的审计模式或方式的产生都和公共受托责任有密切的关系[10]。公共受托责任是中国特色社会主义审计理论研究的基点，有七方面原因：（1）公共受托经济责任是现代会计、审计之魂；（2）公共受托经济责任关系的存在是现代国家审计的基本前提；（3）受托经济责任关系和公共受托经济责任关系在现代社会中的存在具有普遍性；（4）受托经济责任观是一种普遍适用的审计学说；（5）公共受托责任是国家审计的基石，其内涵和外延的发展直接引导国家审计的发展；（6）公共受托责任直接影响到国家审计的目标、范围、内容；（7）公共受托责任内容、要求和侧重点在不同环境下不尽相同时，国家审计的理论和实务也可以有所不同。一方面，国家审计应该是国家的一种特殊经济控制机制，其目的是保障和促进公共受托经济责任的全面、有效履行，突出表现为要始终维护人民群众的根本利益；另一方面，中国特色突出表现为公共受托经济责任关系是以法律的形式确立的，因此法律赋予了国家审计机关对公共受托经济责任的履行状况进行审计的权力[11]。

在现代民主社会之中，仅由于人民同意授权，政府才有治理社会的权力，而人民只有在认为代表他们行使权力的政府对其所提供的服务和履行的义务负有完全责任的情况下才会同意授予政府特定的权力。在我国，人民是国家一切财富的所有者，所有权归属于人民，而经营管理权则归属于各级人民政府；人民代表大会代表人民，是各级政府的最高权力机关，各级政府按照本级人民代表大会通过的国民经济计划和年度预算所反映的人民意志对公共财产实施经营管理，这时各级人民代表大会和其同级人民政府便发生了公共财产的委托和受托关系[1]。尽管人们对于受托责任的含义理解不同，但有一点是起码的，即对委托人负责、履行好委托人所托付的任务，仍是受托责任的核心要求。受托责任具体包括受托人在行为方面的义务和报告方面的义务。受托责任是由委托代理关系而产生的。作为委托方有权利对受托方实施必要的控制和管理，以保证受托方从委托方的利益出发行事。而作为受托方则有义务从委托人的利益

出发行使并向委托人报告其受托事项的履行情况，此即受托人的受托责任。然而，政府作为代理人容易产生代理问题，政府官员的行为未必都是从人民利益最大化角度出发的。实际上，为了掩盖其政策失误，政府比民营机构拥有更强的隐匿信息的动力。为了促使受托人更好地履行其受托责任，必须要有一系列的机制来对受托人的行为加以约束并协调不同参与者之间的利益冲突，这就需要由审计部门对政府及其部门、官员履行受托责任的情况进行审计，并将结果报告给公众及其代表——立法机构以及其他的利益相关者，以帮助这些受托人作出相关决策。此时，审计就发展成为公众和立法机关对政府实施治理以促使其更好地履行受托责任的工具。审计治理作用的发挥，是通过对政府受托责任履行情况的评价来实现的[12]。

审计的功能就是促进受托经济责任的切实、有效履行。受托经济责任依据其履行逻辑关系来划分，分为过程责任和结果责任。受托责任人的责任履行过程的合法性与效益性是受托责任人责任履行的基础，受托责任人责任履行结果的合法性与效益性又是受托责任人责任履行过程合法性与效益性的直接结果。所以，审计要促进受托经济责任的切实、有效履行，关键是要促进受托责任人责任履行过程的合法、合规及有效[13]。具体实施中，审计部门依照审计准则，从遵循性和绩效性两方面对政府及其部门、高级官员的行为和结果进行独立的评价，并将结果提供给立法机关、社会公众及其他利益相关者，以作为立法机关和社会公众等外部群体作出选举、问责等与受托责任关系有关的决策的依据。对于作为被审计单位的政府及其部门自身而言，也可以针对审计中发现的问题和不足加以补救和改进，从而优化自身行为、提高绩效，更好地履行对公众及上级的受托责任。因此，审计既是公民社会、立法机关对政府实施外部治理的依据和手段，也是政府内部为了更好地履行公共受托责任、提高政府绩效而实施内部治理的依据和手段[12]。

四、可持续发展理论

可持续发展理论可以用以解决审计目标和审计对象的系列问题。可持续发展（Sustainable development）概念的明确提出，最早可以追溯到1980年国际自然资源保护同盟受联合国环境规划署的委托起草，并经有关国际组织审定的《世界自然保护大纲》，在这个保护世界生物资源的纲领性文件中，首次提道"必须研究自然的、社会的、生态的、经济的以及利用自然资源过程中的基本关系，以确保全球的可持续发展"。1981年，美国布朗（Lester R. Brown）出版《建设一个可持续发展的社会》，提出以控制人口增长、保护资源基础和开发再生能源来实现可持续发展。关于可持续发展的概念众多，但是被广泛接受、

影响最大的是1987年以布伦兰特夫人为首的世界环境与发展委员会（WCED）发表的《我们共同的未来》报告中给出的定义，即"能满足当代人的需要，又不对后代人满足其需要的能力构成危害的发展"。它包括两个重要概念：一是需要的概念，尤其是世界各国人民的基本需要，应将此放在特别优先的地位来考虑；二是限制的概念，技术状况和社会组织对环境满足眼前和将来需要的能力施加的限制。1992年6月，联合国在里约热内卢召开的"环境与发展大会"，通过了以可持续发展为核心的《里约环境与发展宣言》《21世纪议程》等文件。随后，中国政府编制了《中国21世纪人口、资源、环境与发展白皮书》，首次把可持续发展战略纳入我国经济和社会发展的长远规划。1997年的中共"十五大"把可持续发展战略确定为我国"现代化建设中必须实施"的战略。可持续发展主要包括社会可持续发展、生态可持续发展、经济可持续发展。

可持续发展要坚持公平性、持续性和共同性的原则，其基本内容包括经济可持续发展、生态可持续发展、社会可持续发展。可持续发展战略的目标体系是由经济、人口、资源、环境等内容的协调发展所构成的，而管理、法制、科技、教育等方面的能力建设就构成了可持续发展战略的支撑体系。可持续发展的能力建设是可持续发展的具体目标得以实现的必要保证。即一个国家的可持续发展很大程度上依赖于这个国家的政府和人民通过技术的、观念的、体制的因素表现出来的能力。具体地说，可持续发展的能力建设包括决策、管理、法制、政策、科技、教育、人力资源、公众参与等内容。

1.可持续发展的决策与管理体系。实现可持续发展需要有一个非常有效的管理体系。历史与现实表明，环境与发展不协调的许多问题是由于决策与管理的不当造成的。因此，提高决策与管理能力就构成了可持续发展能力建设的重要内容。可持续发展管理体系要求培养高素质的决策人员与管理人员，综合运用规划、法制、行政、经济等手段，建立和完善可持续发展的组织结构，形成综合决策与协调管理的机制。

2.可持续发展的法制体系。与可持续发展有关的立法是可持续发展战略具体化、法治化的途径，与可持续发展有关的立法的实施是可持续发展战略付诸实现的重要保障。因此，建立可持续发展的法制体系是可持续发展能力建设的重要方面。可持续发展要求通过法制体系的建立与实施，实现自然资源的合理利用，使生态破坏与环境污染得到控制，保障经济、社会、生态的可持续发展。

3.可持续发展的科技系统。科学技术是可持续发展的主要基础之一。没有较高水平的科学技术支持，可持续发展的目标就不能实现。科学技术对可持续

发展的作用是多方面的，它可以有效地为可持续发展的决策提供依据与手段，促进可持续发展管理水平的提高，加深人类对人与自然关系的理解，扩大自然资源的可供给范围，提高资源利用效率和经济效益，提供保护生态环境和控制环境污染的有效手段。

4. 可持续发展的教育系统。可持续发展要求人们有较高的知识水平，明白人的活动对自然和社会的长远影响与后果，要求人们有高度的道德水平，认识自己对子孙后代的崇高责任，自觉地为人类社会的长远利益而牺牲一些眼前利益和局部利益。这就需要在可持续发展的能力建设中大力发展符合可持续发展精神的教育事业。可持续发展的教育体系应该不仅使人们获得可持续发展的科学知识，也使人们具备可持续发展的道德水平。这种教育既包括学校教育这种主要形式，也包括广泛的潜移默化的社会教育。

5. 可持续发展的公众参与。公众参与是实现可持续发展的必要保证，因此也是可持续发展能力建设的主要方面。这是因为可持续发展的目标和行动，必须依靠社会公众和社会团体最大限度地认同、支持和参与。公众、团体和组织的参与方式和参与程度，将决定可持续发展目标实现的进程。公众对可持续发展的参与应该是全面的。公众和社会团体不但要参与有关环境与发展的决策，特别是那些可能影响到他们生活和工作的决策，而且更需要参与对决策执行过程的监督。

第二节 资源环境审计的理论框架

一、资源环境审计理论的逻辑起点[①]

（一）审计理论逻辑起点的研究

目前可以查到的国内最早关于审计逻辑起点的文献是钟英祥、汤坛（1986）的财务责任起点论。他们认为人们在经济活动中形成的财务责任关系是审计理论逻辑和历史的起点。之后，有关审计理论逻辑起点的研究成为审计理论研究的一个主要领域，较为有代表性的观点是审计本质（娄尔行和唐清亮，1987；蔡春，2001）、审计假设（莫茨和夏拉夫，1990；蔡春，1990）、审计目标（冯均科，2002）、审计环境（刘兵，1995；刘明辉，2003）、信

---

① 李兆东：“环境审计的逻辑起点”，《绿叶》2015年第5期，第23-32页。

息认证（安亚人和宋英慧，2003）、审计动因（刘静和李保刚，2005；周丽，2013）、产权动因（张毅，2009）、需求导向（赵华，2005）等审计逻辑起点理论。除此之外，一些学者为解决上述理论的缺陷，提出二元逻辑起点，诸如目标假设起点论、环境本质起点论和环境目标论等。审计逻辑起点的理论研究试图寻找审计的共性特征，找到审计的一般性原点，并由此发展出审计的理论框架，借此解释审计现象的产生。每种审计逻辑起点理论都有其合理性但也存在缺陷，尚未形成统一观点。究其原因，主要是审计业务型态发展较快，审计的边界还在扩展，在这种情况下，探讨审计的一般性起点问题，难以形成一致认同的观点。因而一些研究者，转而研究单一审计逻辑起点的问题，如工程质量审计的逻辑起点（郑敏，2010），人力资源审计的逻辑起点（戚振东，2007）等，显然现阶段对单一审计型态的逻辑起点进行探讨更为实际。

人们对于环境审计的逻辑起点也有研究。比如，李雪（2004）在分析审计的一般性逻辑起点理论研究的基础上，认为环境审计目标是环境审计理论的逻辑起点，并比较其他要素起点的不足，进而解释了环境审计目标作为起点的原因和合理性，然而环境审计目标具有主观性，审计目标从哪里产生，在研究中难以找到答案。也就是说，环境审计目标并不是环境审计产生的原点，而是中间节点。本书试图从环境审计对象的演变和环境审计业务的发展中寻求证据，发现环境审计的逻辑起点。

（二）确定环境审计逻辑起点的原则

在讨论逻辑起点之前，我们首先要知道逻辑起点确定的原则。刘兵（1995）认为，逻辑起点的基本特征是其前面不存在其他事物，是解决社会为什么需要审计的问题。他没有给出逻辑起点的具体原则。赵华（2005）认为，所谓"逻辑起点"，是指展开某种逻辑体系的渠道和门径，是构成一门学科理论体系的出发点，是该学科理论体系赖以推理论证的最本源的抽象范畴。这个起点特征过于理论化。刘明辉（2003）较为系统地提出了审计逻辑起点的标准，概括起来就是，逻辑起点是审计体系中最抽象、最一般、最简单的思维规定，用于揭示审计理论诸要素的内在矛盾以及审计系统整体的一切矛盾萌芽的审计体系中的直接存在物，是同整个体系发生着多方面联系的一个基本要素。该要素是可以被后来的事物运动过程所证明，把它作为逻辑起点是正确的。他以此为标准，认为审计环境是审计的逻辑起点。然而，审计环境通常会被理解为审计所处于的社会关系，导致这个逻辑起点过于宽泛。安亚人和宋英慧（2003）认为逻辑起点的实质内容表现为该体系中最抽象、最一般、最简单的思维规定，是所处体系中的直接存在物，应该揭示"细胞"形态的内在矛盾以及对象整体

的一切矛盾萌芽，可以为后来的事物运动过程所证明，把它作为逻辑开端是正确的。它是所在系统中的一个基本要素，同整个体系发生着多方面的联系，并以此为特征认为信息认证是审计的逻辑起点。刘静和李保刚（2005）认为，逻辑起点是系统中的一个基本要素，其实质内容表现为该体系中抽象、最一般、最简单的思维规定，它是所处体系中的直接存在物，它应该揭示"细胞"形态的内在矛盾以及对象整体的一切矛盾胚芽，因此认为基本动因是审计的逻辑起点。

尽管上述文献对逻辑起点特征的分析是一致的，但是在统一的特征标准下，却得到了不同的逻辑起点结论，这说明确定逻辑起点的特征和标准仍然有一定的问题，致使在同一标准下有不同的理解。李雪（2004）认为，环境审计理论结构起点应具备能联系环境审计理论与环境审计环境，是环境审计理论和实务发展的推动力，能紧密联系环境审计理论与实务，能推导论证其他环境审计要素，具有可知性等特征，并借此认为环境审计目标是环境审计的起点。然而目标的确定具有一定的主观性，还应该有更为抽象的原点影响着目标的确定。

因此，结合目前的研究和环境审计的特点，可以得到确定环境审计逻辑起点的原则：首先，环境审计的逻辑起点要能回答环境审计从哪里来，社会为什么需要环境审计的基本问题；其次，它应该是同整个体系发生联系的一个最基本要素，但并不拘泥于是否是体系内的要素，只要是可以追溯到的本源，并可确定其上再无其他事物，则可确定为起点；再次，逻辑起点应该可以解释一切实务现象，并可以借此构建理论体系；最后，它是环境审计发展的客观动力，具有客观性和可知性，即是某种客观存在的、可以认知的事物产生了环境审计。

（三）资源环境审计的逻辑起点：资源环境治理需求动因

根据上述原则，环境审计的逻辑起点要能解决的是，环境审计产生的真实动因是什么。一般认为，经营权和所有权的分离是审计产生的基本动因。但是环境质量是公共产权，其产权属性不像私有产权那么明确。虽然有观点认为环境的所有权是社会公民全体，由政府经营，也存在两权分离，进而产生环境审计，但这个基本动因只是环境审计产生的必要条件，无法解释两权分离后，为什么不会立即产生环境审计，因而环境审计的产生还需要其他充分条件。

刘家义（2012）将国家治理的理念引入国家审计理论，认为国家治理的需求决定了国家审计的产生。王会金等（2012）也认为国家审计是国家治理的重要组成部分，国家治理规定了国家审计活动的基本方面和基本方面的主要内容。这就说明国家审计产生的动因是国家治理需求。环境审计是国家审计的组成部分，环境治理是国家治理的组成部分，因而，环境治理需求决定了环境审

计的产生，环境治理需求动因是环境审计的逻辑起点。

环境治理是通过政府规制、市场治理和信息披露等多种工具，对污染制造行为个体进行约束，以达到环境良治的过程。由于环境质量的公共产权属性和外部性特征，政府成为环境治理的主体，也是责任人。由于政府也是一个"经济人"，它也有自己独立的利益，这种利益就不见得总与社会的利益保持一致（布坎南，1992）。为督促政府保持与社会利益一致，要对其环境治理的效果进行监督和问责；为进行有效的问责，需要对环境信息进行披露，于是产生环境信息披露需求和环境责任问责需求。为满足环境治理需求，希望能在制度上设置一个部门，可以掌握有关环境责任履行的全面信息，包括环境信息、财务信息、管理信息等，可以通过这些信息进行判断，同时具有对违法违规行为一定的处理处罚权力，具有权威性。审计机关正是这样的综合经济部门。通过审计和审计调查，审计机关可以掌握多个部门的环境相关信息，可以做出综合诊断和评价，对承担环境治理的政府及其部门进行问责，向社会公众披露环境信息：环境审计因此而产生。

环境治理需求动因是环境审计产生的充分必要条件。环境治理在环境信息披露和环境责任问责两方面的需求决定了环境审计的具体目标，由具体目标确定审计对象和范围，选择程序和方法，形成规范理论体系。体系中的环境审计要素之间相互联系，并受到环境治理需求的约束，因此，环境治理需要动因是环境审计的最基本的要素，而基于这个要素可以构建环境审计的理论体系。同时，环境治理需求动因论是从环境审计实务中总结而来的，可以解释一切环境审计实务现象。例如，水环境治理需求产生水环境审计，节能减排治理需求产生节能减排审计等。显然，环境治理需求是客观的社会需求，同时可以为审计人所认知，可以转化为具体的审计实务。

通过上述分析发现，从确定环境审计逻辑起点的原则来衡量，环境治理需求动因是环境审计的逻辑起点。环境审计通过环境管理信息的收集和披露，揭示环境管理领域存在的问题，提供真实、有效、充分的环境信息，作为监督政府代理行为、制定和调整环境治理政策的基础，作为市场参与环境治理中各微观经济单位行为选择的依据，作为公众参与环境治理的条件，有效地满足了环境治理中问责和信息披露的需求。

二、资源环境审计的定义

（一）最高审计机关国际组织环境审计委员会的定义

最高审计机关国际组织第15届大会（开罗大会），以及之后制定的《从环境视角进行审计活动的指南》中并未对环境审计给出明确的定义，但是提供了一个环境审计的原则：要求环境审计应当采用最高审计机关制定的各种审计方法，应当覆盖各种审计类型，应当重在披露环境资产和负债情况，检查对国内和国际法律法规的遵守情况，以及评价被审计单位为促进经济性、效果性和有效性而采取的各项措施的适当性等。

（二）亚洲审计组织环境审计委员会的定义

亚洲审计组织环境审计委员会在最高审计机关国际组织环境审计委员会对环境审计理解的基础上，结合环境保护的含义，给出了更为准确、具体的定义。

环境保护有广义和狭义之分。狭义的环境保护是指环境污染的防治和生态建设，广义的环境保护则是指在狭义的基础上增加了资源开发与利用、人口等可持续发展的内容。考虑到审计的特征，亚洲审计组织环境审计委员会采用了狭义的环境保护概念，并认为环境审计作为审计监督体系的一个分支，其定义、方法和内容从原则上讲应当体现一般审计的特征。根据《开罗宣言》所提出的环境审计的定义框架，亚洲审计组织环境审计委员会将环境审计定义为，由最高审计机关对政府和（或）企事业单位等被审计单位的环境管理以及有关的经济活动的真实、合法和效益性所进行的监督、评价和鉴证等工作。这个定义是从各国最高审计机关的角度对环境审计进行界定的。

（三）我国环境审计的定义

关于"环境审计"的定义，虽然国内学者和审计人员从不同角度对环境审计给出了繁多的定义，但至今尚未有统一的定论。根据不同的环境审计定义的侧重点，可分为如下几类：一是环境管理责任论，以环境管理责任履行情况的鉴证作为环境审计的主要职能；二是管理工具论，认为环境审计属于企业管理、环境管理系统的一个环节；三是监督鉴证评价论，认为应通过审计的职能来实现环境保护活动的真实、合法和有效性目标。

国内最早的环境审计定义是陈思维在其所编的《环境审计》（1995）中提出："环境审计是指审计机关、内部审计机构和注册会计师，对政府和企事业单位的环境管理系统及经济活动的环境影响进行监督、评价和鉴证，使之积极、有效、得到控制并符合可持续发展的要求的审计活动。"在这个定义中，审计的主体尤其是注册会计师，是否能够承担环境审计职能受到质疑。尽管如此，这个定义也是迄今为止较为准确和全面的定义，其他的定义都是在这个基础上进行完善和调整。之后较为合理的定义是，陈正兴在其所编《环境审计》

（2000）中的定义："环境审计是对生产、生活活动过程中产生的环境问题的抑制、消除或改善环境而进行的经济活动的真实性、合法性、效益性进行监督、鉴证、评价，使之符合可持续发展要求的一种独立监督行为。"

本书不深入探讨环境审计的定义，仅给出政府环境审计的定义。政府环境审计是指各级审计机关对政府和（或）企事业单位等被审计单位的环境管理以及有关的经济活动的真实、合法和效益性进行监督、评价和鉴证，使之积极、有效、得到控制并符合可持续发展的要求的审计活动。

三、资源环境审计关系

审计关系是指审计授权或委托人、被审计人、审计人之间的关系，即构成审计三要素之间的经济责任关系。作为审计主体的第一关系人在审计活动中起主导作用：他既要接受第三关系人的委托或授权，又要对第二人所履行的经济责任进行审查和评价，但是他独立于两者之间，与第二关系人及第三关系人不存在任何经济利益上的联系。作为审计授权或委托人的第三关系人，在审计活动中起决定作用，他如果不委托第二关系人对其财产进行管理或经营，那么就不存在第三关系人和第二关系人之间的经济责任关系，自然也就不必要委托或授权第一关系人进行审查和评价。

四、资源环境审计的要素

（一）资源环境审计主体

关于环境审计的审计主体，有三种不同的观点：第一种观点认为，应该建立以民间审计为主导，政府审计、内部审计、环保专业人士等多方共同参与的开放型环境审计模式（肖文八、王贵则、陈军，1999）。第二种观点认为，环境审计应以内部审计为主导。罗恩·莱克（1999）认为环境审计起源于内部审计，随着内部审计师慢慢地适应环境审计的需要，环境审计师与内部审计师的角色将合二为一。第三种观点认为，政府审计、社会审计和内部审计都是主体，不分主次（李雪、邵金鹏，2004）。

张爱民、郭坤（2009）介绍了一些国家的环境审计主体：美国实施环境审计的主体部门集中于美国联邦审计署和美国联邦环境保护局；加拿大的环境审计实施主体集中于联邦审计署和环境审计师协会，加拿大环境审计师协会是直接向加拿大环境大臣汇报的联邦机构，另外，民间审计也有所参与；日本的环境审计主体的主导是社会中介机构；德国的环境审计主体主要有国家审计机关和经济审计协会，经济审计协会是德国实施环境审计社会机构，主要是在微观

层面上负责对企业的水电气物以及产品、原料的环保技术指标进行审计。

（二）资源环境审计客体

审计对象、审计内容、审计客体、审计范围是一组相关的概念，在一些文献中，这四者经常混同。在审计客体主要涉及"对谁审计"或"审计谁"这个前提下，对于审计客体的认识有高度的一致，那就是委托代理关系中承担经管责任的代理人或履行者（杨时展，1986）。

环境审计的客体按被审计单位分为三大类：企事业单位和基本建设单位（包括环境产业）、国家和政府机关、环境保护部门和其他承担环境保护任务的政府职能部门。

也有研究认为，环境审计的客体是被审计单位的环境管理责任，是环境保护部门和企事业单位的环境经济责任，或者是指被审计部门或单位的环境管理及其有关经济活动，既包括企业环境管理活动，也包括涉及环境管理的经营活动和生产活动，是环境政策、项目和活动等。

（三）资源环境审计目标

审计目标就是人们通过审计实践活动所期望达到的境地或希望得到的结果，它是审计工作的出发点和归宿。审计目标受审计需求和审计功能所制约，在不同的审计需求和审计功能下，审计目标不同。同时，不同的审计目标选择又会影响具体的审计行为，从而出现不同的审计现象，这些审计现象又会影响人们对审计本质的理解。

环境审计目标在理论上决定了环境审计系统实现环境审计目标所需的保证系统居于基础地位，决定和制约着环境审计假设、环境审计概念、环境审计准则和环境审计的方法，从而体现了环境审计的本质。环境审计目标是行动的指南。在开展环境审计实务中，必须首先树立明确的目标，为环境审计的开展指明前进的方向，以做到有的放矢，达到事半功倍的效果。环境审计目标是理论与实务的连接点。环境审计目标既具有一定的理论性，又具有一定的实践性，因此它是联系环境审计理论与实务的"桥梁"，对其研究必将促进理论与实务的飞速发展。

（四）资源环境审计程序和方法

环境审计程序与方法是开展环境审计时应遵循的步骤和各步骤具体应用的技术方法。常规审计方法对环境审计同样适用，同时，环境审计也有其独特的方法。

吴正大（1998）认为，环境审计是审计的一种类型，因此，常规审计方法

对环境审计同样适用，与现在开展的财务审计、效益审计的方法相近，通常包括审阅法、验证法、复算法、观察法、查询法、分析法等。例如，我们在进行财务收支审计和经济效益审计中运用的审计检查法，包括资料检查法、实物检查法；审计调查法，包括查询法、观察法、专题调查法；审计分析法，包括账户分析法、账龄分析法、逻辑推理分析法、经济活动分析法、经济技术分析法、数学分析法、抽样审计法等。在具体运用这些方法时，应根据审计目标和内容而定，在环境审计中并不具备太多特色，只不过是要与环境问题的产生和治理紧密联系起来。而环境成本效益分析和环境费用效果分析是有其特点的。

（五）资源环境审计报告

审计报告是审计人员根据审计准则的要求，在完成预定的审计程序之后出具的对被审计单位被审计事项表示意见的书面文件。环境审计报告是对环境报告或环境状态的证实，特别是对环境危害产生损失或治理业绩的数据，以及有关会计信息的真实、合规和体现效益所作的鉴证，它是环境审计的最终成果。环境审计报告通常采用详式审计报告，审计人员详细地叙述环境审计过程、审计结果和详细阐明审计意见的审计报告。

▶▶ 本章讨论问题

1. 如何理解资源环境审计的定义。
2. 根据委托代理理论，分析水资源审计的审计关系。
3. 尝试建立森林资源环境审计的理论框架。

▶▶ 本章参考文献

［1］伯利，米恩斯.现代股份公司与私有财产［M］.台湾：台湾银行出版社，1982.

［2］陈丽蓉，李红.基于委托代理视角的非审计服务与审计独立性——来自中国证券市场的经验证据［J］.当代财经，2008（06）：107-110.

［3］程新生，张宜.中国制造业上市公司内部审计模式实证研究［J］.审计研究，2005（01）：70-74.

［4］耿建新，续芹，李跃然.内审部门设立的动机及其效果研究——来自中国沪市的研究证据［J］.审计研究，2006（01）：53-60.

［5］科斯，阿尔钦，罗斯.财产权利与制度变迁——产权学派与新制度学派译文集［M］.上海：上海人民出版社，2000.

[6] 刘有贵，蒋年云.委托代理理论述评[J].学术界，2006（01）：69-78.

[7] 廖洪，李德文.我国国家审计理论研究的回顾与思考[J].审计研究，2002（03）：32-37.

[8] 刘笑霞.政府公共受托责任与国家审计[J].审计与经济研究,2010,25（02）：23-31.

[9] 彭韶兵，周兵.公共权力的委托代理与政府目标经济责任审计[J].会计研究，2009（06）：18-22+96.

[10] 罗艳梅，程新生.双重委托代理关系下内部审计治理有效性研究——基于角色冲突的视角[J].审计研究，2013（02）：58-67.

[11] 普拉特，泽克豪瑟.委托人和代理人[M].英文版，1985.

[12] 时现.现代企业内部审计的治理功能透视[J].审计研究，2003（04）：61-64.

[13] 吴青川.国家治理框架下的国家审计发展机制研究——基于委托代理理论[J].财会通讯，2009（36）：96-98.

[14] 王光远，瞿曲.公司治理中的内部审计——受托责任视角的内部治理机制观[J].审计研究2006（02）：29-37.

[15] 亚当·斯密.国富论[M].陕西：陕西人民出版社，2001.

[16] 詹森，麦克林.企业理论：管理行为、代理成本与所有权结构.中文载陈郁所有权、控制与激励——代理经济学文选[M].上海：上海人民出版社，1998.

[17] 张维迎.所有制、治理结构及委托—代理关系——兼评崔之元和周其仁的一些观点[J].经济研究，1996（09）：3-15+53.

[18] 张志远.委托代理关系下审计质量控制研究[J].当代经济研究，2014（11）：86-92.

[19] 朱峰.非对称信息下的审计委托代理理论——激励契约安排与外部监督机制[J].审计研究，2007（05）：50-55.

[20] Abbott Lawrence J., Parker Susan, and Peters Gary F. Serving Two Masters：the Association Between Audit Committee Internal Audit Oversight and Internal Audit Activities[J]. Accounting Horizons，2010，24（01）：1-24.

[21] CARCELLO J. V, HERMANSON D R, RAGHUNANDANK. Factors associated with U.S. public companies' investmentin internal auditing[J]. AccountingHorizons，2005，19（02）：69-84.

[22] Sappington, D. Incentivesin Principal Agent Relationships. Journal of Economic Perspectives，1991，5：45-66.

[23] SARENS G.The agency model as the predictor of thesize of the internal audit

function in Belgian companies[D]. Working Paper, Faculty of Economics and Business Administration Ghent University, 2007.

[24] SARENS G, ABDOLMOHAMMADI M J.Monitoringeffects of the internal audit function: agency theoryversus other explanatory variables[J]. International Journal of Auditing, 2011, 15（01）: 1-20.

[25] 秦荣生.公共受托经济责任理论与我国政府审计改革[J].审计研究, 2004（06）: 16-20.

[26] 刘笑霞.政府公共受托责任与国家审计[J].审计与经济研究, 2010, 25（02）: 23-31.

[27] GASB. Concept Statement NO.1 Objectives of Financial Reporting[S]. 1987: 56.

[28] 许安拓, 李海林.国家审计体制的双重结构改革——基于公共受托责任的分析[J].财政研究, 2015（08）: 103-106.

[29] 杨建荣.经济全球化下我国政府审计与国家经济安全———一个基于新兴古典理论和公共受托责任的分析[J].审计研究, 2009（05）: 9-14.

[30] 马东山, 叶子荣.公共受托责任视角下国家审计职能演化研究——兼论国家审计"免疫系统"功能的形成[J].财会月刊, 2012（36）: 10-12.

[31] 张国生.公共受托责任与政府财务报告[J].财会月刊, 2004（24）: 6-8.

[32] 何瑞雄.浅议公共受托责任[J].财会通讯（综合版）, 2007（03）: 81-82.

[33] 张勇.公共受托责任论下政府跟踪审计有关问题的探讨[J].财会研究, 2010（14）: 62-64.

[34] 钟慧.构建中国特色社会主义审计理论体系框架专题研讨会综述[J].审计研究, 2013（04）: 20-23.

[35] 李明辉, 刘笑霞.政府审计在国家治理中的作用[J].政治学研究, 2013（03）: 35-50.

[36] 柴严.中国审计学会跟踪审计理论与实务研讨会综述[J].审计研究, 2009（06）: 13-16.

[37] ASOSAI. TokyoDeclaration[EB/OL].[2009-08-04]. http://www.asosai.org/declaration/dec_tokyo.htm 1985: 15-21.

[38] 钟英祥, 汤坛.谈谈审计理论研究中的几个问题[J].江西财经学院学报, 1986（06）: 31-35.

[39] 娄尔行, 唐清亮.试论审计的本质[J].审计研究, 1987（03）: 26-28.

[40] 蔡春.审计理论结构研究[M].大连: 东北财经大学出版社, 2001.

[41] R.K.莫茨, H.A.夏拉夫.审计理论结构[M].文硕译.北京: 中国商业出版社, 1990.

［42］蔡春.审计基本假设研究［J］.财经理论与实践，1990（01）.

［43］冯均科.目标导向审计理论体系刍议［J］.西安交通大学学报（社会科学版），2002（03）：17-21+44.

［44］刘兵.审计理论研究的逻辑起点及审计理论体系［J］.审计研究，1995（04）：24-28.

［45］刘明辉.以审计环境为逻辑起点构建审计理论体系［J］.审计与经济研究，2003，18（04）：3-7.

［46］安亚人，宋英慧.信息认证——审计理论结构逻辑起点新论［J］.审计研究，2003（01）：27-31.

［47］刘静，李保刚.以审计动因为逻辑起点构建、完善我国审计理论体系［J］.审计研究，2005（06）：79-81.

［48］周丽.基本动因逻辑起点的审计理论结构探讨［J］.财会通讯（综合）.2003（03）：36-38.

［49］张毅.以产权动因论为逻辑起点构建审计理论体系［J］.财经理论与实践，2009，30（169）：74-78.

［50］赵华，夏雪姣.供给导向审计理论与需求导向审计理论的比较研究［J］.工业技术经济，2005，24（01）：133-135.

［51］郑敏，陈韶君，柏露萍.工程质量审计的逻辑起点和实务框架研究［J］.审计研究，2010（02）：30-33.

［52］戚振东，孙晓华，段兴民.人力资本管理审计的逻辑起点研究［J］.中国人力资源开发，2007（11）：15-18.

［53］李雪，杨智慧.环境审计理论结构逻辑起点研究［J］.中国海洋大学学报（社会科学版），2004（02）：49-52.

［54］刘家义.论国家治理与国家审计［J］.中国社会科学，2012（06）：60-72.

［55］王会金，黄溶冰，戚振东.国家治理框架下的中国国家审计理论体系构建研究［J］.会计研究，2012（07）：89-95.

［56］詹姆斯·M.布坎南.民主过程中的财政［M］.唐寿宁译.上海：三联书店，1992.

［57］李雪.环境审计理论研究［M］.立信会计出版社，2016.

［58］肖文八，王贵则，陈军.我国开展环境审计的理论探讨［J］.中国内部审计，1999（03）：1-6.

［59］罗恩·莱克.环境审计的新篇章［J］.中国内部审计，1999（03）：17-18.

［60］李雪，邵金鹏.发挥注册会计师在环境审计中的作用［J］.中国人口、资源与环境，2004（04）：134-136.

第四章 水资源环境审计

◆ **内容提示**

水是万物之本、生命之源，是有机生命体赖以生存的物质基础。水资源数量与水环境质量状况，是关系到人类生存与可持续发展的根本问题。然而，近现代人类工业文明的快速发展导致全球水生态系统出现了严重的危机，威胁着人类文明的可持续发展。因此，水资源环境审计是国际资源环境审计中最早开展的资源环境审计实践。

◆ **引导性案例**

重点流域水污染防治是国家环境保护工作的重中之重。2001年8月至2003年4月，国务院先后批复了太湖、巢湖、滇池、淮河、海河、辽河流域（以下简称"三河三湖"）水污染防治"十五"计划（以下简称"十五"计划），计划总投资1076亿元，建设1460个重点水污染防治项目，并提出了各流域2005年底要达到的污染物排放总量控制目标。"十五"计划还提出，水污染防治主要责任在各省（区、市）人民政府，各省（区、市）人民政府要加强对"十五"计划实施的指导和监督，做到资金到位，措施落实，任务具体，责任明确，确保"十五"计划按期完成。该治理计划从2001年一直持续到了2007年，投入巨大的人力、物力和财力，全国上下决心在"水污染防治"上打个翻身仗。

◆ **问题思考**

然而治理实践并未遂人们所愿，"三河三湖"的污染程度并未因大力治理而明显好转，太湖在2007年6月还爆发了史上最为严重的"蓝藻危机"。那么，投入了如此大的人力、物力和财力进行重点治理的"三河三湖"工程，

为何难以见成效呢？作为国家治理"第三道防线"的审计监督于2008—2009年介入此事，审计署专门成立了"三河三湖"水污染防治绩效审计小组，对该治理工程的具体绩效开展了深入的审计。那么水污染防治绩效审计该如何开展呢？其中又会遇到什么样的困难呢？

第一节　水资源环境相关概念

一、水资源概念与概况[①]

（一）水资源的概念

水是生命之源、万物之本。水具有非常强的物质溶解能力，是人类的有机生命体新陈代谢必不可少的物质基础。人体有机体的食物消化、营养输送、营养吸取和废物排泄都要用到大量的水分。据科学分析，人体主要由水、电解质、蛋白质和有机化合物组成，其中，水分占人体总重量的60%以上。考古发现，地球上最早的原始生命也孕育和发源于海洋，而不是大陆，因此现代航天科学探索外星球是否存在生命的黄金指标就是"是否存在液态水"。人类祖先关于史前文明的记忆也大多和"水"有关系，如希望的"诺亚方舟"传说、中国的"女娲补天"和"大禹治水"等。后来的人类文明也大多都发源于大江大河流域，如两河流域的"古苏美尔文明"和"古巴比伦文明"、尼罗河流域的"古埃及文明"、印度河流域的"古印度文明"和黄河长江流域的"中华文明"等。就连在科技高度发达的今天，世界范围内的大部分超级大城市都还是建在重要的水域附近，如中国上海、广州、深圳、南京、武汉，以及日本东京、韩国首尔、美国纽约、印度新德里、俄罗斯莫斯科等。

世界气象组织和联合国教科文组织指出，水资源是指可以被人类开发利用的水源总和。水资源涉及数量和质量两方面问题。一般而言，狭义的"水资源"特指数量方面的考量，而"水环境"则特指质量方面的考察。

（二）水资源的概况

水资源是地球自然资源和生态系统的一个重要构成部分，主要包括河流、湖泊、地下水、海洋、积雪和冰川等水源形式。随着科学技术的进步，这一来源范围在不断扩大。例如，之前不在人们可直接利用范围之内的海水，也正在

[①] 本部分参考了百度百科相关词条。

通过海水淡化技术创新而逐渐成为我们重要的水资源之一。未来，在空气中提取可饮用水也必然成为可能。当前，最常用的方法是将水资源分为地表水、地下水和海水三大类。

地表水是指地球陆地表面上覆盖的水资源总和。主要包括河流、湖泊、湿地和冰川等。除冰川为静态水源外，其余均为动态水源。地下水是指蕴藏在地表以下、岩石缝隙中的水资源，其特点是水量稳定、水质较好，往往是广大农村地区的主要饮用水源。海水是指海中或来自海中的水资源，由于海洋占了整个地球表面的2/3，因此海水数量非常庞大，对人类来说是一个不可估量的资源宝藏。虽然目前海水淡化技术已经相对成熟，但人类对海水资源的大规模开发利用还未真正开始。

1. 全球淡水资源情况及其分布。在世界范围，主要河流包括十大水系（见表4-1），水资源综合规模从大到小排列分别为：尼罗河、亚马逊河、长江、密西西比河、黄河、额尔齐斯河、澜沧江、刚果河、勒拿河和黑龙江。流域面积最大的是亚马逊河，多达705万平方公里；横跨国家最大的是澜沧江，多达6个国家，其次是尼罗河横跨5个国家。一国境内最长的河流是中国长江，达到了6380公里。

表4-1　　　　　　　　　　　　　　世界十大水系概况

河流名称	所在版块	发源地	流经地	长度（km）
尼罗河	东非 自南往北	东非大裂谷维多利亚湖	坦桑尼亚、布隆迪、卢旺达、苏丹、埃及，在开罗注入地中海	6670
亚马逊河	南美 自西向东	安第斯山脉	秘鲁、巴西，在圣安娜注入大西洋	6400
长江	东亚	唐古拉山脉	中国，在上海注入东海	6380
密西西比河	北美 自北往南	落基山脉	美国，在新奥尔良注入墨西哥湾	6020
黄河	东亚 自西向东	巴颜喀拉山脉	中国，在山东注入渤海	5464
额尔齐斯河	中亚 自南往北	阿尔泰山	中国、哈萨克斯坦、俄罗斯，在喀拉海注入北冰洋	5410
澜沧江	东亚 自北往南	唐古拉山脉	中国、缅甸、老挝、泰国、柬埔寨、越南，注入南海	4880
刚果河	中非 自东往西	米通巴山脉 东非大裂谷	赞比亚、扎伊尔、中非、刚果、喀麦隆、安哥拉，注入大西洋	4700
勒拿河	东亚 自南往北	贝加尔山 贝加尔湖	俄罗斯，注入北冰洋	4400
黑龙江	远东 自西往东	肯特山	中国、俄罗斯，在海参崴注入鞑靼海峡	4350

数据来源：百度百科"世界十大河流"词条。

世界著名河流还不得不提到美索不达米亚平原的"两河流域",幼发拉底河和底格里斯河。"两河流域"地处中东地区,孕育了世界史上最早(公元前4000年)的人类文明——"美索不达米亚文明",包含了"苏美尔文明"和"巴比伦文明"等,即今天的伊拉克、伊朗和叙利亚地区。幼发拉底—底格里斯河水系是中东地区最大的河流,源头处于土耳其东部山脉,两条河流以80公里的间距平行沿东南方向流经叙利亚北部和伊拉克全境,在巴士拉注入波斯湾,长度分别为2800公里和1900公里。

此外,世界十大湖泊分别为:里海(俄罗斯、伊朗等五国)、苏必利尔湖(美国和加拿大)、维多利亚湖(坦桑尼亚、乌干达等四国)、休伦湖(美国和加拿大)、密歇根湖(美国)、坦噶尼喀湖(刚果、坦桑尼亚等四国)、贝加尔湖(俄罗斯)、大熊湖(加拿大)、马拉维湖(马拉维、坦桑尼亚)以及大奴湖(加拿大)。

2.我国淡水资源情况及其分布。中国是一个严重缺水的国家。全国淡水资源总量虽然达到了2.8万亿立方米,占全球总量的6%,排在巴西、俄罗斯和加拿大之后,位于全球第四。然而由于我国人口众多,人均淡水资源仅有2300立方米,仅为世界平均水平(1万立方米)的1/4,属于全球人均水资源最匮乏的国家之一。在我国,主要河流包括七大流域水系,水资源综合规模从大到小分别为长江水系、黄河水系、珠江水系、淮河水系、海河水系、辽河水系和松花江水系。见表4-2。

表4-2　　　　　　　　　　　　中国七大水系概况

河流名称	发源地	流经地	长度(km)
长江	青藏高原唐古拉山脉	青海、西藏、四川、云南、重庆、湖北、湖南、江西、安徽、江苏、上海,在崇明岛注入东海	6380
黄河	青藏高原巴颜喀拉山脉	青海、四川、甘肃、宁夏、内蒙古、山西、陕西、河南、山东,在垦利注入渤海	5464
珠江	云贵高原乌蒙山脉	云南、贵州、广西、广东、湖南、江西、香港、澳门,在珠海等八口注入南海	2215.8
淮河	河南和湖北交界桐柏山	河南、安徽、江苏、山东,在扬州并入长江	1000
海河	京津冀地区	山西、河北、北京、天津,在大沽口注入渤海	1050
松花江	大兴安岭长白山	吉林、黑龙江	1370
辽河	七老图山脉	辽宁	1430

数据来源:百度百科"中国七大水系"词条。

其中，长江是我国规模最大的河流，从青藏高原自西往东流经了11个省（市、自治区），流域面积达到180万平方公里。自源头到湖北宜昌为长江上游，自湖北宜昌到江西湖口为长江中游，自江西湖口到上海为长江下游。由于从上游山区的岩石地质突然转换为中游丘陵松软土质条件，长江中游有史以来都是长江洪水泛滥的主要场所，特别是在河道转弯特别急的荆州段，因此有"长江天险，现在荆州""得荆州者得天下"之说。由于长期被洪水冲刷，因此在荆州南北分别形成富饶的江汉平原与洞庭湖平原。事实上自明末张居正将荆州北岸大堤完全封死之后，长江的洪水全部都漫灌到了南边的洞庭湖区，因此"长江双肾"洞庭湖和鄱阳湖，特别是洞庭湖成为了长江调洪的主要湖泊。直至2009年，位于湖北宜昌的长江三峡枢纽工程全面竣工投产，洞庭湖和鄱阳湖的调洪压力才被大大缓解。

湖泊方面，按湖体面积排位我国的十大湖泊包括青海湖、色林错和纳木错三个咸水湖，以及鄱阳湖、洞庭湖、太湖、呼伦湖、洪泽湖、南四湖和博斯腾湖六个淡水湖。其中，鄱阳湖和洞庭湖地处长江中游，是我国最为重要的两个淡水湖泊。洞庭湖在晚清年间水面曾达到6000多平方公里，不过在地质变迁以及人工开垦特别是上游三峡工程建成投产后，洞庭湖的湖体面积已经迅速下降到了原来的一半左右。见表4-3。

表4-3　　　　　　　　　　中国十大湖泊概况

湖泊名称	所在地	面积（km²）	类型
青海湖	青海省西宁市、海北州、海南州、海西州	4351	咸水湖
鄱阳湖	江西省南昌市、景德镇市、九江市	3283	淡水湖
洞庭湖	湖南省岳阳市、常德市、益阳市	2820（6000）	淡水湖
太湖	江苏省无锡市、苏州市，浙江省湖州市	2445	淡水湖
色林错	西藏自治区那曲地区	2391	咸水湖
呼伦湖	内蒙古自治区呼伦贝尔市	2339	淡水湖
洪泽湖	江苏省淮安市	2069	淡水湖
纳木错	西藏自治区	1920	咸水湖
南四湖	山东省枣庄市	1266	淡水湖
博斯腾湖	新疆维吾尔自治区	1228	淡水湖

数据来源：百度百科"中国七大水系"词条。

3.中国南水北调工程。中国的水资源虽然总量比较大，但人均数量却非常少，同时水资源的空间分布也非常不均衡。以黄河、长江中间的秦岭——淮河线为分界线，北方属于干旱区，年均降雨量不足；南方属于多雨区，年降雨量又过多。因此，将南方的水资源调度到北方去的想法就非常自然的了。最

早提出"南水北调"工程的是孙中山先生,他在规划中华民国的"建国大纲"里就提出了"引洪济旱""引江济河"的主张。新中国刚建立不久的1952年,毛泽东主席提出"南方水多,北方水少,如有可能,借点水来也是可以的"。1972年,湖北在汉江兴建了丹江口水库,为中线工程的水资源开发打下了基础。经过数十年研究,终于在2000年将南水北调工程总体格局定为西、中、东三条线路,分别从长江流域上、中、下游调水,设计年调水量分别为150亿立方米左右,并于2002年底在中线和东线正式开始施工。其中,中线是从丹江口经过郑州和石家庄往北京和天津调水;东线是从扬州出发,利用旧京杭大运河,经过济宁向济南和天津调水。2013年底,东线一期工程、中线干线主体工程基本完工,2014年开始正式投入运营使用。见图4-1。

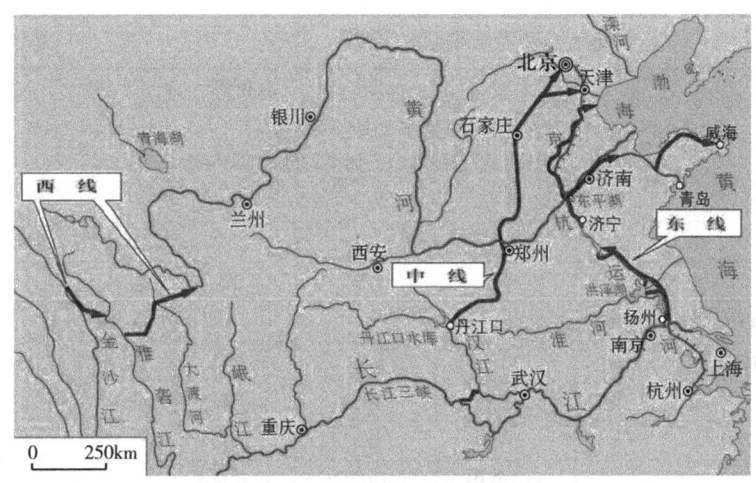

图4-1　中国南水北调工程

南水北调中线和东线一期工程涉及7个省市100多个县,近40万人要进行搬迁。工程已经正式运行6年多,年调水总量分别达到9000亿立方米。当前正在实施东线二期工程和中线的完善工程,西线工程则由于技术难度非常大,目前尚未有正式的进展。

二、水环境的概念

(一)水环境的概念

1.水环境。水环境是指围绕在人群空间、可直接或间接影响人类生产和生活的水体总和。相对于水资源强调"数量"而言,水环境则更强调水体的"质量"。

2.水体污染。水体污染物主要是指人类因生产或生活向水体排放的各类有害物质。水体污染物的来源包括工业污染源、城市生活污染源、农村污染源等。其中,工业污染源主要涉及有机物、氨氮、总磷和重金属等污染物,城市生活污染源主要涉及氨氮、总磷和大肠杆菌,农村面源污染则包含有机物、氨氮、总磷、大肠杆菌和重金属等诸多污染物。

3.水质量标准。水质量是对水体中各类污染物浓度状况的综合评价指数。在我国,水质量评价指标包括如表4-4所示的24个子项。其中,PH值、DO、CODMn、NH3、TP和OD600为较常用的污染物指标。《中国环境年鉴》地表水质量报告中汇报的项目包括PH值、DO、CODMn、BOD5、NH3、石油类、挥发酚、汞、铅,而中国环境监测总站的地表水质量报告中汇报的项目包括PH值、DO、CODMn、NH3。

表4-4　　　　　　　　　　地表水环境质量标准限值　　　　　　　　　　单位:mg/L

序号	类别		I类	II类	III类	IV类	V类
1	水温		人为造成的环境水温变化应限制在:周平均最大温升≤1,周平均最大温降≤2				
2	PH值		6-9				
3	溶解氧(DO)	≥	7.5	6	5	3	2
4	化学需氧量(COD)	≤	15	15	20	30	40
5	高锰酸钾指数(CODMn)	≤	2	4	6	10	15
6	五日生化需氧量(BOD5)	≤	3	3	4	6	10
7	氨氮(NH3)	≤	0.15	0.5	1.0	1.5	2.0
8	总氮(TN)	≤	0.2	0.5	1.0	1.5	2.0
9	总磷(TP)	≤	0.02/0.01	0.1/0.025	0.2/0.05	0.3/0.1	0.4/0.2
10	砷	≤	0.05	0.05	0.05	0.1	0.1
11	铬(六价)	≤	0.01	0.05	0.05	0.05	0.1
12	镉	≤	0.001	0.005	0.005	0.005	0.01
13	汞	≤	0.00005	0.00005	0.00001	0.001	0.001
14	铅	≤	0.01	0.01	0.05	0.05	0.1
15	铜	≤	0.01	1.0	1.0	1.0	1.0
16	锌	≤	0.05	1.0	1.0	2.0	2.0
17	硒	≤	0.01	0.01	0.01	0.02	0.02
18	氰化物	≤	0.005	0.05	0.2	0.2	0.2
19	挥发酚	≤	0.002	0.002	0.005	0.01	0.1
20	石油类	≤	0.05	0.05	0.05	0.5	1.0
21	阴离子表面活性剂	≤	0.2	0.2	0.2	0.3	0.3
22	硫化物	≤	0.05	0.05	0.1	0.5	1.0
23	氟化物	≤	1.0	1.0	1.0	1.5	2.0
24	粪大肠杆菌(OD600)	≤	200	2000	10000	20000	40000

数据来源:《地表水环境质量标准 GB3838-2002》。

如表4-5所示，根据以上指标，我们可以将地表水按功能分为Ⅰ类、Ⅱ类、Ⅲ类、Ⅳ和Ⅴ类5个等级，其中，Ⅰ类水适用于"源头水、国家自然保护区"，Ⅱ类水适用于"集中式生活饮用水地表水源地一级保护区、珍稀水生生物栖息地、鱼虾类产场、仔稚幼鱼的索饵场等"，Ⅲ类水适用于"集中式生活饮用水地表水源地二级保护区、鱼虾类越冬场、洄游通道、水产养殖区等渔业水域及游泳区"，Ⅳ类水适用于"一般工业用水区及人体非直接接触的娱乐用水区"，Ⅴ类水适用于"农业用水区及一般景观要求水域"。其余的为"劣Ⅴ类水"，即没有任何使用功能、对生物成长有害的水体。

表 4-5　　　　　　　　　　　　地表水环境按功能分类

功能等级	具体用途
Ⅰ类水	适用于源头水、国家自然保护区
Ⅱ类水	适用于集中式生活饮用水地表水源地一级保护区、珍稀水生生物栖息地、鱼虾类产场、仔稚幼鱼的索饵场等
Ⅲ类水	适用于集中式生活饮用水地表水源地二级保护区、鱼虾类越冬场、洄游通道、水产养殖区等渔业水域及游泳区
Ⅳ类水	适用于一般工业用水区及人体非直接接触的娱乐用水区
Ⅴ类水	适用于农业用水区及一般景观要求水域

数据来源：《地表水环境质量标准 GB3838-2002》。

(二)水环境的基本情况

1.我国水质量分布。经过改革开放初期粗放型工业化与城镇化的快速增长，我国水环境污染日益加重，地表水质量也在逐年下降。如图4-2所示，2001年我国七大流域总体水质量检测结果显示有44%的断面属于劣Ⅴ类水。其中以海河、辽河、黄河和淮河最为严重，劣Ⅴ类水占比均超过半数分别达到了67%、59.7%、56%和53.2%。特别是海河流域，地表水环境污染状况已经达到令人震惊和难以置信的程度。这些水污染严重的流域普遍处于北方干旱区、人口密集和采矿等重工业集聚区域。

经过"十五"的"三河三湖"、"十一五"的"节能减排"、"十二五"的"两型社会"和"十三五"的"生态文明"等环境保护战略的大力实施，2018年我国地表水质量已经有了明显的改善和提升。七大流域平均水质量中劣Ⅴ类水占比从2001年的44%下降到2018年的6.9%，比较严重的四个流域分别为辽河、海河、黄河和松花江，占比大约为22.1%、20%、12.4%、12.1%。由此看来，治理效果最好的是淮河流域，劣Ⅴ类水从53.2%下降到2.8%，治理效果较差的是辽河，也从59.7%下降到了22.1%。同时我们还可以注意到，辽河的大海城河地区、海河的河北与天津交界区域、黄河的山西汾河地区、珠江三角洲地区、长江三角洲地区等若干地区属于治理难度比较大的地区，水环境质量均长期处于劣Ⅴ类的状态。见图4-3。

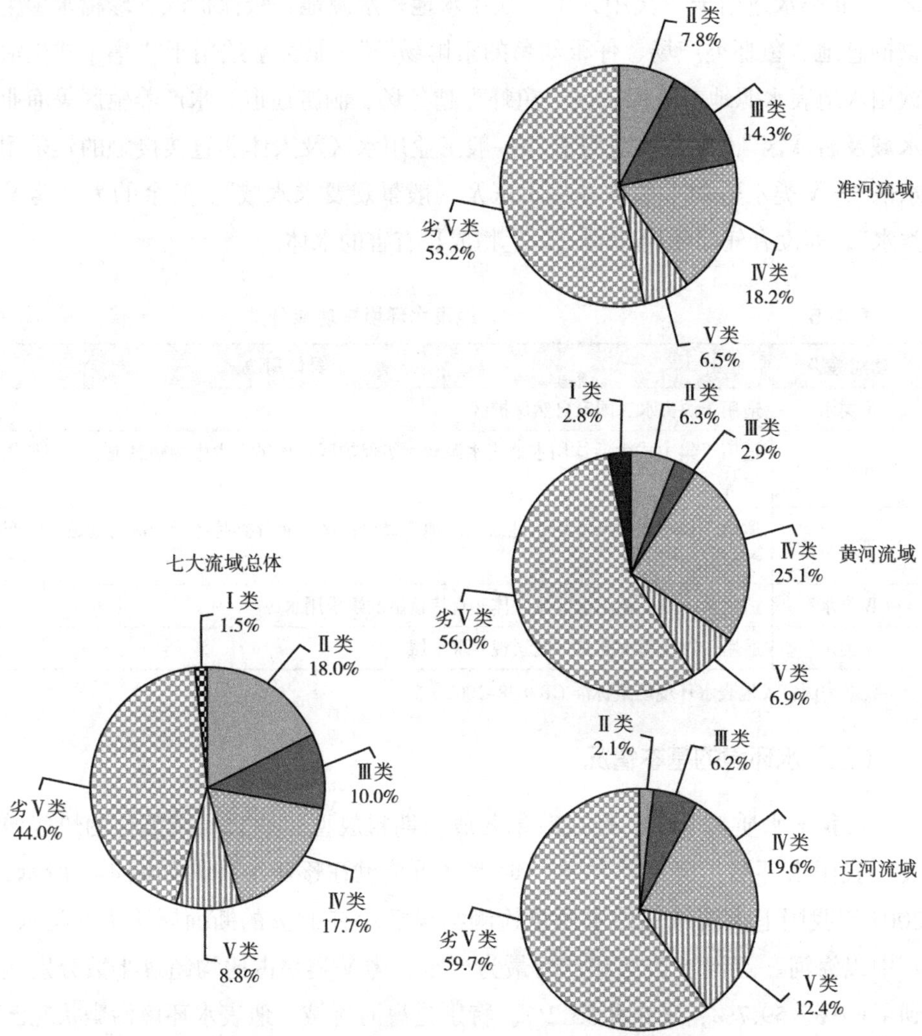

图4-2 2001年全国及最严重四个流域的地表水质量情况

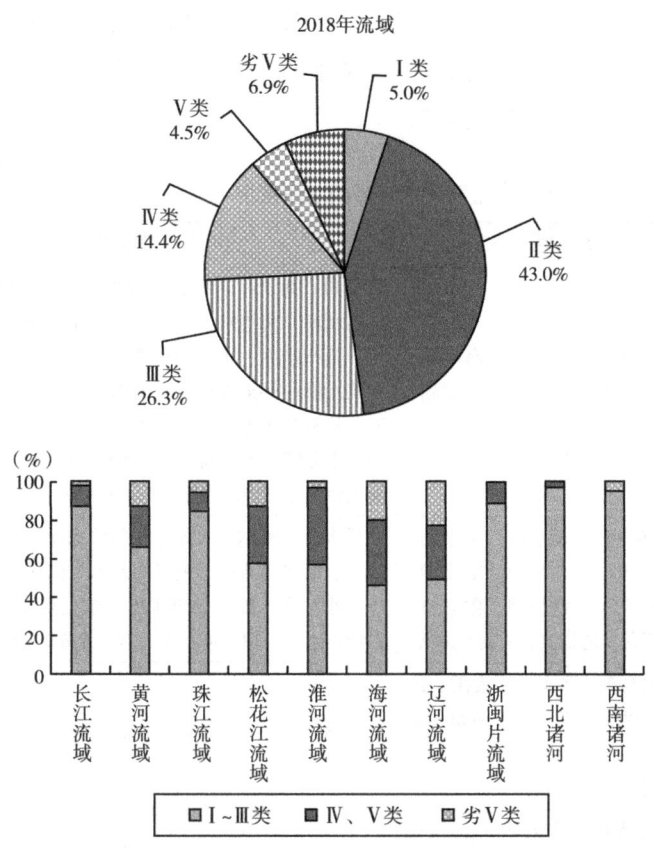

图4-3 2018年全国地表水质量情况

从湖泊方面也可以看出我国水环境质量的变迁。在2001年，劣Ⅴ类水的有白洋淀、达赉湖和南四湖，Ⅴ类水的有太湖和滇池，Ⅳ类水的有巢湖、洞庭湖、镜泊湖和洪泽湖，Ⅰ/Ⅱ类水的有博斯腾湖、洱海、洪湖、兴凯湖、千岛湖和丹江口水库。见表4-6。

表4-6　　　　　　　　2001年我国重要湖泊水库的水质状况

水质类别	三湖	重要湖泊	重要水库
Ⅰ类、Ⅱ类	——	洱海、兴凯湖、博斯腾湖、洪湖	千岛湖、丹江口水库
Ⅲ类	——	——	密云水库
Ⅳ类	巢湖	洞庭湖、镜泊湖、洪泽湖	松花湖水库
Ⅴ类	太湖、滇池	——	——
劣Ⅴ类	——	白洋淀、达赉湖、南四湖	——

数据来源：《中国环境状况公报2001》。

到2018年，劣Ⅴ类水的有呼伦湖、纳木错、大通湖、艾比湖、星云湖、异龙湖、程海、乌伦湖和羊卓雍错等，Ⅴ类水的有巢湖、洪泽湖、仙女湖、兴凯湖、洪湖、龙感湖、杞麓湖、淀山湖等，Ⅳ类水的有太湖、滇池、白洋淀、洞庭湖、鄱阳湖和白马湖等，Ⅰ/Ⅱ类水的有博湖海、抚仙湖、泸沽湖、东江水库和新丰江水库等。见表4-7。

表4-7　　　　　　　　2018年我国重要湖泊水库的水质状况

水质类别	三湖	重要湖泊	重要水库
Ⅰ类、Ⅱ类	—	班公错、红枫湖、香山湖、高唐湖、花亭湖、柘林湖、抚仙湖、泸沽湖、洱海、邛海	云蒙湖、大伙房水库、密云水库、昭平台水库、瀛湖、王瑶水库、南湾水库、大广坝水库、龙岩滩水库、水丰湖、高州水库、里石门水库、大隆水库、石门水库、龙羊峡水库、怀柔水库、长潭水库、双塔水库、丹江口水库、解放村水库、黄龙滩水库、鲇鱼山水库、隔河岩水库、千岛湖、太平湖、松涛水库、党河水库、东江水库、湖南镇水库、漳河水库、新丰江水库
Ⅲ类	—	色林错、骆马湖、衡水湖、东平湖、斧头湖、瓦埠湖、东钱湖、梁子湖、南四湖、百花湖、武昌湖、阳宗海、万峰湖、西湖、博斯腾湖、赛里木湖	于桥水库、察尔森水库、三门峡水库、崂山水库、鹤地水库、磨盘山水库、鸭子荡水库、红星山水库、山美水库、小浪底水库、鲁班水库、尔王庄水库、董铺水库、白龟山水库、白莲河水库、富水水库、铜山源水库
Ⅳ类	太湖、滇池	白洋淀、白马湖、沙湖、阳澄湖、焦岗湖、菜子湖、南漪湖、鄱阳湖、镜泊湖、乌梁青海、小兴凯湖、洞庭湖、黄大湖	松花湖、玉滩水库、莲花水库、峡山水库
Ⅴ类	巢湖	杞麓湖、龙感湖、仙女湖、淀山湖、高邮湖、洪泽湖、洪湖、兴凯湖	—
劣Ⅴ类*	—	艾比湖、呼伦湖、星云湖、异龙湖、大通湖、程海、乌伦古湖、纳木错、羊卓雍错	—

从以上数据可以看到，我国河流水质量虽然有部分地区改善不大，但总体上在以较快的速度好转；而湖泊的情况则更加复杂一些，好的方面有如太湖、滇池从Ⅴ类水上升到Ⅳ类水，白洋淀从劣Ⅴ类水上升到Ⅳ类水，南四湖从劣Ⅴ类水上升到Ⅲ类水，差的方面有如巢湖、洪泽湖从Ⅳ类下降为Ⅴ类水，洪湖、兴凯湖从Ⅰ/Ⅱ类水下降到Ⅴ类水等。

第二节　水资源环境管理机构与制度

我国水资源与环境管理制度建设始于1973年的第一次全国环境保护会议。该会议明确了"环境问题，现在就抓，为时不晚"的判断，发布了我国第一个环境保护文件《关于保护和改善环境的若干规定》，制定了中国环境保护的"32字方针"，即"全面规划，合理布局，综合利用，化害为利，依靠群众，

大家动手，保护环境，造福人民"。

一、水资源与水环境管理的机构

（一）水利部（1949年至今）

1949年，水利部随着新中国诞生而成立。经过70多年的优化调整，当前水利部的主要职能是：（1）加强水资源合理利用、优化配置和节约保护；（2）从增加供给转向更加重视需求管理，严格控制用水总量和提高用水效率；（3）加强水资源、水域和水利工程的管理保护，维护河湖健康美丽；（4）保障合理用水需求和水资源的可持续利用，为经济社会发展提供水安全保障。

下设水资源管理、节约用水、水利工程建设、运行管理、河湖管理、水土保持、农村水利、水库移民、监督、水旱灾害、水文等20个司室。派出机构包括长江水利委员会、黄河水利委员会、淮河水利委员会、海河水利委员会、珠江水利委员会、松辽水利委员会、太湖水利委员会等。水利部机关行政编制502名，历任部长包括傅作义、陈德三、张文碧、钱正英、杨振怀、钮茂生、汪恕诚、陈雷，当前部长为鄂竟平。

（二）国务院环境保护领导小组（1974年）

1974年，国务院环境保护领导小组正式成立。主要职责是：（1）贯彻并监督执行国家关于保护环境的方针、政策和法律、法令；（2）组织拟定环境保护的条例、规定、标准和经济技术政策；（3）组织制定环境保护的长远规划和年度计划，并督促检查其执行；（4）统一组织环境监测，调查和掌握全国环境状况和发展趋势，提出改善措施；（5）组织和协调环境科学研究和环境教育事业，积极推广国内外保护环境的先进经验和技术；（6）指导国务院所属各部门和各省、自治区、直辖市的环境保护工作；（7）组织和协调环境保护的国际合作和交流。

国务院环境保护领导小组在国务院设有专门的办公室。

（三）城乡建设环境保护部环境保护局（1982年）

1982年，国务院环境保护领导小组办公室以"环境保护局"身份并入新成立的国家城乡建设环境保护部。历任局长包括：李锡铭、芮杏文和叶如棠。

（四）国家环境保护（总）局（1988/1998）

1988年，城乡建设环境保护部拆分为建设部和环境保护局（副部级），环

保局的主要职责是：拟定国家环境保护的方针、政策和法规，制定行政规章；受国务院委托对重大经济和技术政策、发展规划以及重大经济开发计划进行环境影响评价；拟定国家环境保护规划；组织拟定和监督实施国家确定的重点区域、重点流域污染防治规划和生态保护规划；组织编制环境功能区划。

1998年，国家环境保护局升格为国家环境保护总局（正部级）。

国家环境保护（总）局机关行政编制大约为200名，历任局长包括：曲格平、解振华、周生贤。

（五）国土资源部和环境保护部（2008年）

2008年，国务院正式设立环境保护部。主要负责：拟订并实施环境保护规划、政策和标准，组织编制环境功能区划，监督管理环境污染防治，协调解决重大环境保护问题，还有环境政策的制定和落实、法律的监督与执行、跨行政地区环境事务协调等任务。

同年，还设立了国土资源部，负责土地资源、矿产资源、海洋资源等自然资源的规划、管理、保护与合理利用。同时负责管理：国家海洋局、国家测绘地理信息局、国家土地督察局、中国地质调查局。

（六）自然资源部和生态环境部（2018年）

2018年，国家整合分散的生态环境保护职责，统一行使生态和城乡各类污染排放监管与行政执法职责，加强环境污染治理，保障国家生态安全，建设美丽中国，将环境保护部的职责，国家发展和改革委员会的应对气候变化和减排职责，国土资源部的监督防止地下水污染职责，水利部的编制水功能区划、排污口设置管理、流域水环境保护职责，农业部的监督指导农业面源污染治理职责，国家海洋局的海洋环境保护职责，国务院南水北调工程建设委员会办公室的南水北调工程项目区环境保护职责进行大面积整合，组建生态环境部。下设中央环保督察、法规标准、生态保护、水生态环境、大气环境、土壤生态环境、固体废弃物、核安全、环评与排放、环境执法、国际合作等21个司室。生态环境部机关行政编制478名，首任部长为李干杰。

同年，将国土资源部的职责、国家发展和改革委员会的组织编制主体功能区规划职责、住房和城乡建设部的城乡规划管理职责、水利部的水资源调查和确权登记管理职责、农业部的草原资源调查和确权登记管理职责、国家林业局的森林湿地等资源调查和确权登记管理职责、国家海洋局的职责、国家测绘地理信息局的职责进行整合，组建中华人民共和国自然资源部。主要任务是：统一行使全民所有自然资源资产所有者职责，统一行使所有国土空间用途

管制和生态保护修复职责，着力解决自然资源所有者不到位、空间规划重叠等问题，实现山水林田湖草整体保护、系统修复、综合治理。下设综合司、法规司、调查监测司、确权登记司、所有者权益司、开发利用司、空间规划司、用途管制司、生态修复司、耕地保护监督司、勘察管理司、矿权管理司、矿产保护监督司、海洋规划师、海岛管理司、国土测绘司、地理信息司、总督察办公室等25个司室。自然资源部机关行政编制691名，首任部长为陆昊。

二、水资源与水环境管理的制度

当前，我国在水资源与水环境管理领域形成了相对完整的制度体系，其中法律体系、法规体系、标准体系相对成熟，而监督体系则相对滞后。见图4-4。

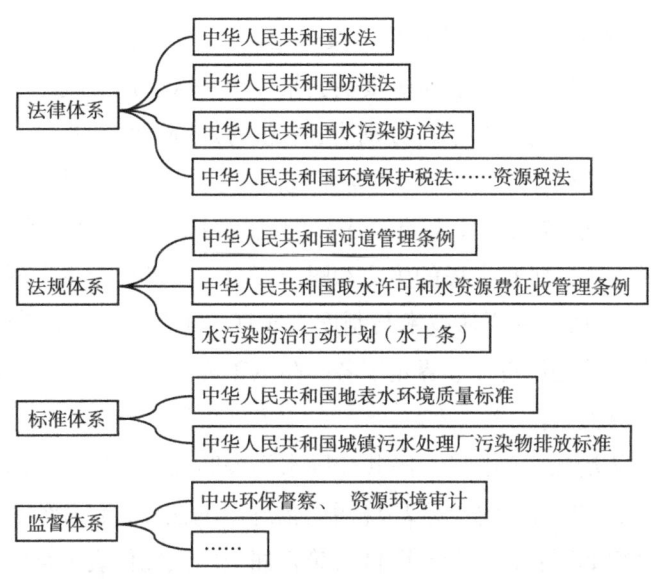

图4-4 我国水资源与水环境管理制度与法规

（一）法律体系

1.水法。《中华人民共和国水法》（以下简称《水法》）是我国专门面向"水资源合理开发利用"的法律。《水法》发布与修订的过程如下：1988年1月21日第六届全国人民代表大会常务委员会第二十四次会议通过；2002年8月29日第九届全国人民代表大会常务委员会第二十九次会议修订；2009年8月27日第十一届全国人民代表大会常务委员会第十次会议修正；2016年7月2日第十二届全国人民代表大会常务委员会第二十一次会议修正。

《水法》总共包含八章，分别为：《总则》《水资源规划》《水资源开发利用》《水资源、水域和水工程的保护》《水资源配置和节约使用》《水事纠纷处理与执法监督检查》《法律责任》《附则》。如其第一条所规定的，《水法》的主要目的是"为了合理开发、利用、节约和保护水资源，防治水害，实现水资源的可持续利用，适应国民经济和社会发展的需要"，《水法》早前版本全部面向水资源利用。后来在修订过程中也加入了一部分水环境治理的条款，如"县级以上人民政府水行政主管部门或者流域管理机构应当按照水功能区对水质的要求和水体的自然净化能力，核定该水域的纳污能力……发现重点污染物排放总量超过控制指标的，或者水功能区的水质未达到水域使用功能对水质的要求的，应当及时报告有关人民政府采取治理措施，并向环境保护行政主管部门通报"。

2.防洪法。《中华人民共和国防洪法》（以下简称《防洪法》）是我国专门面向"洪涝灾害治理"的法律。《防洪法》发布与修订的过程如下：1997年11月1日第八届全国人民代表大会常务委员会第二十八次会议通过；2007年10月28日第十届全国人民代表大会常务委员会第三十次会议修订；2016年7月2日第十二届全国人民代表大会常务委员会第二十一次会议修改。

《防洪法》总共包含八章，分别为：《总则》《防洪规划》《治理与防护》《防洪区与防洪工程设施的管理》《防汛抗洪》《保障措施》《法律责任》《附则》。如其第一条所规定的，《防洪法》的主要目的是："为了防治洪水，防御、减轻洪涝灾害，维护人民的生命和财产安全，保障社会主义现代化建设顺利进行。"《防洪法》主要从技术与制度方面规定了各级人民政府和水行政主管部门在防洪中的法律责任、界定了各类防洪工程的建设维护标准及与其它建设项目之间边界关系。

3.水污染防治法。《中华人民共和国水污染防治法》（以下简称《水污染防治法》）是我国专门面向"水环境污染治理"的法律。《水污染防治法》发布与修订的过程如下：1984年5月11日第六届全国人民代表大会常务委员会第五次会议通过；1996年5月15日第八届全国人民代表大会常务委员会第十九次会议修正；2008年2月28日第十届全国人民代表大会常务委员会第三十二次会议修订；2017年6月27日第十二届全国人民代表大会常务委员会第二十八次会议修订。

《水污染防治法》总共包含八章，分别为：《总则》《标准和规划》《监督管理》《措施》《饮用水源保护》《事故处理》《法律责任》《附则》。如其第一条所规定的，《水污染防治法》的主要目的是："为了保护和改善环境，防治水污染，保护水生态，保障饮用水安全，维护公众健康，推进生态文明建设，促进经济社会可持续发展。"《水污染防治法》主要从制度建设方面规定了企业与各级人民政府和水行政主管部门在水污染防治中的义务、责任与相应的惩

罚措施。其中，比较重要的规定包括：

（1）水污染防治应当坚持预防为主、防治结合、综合治理的原则；

（2）地方各级人民政府对本行政区域的水环境质量负责；

（3）省、市、县、乡建立河长制；

（4）国家实行水环境保护目标责任制和考核评价制度；

（5）县级以上人民政府环境保护主管部门对水污染防治实施统一监督管理。

4.环境保护税法（涉水部分）。《中华人民共和国环境保护税法》（以下简称《环境保护税法》，"费改税"）是我国面向"环境污染"的经济治理手段法律。《环境保护税法》发布与修订的过程如下：2016年12月25日十二届全国人大第二十五次会议通过，2018年1月1日起施行。

《环境保护税法》总共包含五章，分别为：《总则》《计税依据和应纳税额》《税收减免》《征收管理》《附则》。如其第一条所规定的，《水污染防治法》的主要目的是："为了保护和改善环境，减少污染物排放，推进生态文明建设。"《环境保护税法》主要从经济制度建设方面规定了企业在水污染排放中的缴税标准、义务以及违法惩罚措施。其中，比较重要的规定包括：

（1）本法所称应税污染物，是指本法所附《环境保护税税目税额表》、《应税污染物和当量值表》规定的大气污染物、水污染物、固体废物和噪声；

（2）应税大气污染物、水污染物、固体废物的排放量和噪声的分贝数，按照下列方法和顺序计算；

（3）纳税人安装使用符合国家规定和监测规范的污染物自动监测设备的，按照污染物自动监测数据计算；

（4）纳税人未安装使用污染物自动监测设备的，按照监测机构出具的符合国家有关规定和监测规范的监测数据计算；

（5）因排放污染物种类多等原因不具备监测条件的，按照国务院生态环境主管部门规定的排污系数、物料衡算方法计算；

（6）不能按照本条第一项至第三项规定的方法计算的，按照省、自治区、直辖市人民政府生态环境主管部门规定的抽样测算的方法核定计算。

（二）法规体系

1.河道管理条例。《中华人民共和国河道管理条例》（以下简称《河道管理条例》）是我国专门面向"河道管理"的法规。《河道管理条例》发布与修订的过程如下：1988年6月10日中华人民共和国国务院令第3号发布；2011年1月8日《国务院关于废止和修改部分行政法规的决定》第一次修订；2017年3月1日《国务院关于修改和废止部分行政法规的决定》第二次修订；2017年

10月7日《国务院关于修改部分行政法规的决定》第三次修订。

《河道管理条例》总共包含七章，分别为：《总则》《河道整治与建设》《河道保护》《河道清障》《经费》《罚则》《附则》。如其第一条所规定的，《水污染防治法》的主要目的是："为加强河道管理，保障防洪安全，发挥江河湖泊的综合效益。"《河道管理条例》主要从制度建设方面规定了各级人民政府、水行政主管部门和个人企业在项目建设等河道管理中的义务、责任与相应的惩罚措施。其中，比较重要的规定包括：

（1）河道防汛和清障工作实行地方人民政府行政首长负责制；

（2）省、自治区、直辖市以河道为边界的，在河道两岸外侧各10公里之内，以及跨省、自治区、直辖市的河道，未经有关各方达成协议或者国务院水利行政主管部门批准，禁止单方面修建排水、阻水、引水、蓄水工程以及河道整治工程。

2.取水许可和水费征收条例。《取水许可和水资源费征收管理条例》（以下简称《取水许可和水费征收条例》）是我国专门面向"总量限制与许可交易治理"的法规。其发布与修订的过程如下：2006年2月21日国务院颁布；2017年3月1日《国务院关于修改和废止部分行政法规的决定》修订。

《取水许可和水费征收条例》总共包含七章，分别为：《总则》《申请和受理》《审查和决定》《水费征收和管理》《监督管理》《法律责任》《附则》。如其第一条所规定的，《取水许可和水费征收条例》的主要目的是："为加强水资源管理和保护，促进水资源的节约与合理开发利用。"《取水许可和水费征收条例》主要从制度建设方面规定了各级人民政府、水行政主管部门和个人企业在水资源利用中的义务、责任与相应的惩罚措施。其中，比较重要的条款包括：

（1）本条例所称"取水"，是指利用取水工程或者设施（包括闸、坝、渠道、人工河道、虹吸管、水泵、水井以及水电站）直接从江河、湖泊或者地下取用水资源。

（2）下列情形不需要申请领取取水许可证：农村集体经济组织及其成员使用本集体经济组织的水塘、水库中的水的；家庭生活和零星散养、圈养畜禽饮用等少量取水的；为保障矿井等地下工程施工安全和生产安全必须进行临时应急取（排）水的；为消除对公共安全或者公共利益的危害临时应急取水的；为农业抗旱和维护生态与环境必须临时应急取水的。

（3）征收的水资源费应当全额纳入财政预算，由财政部门按照批准的部门财政预算统筹安排，主要用于水资源的节约、保护和管理，也可以用于水资源的合理开发。

（4）任何单位和个人不得截留、侵占或者挪用水资源费。

3.水污染防治行动计划(水十条)。《水污染防治行动计划》(以下简称《水十条》)是我国专门面向"水污染防治"的法规。其发布与修订的过程如下：2015年，中央政治局常务委员会会议审议通过《水十条》，5月起实施。

《水十条》总共包含十条。如其序言部分所规定的，《水十条》的主要目的是："为切实加大水污染防治力度，保障国家水安全，制定本行动计划。"《水十条》主要从制度建设方面规定了各级人民政府、水行政主管部门在水污染防治攻坚中的义务、责任与相应的惩罚措施。其中，比较重要的条款包括：

(1)总体要求。坚持政府市场协同，注重改革创新；坚持全面依法推进，实行最严格环保制度；坚持落实各方责任，严格考核问责；坚持全民参与，推动节水洁水人人有责，形成"政府统领、企业施治、市场驱动、公众参与"的水污染防治新机制，实现环境效益、经济效益与社会效益多赢。

(2)工作目标。①2020年，全国水环境质量得到阶段性改善，污染严重水体较大幅度减少，饮用水安全保障水平持续提升，地下水超采得到严格控制，地下水污染加剧趋势得到初步遏制，近岸海域环境质量稳中趋好，京津冀、长三角、珠三角等区域水生态环境状况有所好转。②2030年，力争全国水环境质量总体改善，水生态系统功能初步恢复。到本世纪中叶，生态环境质量全面改善，生态系统实现良性循环。

(3)主要指标。①2020年，长江、黄河、珠江、松花江、淮河、海河、辽河等七大重点流域水质优良(达到或优于Ⅲ类)比例总体达到70%以上；②地级及以上城市建成区黑臭水体均控制在10%以内；③地级及以上城市集中式饮用水水源水质达到或优于Ⅲ类比例总体高于93%；④全国地下水质量极差的比例控制在15%左右；⑤近岸海域水质优良(一、二类)比例达到70%左右；⑥京津冀区域丧失使用功能(劣于Ⅴ类)的水体断面比例下降15个百分点左右；⑦长三角、珠三角区域力争消除丧失使用功能的水体；⑧2030年，全国七大重点流域水质优良比例总体达到75%以上；⑨城市建成区黑臭水体总体得到消除，城市集中式饮用水水源水质达到或优于Ⅲ类比例总体为95%左右。

(4)主要措施(十条)。①全面控制污染物排放；②推动经济结构转型升级；③着力节约保护水资源；④强化科技支撑；⑤充分发挥市场机制作用；⑥严格环境执法监管；⑦切实加强水环境管理；⑧全力保障水生态环境安全；⑨明确和落实各方责任；⑩强化公众参与和社会监督。

(三)标准体系

1.地表水环境质量标准(参见前文"水质量标准"部分内容)。《地表水环境质量标准(GB 3838-2002)》(以下简称《水质量标准》)是我国专门面向

"地表水环境管理，防治水环境污染"的核心标准。其发布与修订的过程如下：1983年首次颁布；1988年第一次修订；1999年第二次修订；2002年第三次修订。

《水质量标准》总共包含八个部分，分别为：《前言》《简史》《范围》《引用标准》《水域分类》《水质评价》《水质监测》《实施监督》。如其第一条所规定的，《水质量标准》的主要目的是："贯彻《中华人民共和国环境保护法》和《中华人民共和国水污染防治法》，防治水污染，保护地表水水质，保障人体健康，维护良好的生态系统。"《水质量标准》主要从技术层面规定了地表水的质量等级、判定标准与操作流程。其中，比较重要的条款包括：

（1）本标准项目共计109项，其中地表水环境质量标准基本项目24项；

（2）近海水功能区按《海水水质标准》管理，渔业水域按《渔业水质标准》管理，污水《污水处理排放标准》管理，饮用水按《生活饮用水卫生规范》管理；

（3）选取相应类别标准，进行单因子评价；

（4）本标准规定的项目标准值，要求水样采集后自然沉降30分钟，取上层非沉降部分按规定方法进行分析。

2.城镇污水处理厂污染物排放标准。《城镇污水处理厂污染物排放标准（GB 18918-2002）》（以下简称《污水标准》）是我国专门面向"污水处理厂排放"的核心标准。其发布与修订的过程如下：2002年12月24日国家环境保护总局颁布，2003年7月1日起实施。

《污水标准》总共包含六个部分，分别为：《前言》《范围》《引用文件》《术语和定义》《技术内容》《其它规定》《实施监督》。如其第一条所规定的，《污水标准》的主要目的是："促进城镇污水处理厂的建设和管理，加强城镇污水处理厂污染物的排放控制和污水资源化利用。"《污水标准》主要从技术层面规定了污水的质量等级、判定标准与相应要求（见表4-8）。其中，比较重要的条款包括：

（1）控制项目为62项，其中基本控制项目为19项；

（2）污水出水引入稀释能力较小的河湖作景观用水和一般回用水时，执行一级A标准；

（3）污水出水排入地表Ⅲ类水域、海水二类功能水域和湖、库等封闭或半封闭水域时，执行一级B标准；

（4）污水出水排入地表Ⅳ、Ⅴ类水域或海水三、四类功能海域，执行二级标准；

（5）非重点控制流域和非水源保护区的建制镇污水处理厂，采用一级强化处理工艺时，执行三级标准。但必须预留二级处理设施的位置，分期达到二级标准。

表 4-8　　　　　　　城镇污水处理厂排放标准分类及其限值

序号	基本控制项目		一级标准		二级标准	三级标准
			A标准	B标准		
1	pH值		6~9			
2	化学需氧量COD		50	60	100	120
3	生化需氧量BOD_5		10	20	30	60
4	氨氮NH3		5（8）	8（15）	25（30）	—
5	总磷TP	2015年前建设的	1	1.5	3	5
		2015年后建设的	0.5	1	3	5
6	总氮TN		15	20	—	—
7	石油类		1	3	5	15
8	动植物油		1	3	5	20
9	悬浮物SS		10	20	30	50
10	色度（稀释倍数）		30	30	40	50
11	粪大肠杆菌（个/L）		1000	10000	10000	—
12	阴离子表面活性剂		0.5	1	2	5
13	汞		0.001			
14	烷基汞		不得检出			
15	镉		0.01			
16	铬		0.1			
17	六价铬		0.05			
18	砷		0.1			
19	铅		0.1			

注：括号外数值为水温>12℃时的控制指标，括号内数值为水温≤12℃时的控制指标。

（四）监督体系

当前，我国水资源与水环境相关的监督体系还非常不完善。主要的制度设计包括中央环保督察制度、领导干部自然资源资产离任审计制度等。其中，中央环保督察属于党对地方政府环境保护行为的政治监督，领导干部自然资源资产离任审计属于审计机构对地方领导干部资源环境行为的经济监督。领导干部自然资源资产离任审计详见后续专门章节分析，这里对中央环保督察相关情况做简要介绍。

（1）2015年7月，中央深改组第十四次会议审议通过《环境保护督察方案（试行）》，明确建立环保督察机制。督察工作将以中央环境保护督察组的单位，对省区市党委和政府及其有关部门，部分地市级党委政府部门来开展工作。

（2）2016年1月至2月，中央环保督察试点在河北展开。

（3）2016年6月，首批8个中央环保督察组相继进驻内蒙古、黑龙江、江苏、江西、河南、广西、云南、宁夏，开展督察工作。

（4）2017年5月，第三批7个中央环境保护督察组陆续进驻天津、山西、辽宁、安徽、福建、湖南、贵州7省份。

（5）第四批组建的8个中央环境保护督察组将陆续进驻吉林、浙江、山东、海南、四川、西藏、青海、新疆（含兵团）开展督察，进驻时间约1个月。

（6）2018年10月29日，第二批中央生态环境保护督察"回头看"全面启动，分别负责对山西、辽宁、吉林、安徽、山东、湖北、湖南、四川、贵州、陕西等省份开展"回头看"督察进驻工作。

第三节 水资源环境审计内容与方法

一、主要审计内容

（一）重大政策措施落实跟踪审计

重大政策措施落实跟踪审计，是指对地方政府和部门贯彻落实党中央、国务院等发布的国家重大政策措施或宏观调控部署的基本情况，包括是否贯彻落实具体部署、政策落实的进度和力度、实际效率和效果等方面进行监督检查。重大政策措施落实跟踪审计既可以专门组织进行，也可以结合其它相关审计统筹实施。党的十八大以来，国家在资源环境领域密集出台了多项重大战略部署，因此重大政策措施落实跟踪审计也往往成为各项资源环境审计的重中之重，水资源与水环境审计也是如此。党的十八大以来，与水资源和水环境管理相关的国家重大政策措施和战略部署主要包括如下几个方面，在水资源和水环境相关的审计项目实施过程中均应考虑将其作为主要内容进行审计。

（1）2015年，中共中央《水污染防治行动计划（水十条）》；

（2）2018年，中共中央、国务院《关于全面加强生态环境保护 坚决打好污染防治攻坚战的意见》；

（3）2018年，国务院《全国集中式饮用水水源地环境整治保护专项行动方案》；

（4）2018年，国务院《城市黑臭水体整治环境保护专项行动启动》；

（5）2018年，中共中央、国务院《农村人居环境整治三年行动方案》；

（6）2018年，全国人大《中华人民共和国环境保护税法》、国务院《关于

环境保护税收入归属问题的通知》；

（7）2020年，全国人大《中华人民共和国资源税法》。

（二）水资源开发利用情况审计

主要包括：

1. 自来水工业情况审计。
2. 水电站建设情况审计。
3. 地下水采水情况审计。
4. 河道保护、项目建设与水面侵占情况审计。

（三）水环境污染防控情况审计

主要包括：

1. 水质情况审计。
2. 水质自动监测系统审计。
3. 污染物减排责任履行情况审计。
4. 排污许可证及其交易审计。
5. 污水处理厂审计。
6. 垃圾厂防渗防冲刷审计。
7. 河湖周边工业废弃物审计。
8. 城市黑臭水体整治审计。
9. 农村面源污染审计。
10. 水污染密集型产业升级转型审计。

（四）水生态系统修复情况审计

主要包括：

1. 水源地尾矿修复和生态保护情况审计。
2. 河道整理情况审计。
3. 水生植物防护带建设审计。
4. 水生动物保护审计。

（五）主要资金收支和重点项目实施审计

主要包括：

1. 水供应与水费征收情况审计。
2. 排污税（费）征收和使用情况。
3. 国家和省级专项资金收支情况。

4.国家和省级重点项目实施情况审计。

二、主要审计方法

水资源环境审计的主要方法包括如下几种。事实上，这些研究方法对大气、土壤、矿产等其它类型的资源环境审计也基本是适用的。不过，由于资源要素的差异性，这里仍然有必要结合水资源环境审计进行说明和阐释。

（一）座谈调查

1.基本概念。座谈调查法，是指为了解水资源环境审计对象的基本情况而选择相关代表进行面对面谈话的一种调查方式，包括多代表参加的会议调查和针对单个代表的访谈调查等。

2.实施流程。

（1）给审计对象发座谈会通知，说明座谈主题、参加代表、材料准备、会议流程等；

（2）根据审计对象组织部门安排的实践地点召开座谈会，一般先由组织部门说明会议缘由，然后请审计主体介绍审计任务与调查要求，再由审计对象负责同志和相关负责同志轮流发言介绍情况，还可以要求相关部门现场提供与交接相应材料，并发放现场调查问卷（具体见问卷调查方法）；

（3）根据需要选择部分代表进行深入的访谈调查。

3.应用场景。

（1）在水资源与水环境审计的前期，需要了解审计对象的基本情况；

（2）在审计对象数量过分庞大的场景，需要以随机抽样方式进行调查；

（3）在水资源环境数据难以获取的场景，需要以定性的方式来进行调查。

4.注意事项。

（1）参与部门要全面。比如，某城市水资源环境审计项目就至少应包括发改局、水利局（自来水公司）、自然资源局、生态环境局、农业农村局、工业信息局等。

（2）参与区域要全面，如数量太多则要随机选择。比如，对某县进行农村水污染治理进行审计时，由于数量达100多个对象，在不可能全部调查的情况下就需要从中随机选取一定数量的乡村以代表整体，而这些代表的水平分布要与整体基本一致。

（二）问卷调查

1.基本概念。问卷调查法，是指对水资源环境审计对象相关业务的基本情

况、关键认识和相关建议进行采集和分析，以发现或查证问题。

2.实施流程。

（1）根据审计目标的实际需要和审计对象的实际情况，制定针对被审计单位职工、利益相关者或广大市民的结构化问卷；

（2）在审计动员会或座谈会上进行被审计单位职工的问卷调查，并当场回收；

（3）在审计期间进行面向利益相关者或广大市民发放调查问卷，并在一定时间内回收。

3.应用场景。

（1）在水资源与水环境审计的前期，需要了解审计对象的基本情况；

（2）在审计对象数量过分庞大的场景，需要以随机抽样方式进行调查；

（3）在水资源环境数据难以获取的场景，需要以定性的方式来进行调查。

4.注意事项。

（1）问卷调查必须以匿名方式进行，否则调查者因有顾虑而不能填写真实情况；

（2）发放问卷要保证是随机的，否则不能代表样本整体。

（三）原始凭证

1.基本概念。原始凭证法，是指对水资源环境审计对象相关业务的资格许可、合同契约、物料购销、费用收支、土地和发展规划等各类凭证进行真伪鉴别和数量核对，以发现或查证问题。

2.实施流程。

（1）根据全面盘点或重点查证等不同需要，向审计单位提出原始凭证的审计范围；

（2）如若重点查证，可以直接进入相应业务各类凭证的审计；

（3）如若全面盘点，可以根据审计对象的单位名称、区域位置、业务环节、凭证类型等不同标准在审计组中进行分工合作审计；

（4）一旦确定疑点，则应先记录下来，然后讨论寻找更多证据的对策，直到凭证证据能基本形成完整证据链，再结合现场调查、座谈调查等方法做进一步的深挖，直至证据链完全成立。

3.应用场景。

（1）原始凭证法是审计的最早也是最核心方法，因此对所有审计场景均适用；

（2）对涉及水资源税、水环境税、排污许可证交易、大型污染治理项目和工程等资金收支量特别巨大的审计项目，尤其要重视使用原始凭证法；

（3）涉及水、土地等自然资源使用规划的项目，尤其要重视使用原始凭

证法。

4.注意事项。

(1)审计人员除了要掌握会计知识外，还要懂得水资源水环境业务；

(2)原始凭证审计可以根据需求与现场审计并列或先后进行，一般选择前者。

(四)统计数据

1.基本概念。统计数据法，是指对水资源环境相关的经济增长、工业布局和水环境质量进行汇总和分析，以发现或查证相关问题。

2.实施流程。

(1)确定审计的空间范围以及重点区域；

(2)从统计、工业和环境等不同部门，调取相应时期的统计资料；

(3)对统计资料进行动态对比分析，发现相关数据的异常变化。

3.应用场景。

(1)比对经济增长和产业结构的变化情况；

(2)比对水环境质量变化情况。

4.注意事项。

(1)统计数据必须经过相应部门的盖章确认；

(2)统计数据要有一定的连续性。

(五)3S比对

1.基本概念。3S大数据比对法，是指对水资源环境相关问题利用卫星定位(GIS)、卫星导航(GPS)和卫星遥感(GRS)技术进行采集和分析，以发现或查证相关问题。

2.实施流程。

(1)确定审计的空间范围以及重点区域；

(2)确定技术种类和软件工具，调取不同时期的卫星资料；

(3)对卫星资料进行动态对比分析，发现河流湖泊水体及周边空间变化。

3.应用场景。

(1)比对水体侵占的变化情况；

(2)比对岸边污染源变化情况。

(3)涉及水、土地等自然资源使用规划的比对。

4.注意事项。

(1)需要有足够高的分辨率的卫星资料；

(2)卫星数据要有一定的连续性。

（六）接受举报

1.基本概念。接受举报法，是指根据在审计组进场后，通过信箱、电话、电邮、微信等途径接受被审计单位和利益相关者的个人举报（包括实名和匿名），从而确定审计重点。

2.实施流程。

（1）审计组进场开会，会上公布信箱、电话、电邮、微信等举报途径，并将其通过广告的方式进行宣传；

（2）收到举报，进入审计档案，并由审计组审议和调整各调查小组的审计重点。

3.应用场景。

（1）可能存在大案要案的审计项目；

（2）审计数据来源缺乏的项目；

（3）利益相关者数量非常多、分布非常广的审计项目。

4.注意事项。

（1）对匿名举报一定要做好保密工作，保护好举报者的个人隐私；

（2）对所有类型举报，都要做好充分的保密工作。

（七）现场调查

1.基本概念。现场调查法，是指根据座谈、问卷、凭证、卫片和举报等途径取得的问题线索，有重点地选择特定区域进行现场查看和问题核实，其中还会用到如谈话调查、无人机调查、突击调查等具体技术方法。

2.实施流程。

（1）以突然到访的方式直接进入重点审计的河流湖泊现场，对污染现场周边环境进行了解、记录、拍照和取证；

（2）向相关管理人员出示审计通知和工作证，要求进入中心现场；

（3）对现场进行查看、问询、记录和拍照，重点是关于项目的建设时间、资金来源、运行情况、面临困难。

3.应用场景。

（1）无具体审计目标的随机查看；

（2）有明确审计目标的深入调查，如夜间的突然到访等。

4.注意事项。

（1）现场策略性谈话非常重要，要充分利用好；

（2）所有内容都要通过录音、笔录、照片或录像等方式保存好证据；

（3）现场调查有一定的危险性，需注意人身安全。

第四节　水资源环境审计的长江案例[①]

为深入贯彻党的十九大和十九届二中、三中全会精神，推动落实习近平总书记关于长江经济带发展的重要指示和国务院"十三五"生态环境保护规划，2017年12月至2018年3月，审计署对长江经济带11省市，包括云南省、四川省、贵州省、重庆市、湖北省、湖南省、江西省、安徽省、江苏省、浙江省、上海市（本报告对省级行政区统称为省，以下统称"11省"），2016年至2017年生态环境保护相关政策措施落实和资金管理使用情况进行了审计，重点抽查了59个地级市（区）。

一、基本情况和取得的主要成效

11省面积约205万平方公里，其中：森林、湖泊湿地分别为96.7万平方公里和14.8万平方公里，共设立自然保护区、风景名胜区等自然保护地3065处、面积38.7万平方公里；2017年水资源总量1.34万亿立方米，用水总量2475.87亿立方米。各级政府加大生态环境保护力度，2016年和2017年投入相关财政资金共2518.24亿元，其中中央财政1722.12亿元、地方各级财政796.12亿元。

从审计情况看，11省认真学习贯彻党中央、国务院关于长江经济带发展的方针政策和决策部署，积极采取各种措施保护生态环境，取得了一些成效。

（一）生态环境保护有序推进

2016年以来，11省共召开相关会议152次，制定或修订制度等293项，15.99万名党政领导干部担任河长、湖长；开展各类专项行动665次，查处非法倾倒、偷排偷放、乱占滥用、乱砍滥伐等违法案件9.78万件，移送司法机关处理4147件、2635人，较好地遏制了生态环境破坏行为。

（二）污染防治能力有所增强

据相关部门数据反映，11省污水和垃圾处理能力近两年分别增加8%和11%。水、大气等污染治理部分阶段性工作任务完成情况较好，各省共取缔"十小"企业2486户，占公布取缔名单的99.84%，省级及以上工业集聚区约9成已建成污水集中处理设施。

[①] 本部分主要参考了审计署在2018年6月19日发布的2018年第3号公告《长江经济带生态环境保护审计结果》。

（三）生态环境质量有所改善

据11省提供的资料，2017年化学需氧量、氨氮、二氧化硫和氮氧化物等主要污染物排放总量比上年分别削减2.97%、4%、9.24%和3.97%；国家地表水环境质量监测考核断面的水质优良率为73.9%，比上年提高0.6个百分点，劣Ⅴ类水质断面（3%）比上年下降约0.3个百分点。

二、审计发现的主要问题

（一）生态环境保护相关资金管理使用方面存在的问题

1. 截至2017年年底，8省有12.56亿元水污染防治、石漠化综合治理等专项资金结存在相关地方财政部门，有8.21亿元结存在项目主管部门及实施单位，均超过1年。

2. 2013年12月至2018年1月，8个地方政府主管部门及所属单位违规使用生态环境保护相关资金2580.49万元，主要用于弥补行政经费、其他项目支出等；5个县级地方政府重复申报退耕还林还草专项资金105.6万元。

3. 10省有197个污染治理和生态修复项目未按期开（完）工，5省有19个项目建成后效果不佳。

（二）资源开发和生态保护方面存在的问题

1. 截至2017年年底，10省已建成小水电2.41万座，最小间距仅100米，开发强度较大。5个省"十二五"期间新增小水电超过规划装机容量，8个省有930座小水电未经环评即开工建设，6个省在自然保护区划定后建设78座小水电，7个省有426座已报废停运电站未拆除拦河坝等建筑物，7个省建有生态泄流设施的6661座小水电中有86%未实现生态流量在线监测。过度开发致使333条河流出现不同程度断流，断流河段总长1017公里。

2. 7个省有关市县突破国家、省两级审批制度，自行设立开发区249个（其中2016年以来新设8个），占地447万亩，其中有72个设立5年以上但建成率不足5成，还有10个与基本农田重叠2.77万亩。有62个开发区位于重点生态功能区或与禁止开发区域重叠，其中18个是在全国主体功能区规划实施之后设立或扩建的。

3. 10个省有501家单位无证取水，60家单位超量取水；截至2017年底，7个省有667个违规占用岸线项目尚未整改到位。

4. 2016年以来，3省有21个新建或扩建的化工、造纸等项目，未履行环评或产能置换等审批手续。

5. 网络非法销售电鱼机等问题缺乏监管，助长了非法电鱼行为。11省近4年共发生非法电鱼案件3.46万起，年均增长8.8%，其中149起发生在珍稀鱼类保护区内，胭脂鱼等珍稀鱼类被电亡，还导致超过30人死亡。

（三）污染治理方面存在的问题

1. 长期持续整治的洞庭湖、鄱阳湖等5个国家重要湖泊，由于统筹治理不到位等原因，2017年的水质仍为Ⅳ类及以下。

2. 75个开发区未依法开展规划环境影响评价；106个开发区未建设污水集中处理设施；70个开发区虽建成污水集中处理设施，但未按规定安装在线监控装置或与环保部门联网；46个开发区因管网不配套等，污水处理效果不佳。

3. 截至2017年年底，9省有118座敏感区域的城镇污水处理厂未按国家要求达到一级A排放标准。因污水处理能力不足、管网损坏等，6个省2017年有2.24亿吨污水未有效收集处理或直排入河。

4. 截至2017年年底，3个省的9个垃圾填埋场或焚烧厂超负荷运行；2个省132处无防渗措施的非正规垃圾堆放点未完成清理；5个省的20个垃圾填埋场或中转站产生的285.75万吨渗滤液排入城市管网或周边水体，还有197万吨渗滤液积存场内。7个省的48家单位未按规定存储、转运或处置危险废物，4个省的6家单位未按规定处置医疗废物。

5. 截至2017年年底，9省的56个饮用水水源地一级保护区内存在排污口、养殖场等建设项目；3省的7个城市饮用水水源地和71个乡镇饮用水源地断面水质超标。

6. 截至2017年年底，10省有5.61万个地下储油罐（占应改造总数的52%）未更换为双层罐或进行防渗改造；3个省有348台10蒸吨及以下燃煤小锅炉未淘汰；2省的个别市县还有8家小型造纸、电镀企业未关停；3个省有46户禁养区内规模以上畜禽养殖场应关未关，3个省有413家养殖场未建配套治污设施。

三、审计处理和初步整改情况

对以上审计查出的问题，审计署已依法出具审计报告，提出处理意见，并要求有关地方政府在整改期限截止后依法向社会公告整改结果。目前，有关部门正在组织对小水电过度开发问题进行专项整改，相关地方对违规占用岸线等问题已制定整改措施，淘汰10蒸吨以下（含）燃煤锅炉275台，关闭或拆除9个饮用水水源地保护区范围内的建设项目，有关单位已收回部分财政资金。审计署将继续跟踪检查后续整改情况，进一步督促审计发现问题整改到位。具体见表4-9、表4-10和表4-11。

表 4-9　　　审计发现的生态环境保护相关资金结存超过一年问题及初步整改情况

序号	涉及地方	主要问题	初步整改情况
1	云南省曲靖市	至2017年底，由于热水镇2.5公里沟道整治等工程进展缓慢，宣威市水务局结存岩溶地区石漠化综合治理工程中央预算内投资463万元	正在整改
2	云南省曲靖市	至2017年底，宣威市林业局结存退耕还林还草工程中央预算内投资3900万元	正在整改
3	云南省昭通市	至2017年底，镇雄县林业局结存退耕还林还草工程中央预算内投资13816.44万元	正在整改
4	云南省昭通市	至2017年底，巧家县林业局结存退耕还林还草工程中央预算内投资1704.28万元	正在整改
5	贵州省铜仁市	至2017年底，铜仁市财政局、环境保护局结存重金属污染防治专项资金及省级配套资金1008.63万元	正在整改
6	贵州省铜仁市	至2017年底，石阡县发展和改革局结存岩溶地区石漠化综合治理工程中央预算内投资113.08万元	正在整改
7	贵州省黔南布依族苗族自治州	至2017年底，由于中小河流建设任务未完成，瓮安县水务局结存中小河流治理专项资金4747.04万元	正在整改
8	四川省泸州市	至2017年底，由于项目招标未按期完成等原因，泸州市纳溪区林业局结存中央财政湿地保护补助资金220万元	正在整改
9	四川省泸州市	至2017年底，由于画稿溪国家级自然保护区建设项目选址多次变更等原因，画稿溪国家级自然保护区管理处结存禁止开发区补助资金825万元	正在整改
10	四川省乐山市	至2017年底，由于水土保持项目进展缓慢，犍为县财政局结存农业综合开发补助资金261万元	正在整改
11	四川省眉山市	至2017年底，由于黑龙滩生态环境保护治理项目进展缓慢，眉山市黑龙潭风景区管理委员会结存水污染防治专项资金13874.4万元	正在整改
12	重庆市大足区	至2017年底，由于龙水湖湿地自然保护区项目等2个项目进展缓慢，大足区环境保护局结存水污染防治专项资金4651.24万元	正在整改
13	重庆市荣昌区	至2017年底，由于荣昌区濑溪河流域荣峰河等支流环境综合整治项目进展缓慢，重庆市昌泰市政工程有限公司结存水污染防治专项资金3394.83万元	正在整改
14	重庆市丰都县	至2017年底，由于仙女湖镇2014年岩溶石漠化综合治理工程等5个项目进展缓慢，丰都县财政局结存岩溶地区石漠化综合治理工程中央预算内投资300.26万元	正在整改
15	重庆市丰都县	至2017年底，重庆市永旺林业投资有限公司结余2012年三合街道龙河消落区生态恢复建设项目三峡后续工作专项资金448.8万元	正在整改
16	湖北省黄石市	至2017年底，由于黄石市矿山地质环境示范工程计划任务未完成，黄石市财政局结存资源枯竭型城市矿山地质环境治理重点工程资金和矿山地质环境治理示范工程资金71025万元	正在整改
17	湖北省黄石市	至2017年底，由于大冶市矿山地质环境重点工程、示范工程计划任务未完成，大冶市财政局结存资源枯竭型城市矿山地质环境治理重点工程资金和矿山地质环境治理示范工程资金45056万元	正在整改
18	湖北省黄石市	至2017年底，黄石市铁山区东部旅游新城管理委员会结存重金属污染防治专项资金3043万元	正在整改

续表

序号	涉及地方	主要问题	初步整改情况
19	湖北省宜昌市	至2017年底，由于宜昌市夷陵区2015年、2016年石漠化综合治理项目未按期完工，宜昌市夷陵区财政局结存岩溶地区石漠化综合治理工程中央预算内投资及省级配套资金1183万元	正在整改
20	湖北省宜都市	至2017年底，由于宜都市2015年、2016年石漠化综合治理项目未按期完工，宜都市财政局结存岩溶地区石漠化综合治理工程中央预算内投资及省级配套资金578.12万元	正在整改
21	湖南省长沙市	至2017年底，由于土壤样品保持库建设项目进展缓慢，湖南省农业资源与环境保护管理站结存长株潭地区重金属污染耕地修复及种植结构调整试点资金2895.96万元	正在整改
22	湖南省常德市	至2017年底，由于自动监测站项目未建设，西洞庭管理区财政局结存省级环保专项资金60万元	正在整改
23	湖南省常德市	至2017年底，由于自动监测站项目进展缓慢，西湖管理区财政局结存省级环保专项资金60万元	正在整改
24	湖南省郴州市	至2017年底，临武县财政局和临武县农业发展有限公司结存重金属污染防治专项资金3151.24万元	正在整改
25	安徽省安庆市	至2017年底，由于黄大湖生态环境保护项目未按期完工，宿松县环境保护局等结存水污染防治专项资金25408.6万元	正在整改
26	江西省南昌市	至2017年底，由于南昌市新建区溪霞流域农业面源污染综合治理试点项目进展缓慢，南昌市新建区财政局结存农业环境突出问题治理项目中央基建投资预算资金1048.17万元	正在整改
27	江西省南昌市	至2017年底，进贤县财政局结存重金属污染防治专项资金2408.18万元	正在整改
28	江西省九江市	至2017年底，由于鄱阳湖湿地保护与恢复工程进展缓慢，都昌县财政局、林业局结存湿地保护工程中央基建投资预算468万元	正在整改
29	江西省抚州市	至2017年底，由于未安排落实项目，抚州市东乡区财政局结存城镇污水处理设施配套管网专项资金524万元	正在整改
30	江西省抚州市	至2017年底，抚州市临川区城市管理局结余"十二五"期间城镇污水处理设施配套管网建设项目资金667万元	正在整改
31	江西省抚州市	至2017年底，由于洪门水库水环境及湿地生态监测站项目未开工，南城县环境保护局结存江河湖泊生态环境保护项目资金500万元	正在整改

表 4-10　　审计发现的生态环境保护相关资金违规申报使用问题及初步整改情况

序号	涉及地方	主要问题	初步整改情况
1	云南省昭通市	2015年至2017年，巧家县将已实施的退耕还林项目重复申报，涉及面积565.56亩，资金45.24万元	正在整改
2	云南省昭通市	2015年至2017年，盐津县将已实施的退耕还林项目重复申报，涉及面积392.84亩，资金31.43万元	正在整改
3	云南省昭通市	2015年至2017年，大关县将已实施的退耕还林项目重复申报，涉及面积166.77亩，资金13.34万元	正在整改

续表

序号	涉及地方	主要问题	初步整改情况
4	云南省昭通市	2015年至2017年，彝良县将已实施的退耕还林项目重复申报，涉及面积120.36亩，资金9.63万元	正在整改
5	云南省昭通市	2015年至2017年，镇雄县将已实施的退耕还林项目重复申报，涉及面积77亩，资金6.16万元	正在整改
6	云南省昭通市	2017年2月至2018年1月，绥江县中城镇后坝农业综合开发服务中心挪用退耕还林资金14.95万元，用于支付管理人员工资、办公设备费等	正在整改
7	贵州省遵义市	2017年11月，桐梓县人民政府批复同意县财政局将600万元岩溶地区石漠化综合治理工程中央预算内投资按涉农资金整合用于县交通局"组组通"公路建设项目，致使桐梓县2017年度岩溶地区石漠化综合治理工程项目至今未实施	已归还原资金渠道
8	贵州省	2017年7月至12月，贵州省地质环境监测院挪用土壤污染防治专项资金、贵州省耕地质量地球化学调查评价项目资金161.11万元用于办公楼租赁及物业管理费等支出	已归还原资金渠道
9	贵州省黔南布依族苗族自治州	2017年12月，都匀市水务局将江河湖库水系综合整治资金1000万元借予都匀市财政局用于补充流动资金，截至2018年2月尚未收回	正在整改
10	贵州省黔南布依族苗族自治州	2017年，黔南布依族苗族自治州环境保护局将水污染防治专项资金34.3万元用行政支出	正在整改
11	贵州省黔南布依族苗族自治州	2016年6月，贵定县环境保护局将水污染防治专项资金29.67万元用于行政支出	正在整改
12	贵州省黔南布依族苗族自治州	2016年，龙里县环境保护局将水污染防治专项资金35.56万元用于行政支出	正在整改
13	四川省眉山市	2013年12月，青神县人民政府违规决定将城镇污水处理设施配套管网专项资金704.90万元用于与配套管网建设无关的路面、路基等工程	已归还原资金渠道

表4-11　审计发现的污染治理和生态修复项目未按期开（完）工和建成后效果不佳问题及初步整改情况

序号	涉及地方	主要问题	初步整改情况
1	云南省	10个项目应完工未完工	正在整改
2	贵州省	2个项目应完工未完工	正在整改
3	重庆市	30个项目应完工未完工	正在整改
4	四川省	2个项目应完工未完工	正在整改
5	湖北省	11个项目应完工未完工，13个项目建成后未发挥预期效益	正在整改
6	湖南省	4个项目应完工未完工，1个项目应开工未开工，1个项目建成后未发挥预期效益	正在整改
7	江西省	76个项目应完工未完工，2个项目应开工未开工，2个项目建成后未发挥预期效益	正在整改
8	安徽省	48个项目应完工未完工，1个项目建成后未发挥预期效益	正在整改
9	江苏省	4个项目应完工未完工	正在整改
10	上海市	7个项目应完工未完工，2个项目建成后未发挥预期效益	正在整改

第五节　水生态环境审计的环渤海湾案例[①]

渤海综合治理是污染防治攻坚战的七大战役之一，其重要性程度高，难度也比较大。为贯彻落实习近平总书记生态文明思想，助力打好污染防治攻坚战，审计署聚焦渤海污染防治，对环渤海地区的生态环境保护情况进行了审计，目标是通过"生态环保体检"来治已病、防未病，帮助提高渤海污染防治绩效。

渤海污染问题由来已久。近20年来，国家为治理渤海污染开展了多次专项行动，尤其是党的十八大以来，渤海污染防治力度显著增强。审计抽查的34个城市的污水处理能力增加了31%。相应的，渤海的优良水质比例上升了13个百分点，赤潮发生次数下降超过60%。可以说渤海污染防治取得了明显成效。冰冻三尺非一日之寒。渤海所承受的陆源污染压力还相当大，其综合治理很难一蹴而就，防治工作绩效也还有进一步提升的空间。

为助力打赢污染防治攻坚战，围绕渤海综合治理，审计署近期对环渤海地区5省市（北京市、天津市、河北省、辽宁省和山东省）生态环境保护情况进行了审计。

一、基本情况

2013年以来，中央和5省市本级财政共投入渤海生态环境保护资金1650亿元；渤海近岸海域一、二类水质点位比例从63.2%波动上升到76.5%，三、四类水质点位比例从30.7%波动下降到12.4%，赤潮发生次数减少61.5%；审计抽查的34个城市污水处理能力增加31.55%，污水处理率上升4.6%。从审计情况看，渤海水质和污染防控能力总体上有所提升，但局部海域生态环境问题仍较为突出，锦州湾、莱州湾等渤海六大典型海洋生态系统仍处于亚健康状态，辽宁、山东渤海近岸海域劣于四类水质点位比例由2016年的3.6%升至2018年的16.1%。

二、审计发现的主要问题

（一）农业面源污染防控还不到位

农药化肥减量工作仅对种植业作出要求，尚未将林业、牧业等纳入；减量任务也未逐级分解落实，抽查发现2017年有126个县区的农药或化肥使用量

[①] 本部分主要参考了审计署在2019年8月23日发布的2019年第9号公告《环渤海地区生态环境保护审计结果》。

不降反升。5省市有1439家畜禽养殖场未按要求办理环评、建设粪便贮存处理设施、关闭搬迁等。全国海水养殖面积控制目标尚未细化分解，不利于防控近岸海域污染。

（二）重要领域工业点源污染防控存在薄弱环节

石化产业同质化竞争现象较为突出，有12个沿海城市提出建设石化产业基地，其中6个还明确提出建设世界级产业基地。抽查的107个化工园区中，有58个未按规定开展区域定量风险评估，73个未建成危险废物处理设施。11座港口94个污水处理设施的在线监测率仅为21.28%，6座港口建成投用的岸电设施使用率仅为1.36%，5家企业向175艘次船舶虚开2870立方米污染物接收证明以应付检查。

（三）部分重要生态环境政策未有效落地

入海污染物总量控制推进较慢，5省市相关试点城市至今未出台相关文件或实际执行。北京等3省市有45个专项规划或开发区未按规定完成规划环评。辽宁、河北有188个入河排污口未取得审批手续。5省市有81户企业未按规定安装在线监测设备或实施水污染物排放监测。

（四）资源开发和生态环境修复治理还不够协调

渔业油补等政策虽有利于降低渔民捕捞成本，但客观上也刺激了捕捞行为，在一定程度上对冲了减船转产政策效果，不利于降低捕捞强度，破坏性强的拖网型海洋捕捞渔船功率不降反升。渔获物定点上岸制度尚未有效推开，影响限额捕捞政策落地。水资源开发方面，5省市2017年的水资源开发利用率达99%，约为全国平均水平的5倍。河北等4省市3248户企业6年来违规取水5.94亿立方米。水污染防治方面，5省市普遍存在污水管网渗漏、雨污混接、污水处理设施不足、已建成的处理设施超负荷运转等问题，涉及问题管网901.89公里。生态修复方面，截至2018年底，5省市51个蓝色海湾整治等污染防治和生态修复类项目进展缓慢，10.01亿元相关财政资金结存一年以上。营口等9市有752处侵占入海河道的违规点位未完成清理。辽宁等3省12个入海河流考核断面水质未达到阶段性目标，局部河段污染较为严重。

三、审计处理和初步整改情况

对以上审计查出的问题，审计署已依法出具审计报告，提出处理意见。相关部门和地方正在逐步组织实施问题整改，详见附表。审计署将持续跟踪检

查后续整改情况，进一步督促问题整改到位。

四、其它情况说明

（一）农业面源污染防治问题

第一次全国污染源普查结果指出农业面源对污染物负荷贡献最大。近年来，环渤海地区的种植业和养殖业规模持续扩张、增长很快，但高强度的农资投入也会带来比较严重的环境污染。按照党中央要求和指示精神，有关部门和地方高度重视农业面源污染问题，但防治工作方面还存在一些短板。一是农药化肥减量政策应进一步改进完善，要努力提高农药化肥的实际利用率，切实降低其总量和单位用量。二是要严控畜禽养殖污染，加快推进种植业和养殖业的产业融合，大幅度提高畜禽粪污还田率。三是要尽快将海水养殖面积控制目标进行逐级分解，通过海洋牧场建设等现代科技手段调整好海水养殖空间布局，切实减少近岸海域污染。

（二）工业污染防控问题

化工行业是环渤海地区的传统产业，受早期的多种因素影响，同质化竞争、低水平重复建设等现象相对比较突出，这些问题会对生态环境保护产生一定的不利影响。解决好这些问题，需要相关部门和地方政府认真贯彻中央要求，做好做实事前引导和事中监督，进一步夯实污染源头治理工作。一方面要强化石化产业规划布局的严肃性和执行力，另一方面要强化统筹协调和日常监管，通过建设高端化工园区等方式加快推进产业集聚和产业升级，通过严格执行区域定量风险评估、环境影响评价、化工项目入园入区等制度防控好生产及生态环境风险。

（三）入海污染物控制问题

渤海是一个半封闭型内海，与其他海域相比，其环境容量较小，水体自净能力较差，污染治理难度也更大。国家要求有关部门和试点城市积极探索和实行主要污染物排海总量控制制度，是治理方式上的重要改革和创新。尽管技术上、机制上还存在种种困难，但改革创新的步伐不能停。审计反映该问题，是想促进相关部门和地方努力落实中央要求，积极探索开拓创新，加快推进对环境污染的机制性治理。

（四）渔业资源养护问题

渤海素有"天然鱼池"之称，但长期的过度捕捞和环境污染已导致渤海渔业资源几近枯竭。为了休养生息、降低捕捞强度，一方面，国家出台了减船转产、渔民上岸等政策措施；另一方面，出于降低渔民生产成本等原因，有关部门前些年实行了渔业油补政策。两个政策的初衷都是好的，但是当作为一个整体来看时，其政策效果在客观上会产生对冲效应，因为前者鼓励渔民上岸，而后者却刺激渔民加大捕捞强度。

为此，需优化政策体系，办法有很多：一是可以改变渔业油补政策的普惠制补贴模式，针对各大海区的实际情况分类施策、精准施策。二是可以在科学评估渔业油补政策的基础上，针对新形势、新情况，适当调减、调整甚至局部、逐步取消渔业油补。

（五）上游违规取水问题

环渤海地区是我国重要的经济增长极，人口密集、产业聚集，但该地区的资源本底条件比较薄弱，受自然条件限制和人类生产生活影响，该地区的水资源问题相对较为突出，水资源开发利用率高于全国平均水平，是一个长期存在的客观现实。近些年来，国家采取多种措施对水资源过度开发和违规取水等问题进行了整治，取得了较好成效，但有些问题短时间内还难以真正杜绝。彻底解决这些问题，需要各部门、各地方认真贯彻落实习近平总书记提出的"节水优先、空间均衡、系统治理、两手发力"的治水方针，加快转变治水思路和方式，使治水工作从改造自然、征服自然转向调整人的行为、纠正人的错误行为。

（六）如何促进问题整改

相关部门和地方政府高度重视审计反映的问题，已经在积极采取措施进行整改。目前，5省市已有7个园区、1815家违规取水企业、1088家畜禽养殖场完成整改，31家企业安装了在线监测设备或已实施水污染监测，有关单位已拨付专项资金2504.12万元，收回财政资金4125万元。对审计反映的有关政策制度和体制机制性问题，相关部门正在进行研究完善。审计署将继续跟踪检查整改情况，进一步督促审计发现问题整改到位。

▶▶ 本章讨论问题

1.水资源审计与水环境审计是一回事吗？它们各自的重点与难点分别是什么？

2.我国水环境审计中关注的主要微观指标有哪些？如何看待有些地方将氨氮、总磷等指标排除在审计和评价范围之外的做法？

3. 水生态审计是未来的审计业务发展方向吗？其可行性如何？

本章参考文献

［1］百度百科."水资源"词条，https：//baike.baidu.com/item/%E6%B0%B4%E8%B5%84%E6%BA%90/326690?fr=aladdin.

［2］百度百科."世界十大河流"词条，https：//baike.baidu.com/item/%E4%B8%96%E7%95%8C%E5%8D%81%E5%A4%A7%E6%B2%B3%E6%B5%81.

［3］百度百科."中国七大水系"词条，https：//baike.baidu.com/item/%E4%B8%AD%E5%9B%BD%E4%B8%83%E5%A4%A7%E6%B0%B4%E7%B3%BB.

［4］国家自然资源部.水资源公报（2001—2018年）.

［5］国家生态环境部.中华人民共和国地表水环境质量标准GB3838-2002，http://www.mee.gov.cn/ywgz/fgbz/bz/bzwb/shjbh/shjzlbz/200206/t20020601_66497.htm.

［6］百度百科.中华人民共和国水法，https：//baike.baidu.com/item/%E4%B8%AD%E5%8D%8E%E4%BA%BA%E6%B0%91%E5%85%B1%E5%92%8C%E5%9B%BD%E6%B0%B4%E6%B3%95/720080?fr=aladdin.

［7］百度百科.中华人民共和国防洪法，https：//baike.baidu.com/item/%E4%B8%AD%E5%8D%8E%E4%BA%BA%E6%B0%91%E5%85%B1%E5%92%8C%E5%9B%BD%E9%98%B2%E6%B4%AA%E6%B3%95/5027513?fr=aladdin.

［8］百度百科.中华人民共和国水污染防治法，https：//baike.baidu.com/item/%E4%B8%AD%E5%8D%8E%E4%BA%BA%E6%B0%91%E5%85%B1%E5%92%8C%E5%9B%BD%E6%B0%B4%E6%B1%A1%E6%9F%93%E9%98%B2%E6%B2%BB%E6%B3%95/4532108?fr=aladdin.

［9］百度百科.中华人民共和国资源税法，https：//baike.baidu.com/item/%E4%B8%AD%E5%8D%8E%E4%BA%BA%E6%B0%91%E5%85%B1%E5%92%8C%E5%9B%BD%E8%B5%84%E6%BA%90%E7%A8%8E%E6%B3%95.

［10］百度百科.中华人民共和国河道管理条例，https：//baike.baidu.com/item/%E4%B8%AD%E5%8D%8E%E4%BA%BA%E6%B0%91%E5%85%B1%E5%92%8C%E5%9B%BD%E6%B2%B3%E9%81%93%E7%AE%A1%E7%90%86%E6%9D%A1%E4%BE%8B.

［11］百度百科.中华人民共和国取水许可和水资源费征收管理条例，https：//baike.baidu.com/item/%E5%8F%96%E6%B0%B4%E8%AE%B8%E5%8F%AF%E5%92%8C%E6%B0%B4%E8%B5%84%E6%BA%90%E8%B4%B9%E5%BE%81%E6%94%B6%E7%AE%A1%E7%90%86%E6%9D%A1%E4%BE%8B/10046701.

［12］百度百科.水污染防治行动计划（水十条），https：//baike.baidu.com/item/%E

6%B0%B4%E6%B1%A1%E6%9F%93%E9%98%B2%E6%B2%BB%E8%A1%8C%E5%8A%A8%E8%AE%A1%E5%88%92/14437902.

［13］百度百科.中华人民共和国城镇污水处理厂污染物排放标准，https：//baike.baidu.com/item/%E5%9F%8E%E9%95%87%E6%B1%A1%E6%B0%B4%E5%A4%84%E7%90%86%E5%8E%82%E6%B1%A1%E6%9F%93%E7%89%A9%E6%8E%92%E6%94%BE%E6%A0%87%E5%87%86/5316939.

［14］方宝璋.中国审计史稿.福建人民出版社，2006.

［15］中华人民共和国审计署.2018年第3号公告：长江经济带生态环境保护审计结果，http：//www.audit.gov.cn/n5/n25/c123511/content.html.

［16］中华人民共和国审计署.2018年第3号公告：长江经济带生态环境保护审计结果，http：//www.audit.gov.cn/n5/n25/c123511/content.html.

［17］中华人民共和国审计署.2019年第9号公告：环渤海地区生态环境保护审计结果，http：//www.audit.gov.cn/n5/n25/c134058/content.html.

第五章 大气环境审计

◆ 内容提示

大气环境，即人群空间所包围的大气，是指包围地球表层的空气，由一定比例的氮、氧、二氧化碳、水蒸气以及其他微量气体、液体和固体杂质、微粒等组成的混合物。人类活动或自然过程，使得排放到大气中的物质的浓度及持续时间超过了一定尺度下大气环境所能允许的极限，达到有害程度，以致破坏生态系统及人类正常生存和发展的条件，对人、动植物以及设备、物质等方面直接或间接地造成了危害。为了缓解大气污染，修复大气环境，需要制定一定的制度进行大气环境治理，这些措施的执行效果影响到大气环境的修复效果，需要进行审计监督。本章首先介绍了大气环境的相关概念和大气环境管理的相关制度，在此基础上讨论大气环境审计的主要内容和方法，再通过国内外案例展示大气环境审计的实施经验。

◆ 引导性案例

自国务院颁发《大气污染防治行动计划》后，各地纷纷提出相关对策，对于"煤改气"项目各地制定积极的财政补贴政策，如购买及安装设备的补贴、使用天然气的补贴、"气代煤"用户不执行阶梯气价、给予建设村内入户管线户投资补助等。许多地方"一哄而上"大规模推行"煤改气"，有的地方甚至强迫企业"煤改气"。因为2017年是《大气污染防治行动计划》第一阶段目标任务完成的一个时间节点，2017年"煤改气"大爆发，在"大气十条"终考、环保监管加码等形势下，京津冀及周边地区"煤改气"工程超预期推进。在"2+26"城市中，共计474万户完成"煤改气"或"煤改电"改造，超原定目标355万户的33%。尤其是核心区域河北省，2017年河北省完成"煤改气"超过250万户，同比增长超300%。受供暖需求影响，冬季为天

然气消费的传统高峰，2017年华北地区出现比往年更严峻的"气荒"。在2017年11月中旬，北方的天然气价格还是4000多元每吨，而北方进入供暖季之后，天然气供需矛盾开始凸显，气荒现象爆发，天然气价格开始飙涨，差不多一个月的时间，液化天然气价格就突破万元。气荒发生后，2017年12月环保部紧急发文，要求保障群众温暖过冬，允许燃煤取暖缓解"气荒"问题。河北省发改委在2018年1月下发文件，要求"除2017年结转的农村煤改气任务外，2018年原则上不再新增农村煤改气和燃煤锅炉改气"。文件同时声称，该省煤改气的继续推进将与气源落实情况相挂钩。"待2019年鄂安沧管线、2020年中俄东线国家主干输气管网投运，有新增气源后，再考虑实施新的煤改气工程"。①

◆ 问题思考

案例中"煤改气"是《大气污染防治行动计划》中一项被认为是积极、有效的大气环境治理措施，执行中使用了大量的财政资金，请通过案例中的现象思考大气环境治理的财政资金使用的效果如何？案例暴露出的问题对开展大气污染防治资金使用绩效审计有何启发？

第一节　大气环境相关概念

一、大气与大气污染

大气即环境空气，是指人群、植物、动物和建筑物所暴露的室外空气，由于洁空气、水汽、悬浮微粒组成。在结构上将大气圈分为五个气层：对流层、平流层、中间层、暖层和散逸层，其中对流层最接近地面，平均厚度约为12公里。

随着人类工业活动的发展，大量使用煤等化石能源和自然资源，从而产生了一些副作用，如向空气排放大量的二氧化硫、氮氧化物、一氧化碳、粉尘等有害物质，形成大气污染。空气污染是由于人类活动或自然过程，使得排放到大气中的物质的浓度及持续时间足以对人的舒适感、健康以及对设施或环境产生不利影响的现象。

---

① 资料来源于搜狐网（https://www.sohu.com）和土流网（https://www.tuliu.com）。

二、大气污染源

大气污染源是大气污染的发生源。大气污染有自然因素（如森林火灾、火山爆发等）和人为因素（如工业废气、生活燃煤、汽车尾气等）两种，并且以后者为主要因素，尤其是工业生产和交通运输所造成的污染。主要过程由污染源排放、大气传播、人与物受害这三个环节构成。

（一）大气污染的天然源

1.火山喷发：排放出 H_2S、CO_2、CO、HF、SO_2 及火山灰等颗粒物。

2.森林火灾：排放出 CO、CO_2、SO_2、NO_2、HC 等。

3.自然尘：风沙、土壤尘等。

4.森林植物释放：主要为萜烯类碳氢化合物，萜烯是一类广泛存在于植物体内的天然来源碳氢化合物，可从许多植物，特别是针叶树得到，它是树脂以及由树脂而来的松节油的主要成分。

5.海浪飞沫颗粒物：主要为硫酸盐与亚硫酸盐。

在有些情况下，天然源比人为源更重要。据相关统计，全球氮排放的93%和硫氧化物排放中的60%来自天然源。

（二）人为污染源

通常所说的大气污染源是指由人类活动向大气输送污染物的发生源。大气的人为污染源可以概括为以下四方面：

1.燃料燃烧。燃料（煤、石油、天然气等）的燃烧过程是向大气输送污染物的重要发生源。煤炭的主要成分是碳，并含氢、氧、氮、硫及金属化合物。燃料燃烧时除产生大量烟尘外，在燃烧过程中还会形成一氧化碳、二氧化碳、二氧化硫、氮氧化物、有机化合物及烟尘等物质。

2.工业生产过程的排放。如石化企业排放硫化氢、二氧化碳、二氧化硫、氮氧化物，有色金属冶炼工业排放的二氧化硫、氮氧化物及含重金属元素的烟尘，磷肥厂排放的氟化物，酸碱盐化工业排出的二氧化硫、氮氧化物、氯化氢及各种酸性气体，钢铁工业在炼铁、炼钢、炼焦过程中排出粉尘、硫氧化物、氰化物、一氧化碳、硫化氢、酚、苯类、烃类等。其污染物组成与工业企业性质密切相关。

3.交通运输过程的排放。汽车、船舶、飞机等排放的尾气是造成大气污染的主要来源之一。内燃机燃烧排放的废气中含有一氧化碳、氮氧化物、碳氢化合物、含氧有机化合物、硫氧化物和铅的化合物等物质。

4.农业活动排放。田间施用农药时，一部分农药会以粉尘等颗粒物形式飘

散到大气中，且残留在作物体上或粘附在作物表面的仍可挥发到大气中。进入大气的农药可以被悬浮的颗粒物吸收，并随气流向各地输送，造成大气农药污染。此外还有秸秆焚烧等。

三、大气污染物

大气污染物是指由于人类活动或自然过程，排放到大气中的对人或环境产生不利影响的物质。大气污染物主要分为颗粒污染物、气态污染物和二次污染物。颗粒污染物有尘粒、粉尘、烟尘、雾尘、煤尘等。气态污染物有含硫化合物、含氮化合物、碳氧化合物、碳氢化合物、卤素化合物等。二次污染物危害最大的是光化学烟雾。根据原环境保护部和国家质量监督检验检疫总局共同颁布的《环境空气质量标准》（GB3095—2012），大气污染物主要包括：（1）总悬浮颗粒物（TSP）指环境空气中空气动力学当量直径≤100微米的颗粒物；（2）可吸入颗粒物（PM_{10}）指环境空气中空气动力学当量直径≤10微米的颗粒物；（3）细颗粒物（$PM_{2.5}$）指环境空气中空气动力学当量直径≤2.5微米的颗粒物；（4）铅指存在于总悬浮颗粒物中的铅及其化合物；（5）苯并[α]芘指存在于可吸入颗粒物中的苯并[α]芘；（6）氟化物指以气态和颗粒态形式存在的无机氟化物；（7）二氧化硫、氮氧化物（一氧化氮、二氧化氮）、一氧化碳、臭氧等空气中以气态形式存在的无机化合物。

四、环境空气功能分类

在《环境空气质量标准》（GB3095—1996）中将环境空气功能分为三类：一类区为自然保护区、风景名胜区和其他需特殊保护的地区，执行一级标准；二类区为城镇规划中确定的居住区、商业交通居民混合区、文化区、一般工业区和农村地区，执行二级标准；三类区为特定工业区，执行三级标准。

2011年12月30日，原环境保护部召开环境保护部常务会议，审议并原则通过《环境空气质量标准》（GB3095—2012）；2012年2月29日，国务院召开国务院常务会议，同意发布新修订的《环境空气质量标准》（GB3095—2012），并于2016年1月1日实施。新修订的《环境空气质量标准》（GB3095—2012）将环境空气功能分为二类：一类区为自然保护区、风景名胜区和其他需要特殊保护的区域；二类区为居住区、商业交通居民混合区、文化区、工业区和农村地区。将三类区（特定工业区）并入二类区（城镇规划中确定的居住区、商业交通居民混合区、文化区、一般工业区和农村地区）。其中一类区适用一级浓

度限制，二类区适用二级浓度限制。

《环境空气质量标准》（GB3095—1996）制定后，为规范全国的环境空气质量功能区的划分，原国家环保总局于1996年7月22日颁布《环境空气质量功能区划分原则与技术方法》（HJ14—1996），该标准中对环境空气质量功能区的划分原则进行了详细的规定，自然保护区、风景名胜区是指县级以上人民政府划定的自然保护区、风景名胜区；需要特殊保护的地区是指因国家政治、军事和为国际交往服务需要，对环境空气质量有严格要求的区域；特定工业区是指冶金、建材、化工、矿区等工业企业较为集中，其生产过程排放到环境空气中的污染物种类多、数量大，且其环境空气质量超过三级环境空气质量标准的浓度限值，并无成片居民集中生活的区域，但不包括1998年后新建的任何工业区，也就是1998年之后就再没有特定工业区；一般工业区是指特定工业区以外的工业企业集中区以及1998年1月1日后新建的所有工业区。

第二节　大气环境管理的相关制度

一、大气环境的管理机构与体制

中国目前的大气环境管理体系，是以环境保护主管部门为主，结合有关的工业主管部门和城市建设主管部门，共同对大气环境实行管理。

根据《大气污染防治法》中"总则"的规定，各级人民政府对本辖区的大气环境质量负责，制定规划，采取措施，使本辖区的大气环境质量达到规定的标准。县级以上人民政府环境保护行政主管部门对大气污染防治实施统一监督管理。各级公安、交通、铁道和渔业管理部门根据各自的职责，对机动车船污染大气实施监督管理。县级以上人民政府其他有关主管部门在各自职责范围内对大气污染防治实施监督管理。

任何单位和个人都有保护大气环境的义务，并有权对污染大气环境的单位和个人进行检举和控告。

二、大气环境管理制度体系

《大气污染防治法》是为保护和改善大气环境，防治大气污染，保障公众健康，推进生态文明建设，促进经济社会可持续发展制定。其中规定了各项大气环境管理的相关制度，其中主要的管理制度如图5-1所示。

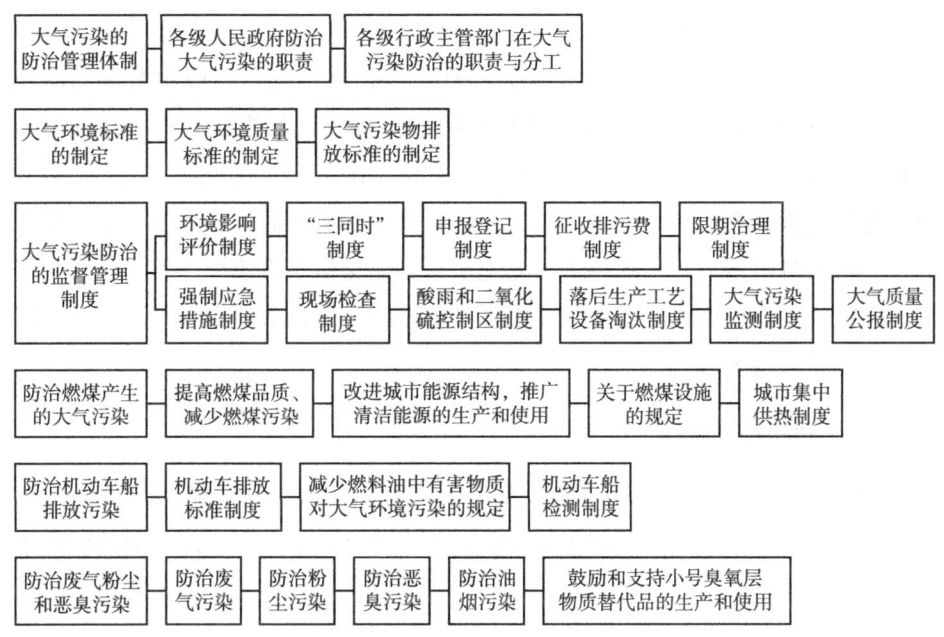

图 5-1 大气环境管理制度体系

三、大气环境监督管理制度

环境影响评价、"三同时"制度、排污申报制度、排污收费制度、浓度控制和总量控制制度、限期治理制度等是我国环境管理的基本制度。在大气环境管理方面，这些制度也有具体规定。除此之外，大气环境监督管理还包括大气污染防治重点城市制度、"两控区"制度（酸雨控制区和二氧化硫污染控制区制度）、大气污染防治的清洁生产、工艺淘汰等企业管理制度、突发性大气污染事件管理制度、污染监测制度、城市大气环境质量公报制度、大气污染防治的经济激励和奖励制度等。

（一）环境影响评价和"三同时"制度

新建、扩建、改建向大气排放污染物的项目，必须遵守国家有关建设项目环境保护管理的规定，编写环境影响报告书，对建设项目可能产生的大气污染和对生态环境的影响做出评价，规定防治措施，并按照规定的程序报环境保护行政主管部门审查批准。建设项目投入生产或者使用之前，其大气污染防治设施必须经过环境保护行政主管部门验收，达不到国家有关建设项目环境保护管理规定的要求的建设项目，不得投入生产或者使用。

（二）排污申报制度

向大气排放污染物的单位，必须按照国务院环境保护行政主管部门的规定向所在地的环境保护行政主管部门申报拥有的污染物排放设施、处理设施和在正常作业条件下排放污染物的种类、数量、浓度，并提供防治大气污染方面的有关技术资料。排污单位排放大气污染物的种类、数量、浓度有重大改变的，应当及时申报；其大气污染物处理设施必须保持正常使用，拆除或者闲置大气污染物处理设施的，必须事先报经所在地的县级以上地方人民政府环境保护行政主管部门批准。

（三）排污收费制度

国家实行按照向大气排放污染物的种类和数量征收排污费的制度，根据加强大气污染防治的要求和国家的经济、技术条件，合理制定排污费的征收标准。征收的排污费一律上缴财政，按照国务院的规定用于大气污染防治。

（四）浓度控制和总量控制制度

向大气排放污染物的单位，其污染物排放浓度不得超过国家和地方规定的排放标准。

国务院和省、自治区、直辖市人民政府对尚未达到规定的大气环境质量标准的区域和国务院批准划定的酸雨控制区、二氧化硫污染控制区，可以划定为主要大气污染物排放总量控制区。主要大气污染物排放总量控制的具体办法由国务院规定。大气污染物总量控制区内有关地方人民政府依照国务院规定的条件和程序，按照公开、公平、公正的原则，核定企事业单位的主要大气污染物排放总量，核发主要大气污染物排放许可证。有大气污染物总量控制任务的企事业单位，必须按照核定的主要大气污染物排放总量和许可证规定的排放条件排放污染物。

（五）大气污染排放限制制度

在国务院和省、自治区、直辖市人民政府划定的风景名胜区、自然保护区、文物保护单位附近地区和其他需要特别保护的区域内，不得建设污染大气环境的工业生产设施；建设其他设施，其大气污染物排放不得超过规定的排放标准。在《大气污染防治法》施行前企事业单位已经建成的设施，其大气污染物排放超过规定的排放标准的，应进行限期治理。

（六）大气污染防治重点城市制度

国务院按照城市总体规划、环境保护规划目标和城市大气环境质量状况，

划定大气污染防治重点城市。直辖市、省会城市、沿海开放城市和重点旅游城市应当列入大气污染防治重点城市。未达到大气环境质量标准的大气污染防治重点城市，应当按照国务院或者国务院环境保护行政主管部门规定的期限，达到大气环境质量标准。该城市人民政府应当制定限期达标规划，并可以根据国务院的授权或者规定，采取更加严格的措施，按期实现达标规划。

（七）酸雨控制区和二氧化硫污染控制区制度

国务院环境保护行政主管部门会同国务院有关部门，根据气象、地形、土壤等自然条件，可以对已经产生、可能产生酸雨的地区或者其他二氧化硫污染严重的地区，经国务院批准后，划定为酸雨控制区或者二氧化硫污染控制区。

（八）大气污染防治的清洁生产、工艺淘汰等企业管理制度

企业应当优先采用能源利用效率高、污染物排放量少的清洁生产工艺，减少大气污染物的产生。国家对严重污染大气环境的落后生产工艺和设备实行淘汰制度。国务院经济综合主管部门会同国务院有关部门公布限期禁止采用的严重污染大气环境的工艺名录和限期禁止生产、禁止销售、禁止进口、禁止使用的严重污染大气环境的设备名录。生产工艺的采用者必须在国务院经济综合主管部门会同国务院有关部门规定的期限内，停止采用列入上述规定的名录中的工艺。

（九）突发性大气污染事件管理制度

单位因发生事故或者其他突发性事件，排放和泄漏有毒有害气体和放射性物质，造成或者可能造成大气污染事故、危害人体健康的，必须立即采取防治大气污染危害的应急措施，通报可能受到大气污染危害的单位和居民，并报告当地环境保护行政主管部门，接受调查处理。在大气受到严重污染，危害人体健康和安全的紧急情况下，当地人民政府应当及时向当地居民公告，采取强制性应急措施，包括责令有关排污单位停止排放污染物。

（十）大气污染监测制度

国务院环境保护行政主管部门建立大气污染监测制度，组织监测网络，制定统一的监测方法。

（十一）城市大气环境质量公报制度

大、中城市人民政府环境保护行政主管部门应当定期发布大气环境质量

状况公报，并逐步开展大气环境质量预报工作。大气环境质量状况公报应当包括城市大气环境污染特征、主要污染物的种类及污染危害程度等内容。

（十二）大气污染防治的经济激励和奖励制度

国家采取有利于大气污染防治以及相关的综合利用活动的经济、技术政策和措施。在防治大气污染、保护和改善大气环境方面成绩显著的单位和个人，由各级人民政府给予奖励。

国家鼓励和支持大气污染防治的科学技术研究，推广先进适用的大气污染防治技术；鼓励和支持开发、利用太阳能、风能、水能等清洁能源。国家鼓励和支持环境保护产业的发展。

各级人民政府应当加强植树种草、城乡绿化工作，因地制宜地采取有效措施做好防沙、治沙工作，改善大气环境质量。

四、防治燃煤产生的大气污染管理制度

（一）煤炭使用的制度

国家推行煤炭洗选加工，降低煤的硫分和灰分，限制高硫分、高灰分煤炭的开采。新建的所采煤炭属于高硫分、高灰分的煤矿，必须建设配套的煤炭洗选设施，使煤炭中的含硫分、含灰分达到规定的标准。对已建成的所采煤炭属于高硫分、高灰分的煤矿，应当按照国务院批准的规划，限期建成配套的煤炭洗选设施。禁止开采含放射性和砷等有毒有害物质超过规定标准的煤炭。

（二）推进清洁能源使用的制度

国务院有关部门和地方各级人民政府应当采取措施，改进城市能源结构，推广清洁能源的生产和使用。大气污染防治重点城市人民政府可以在本辖区内划定禁止销售、使用国务院环境保护行政主管部门规定的高污染燃料的区域。该区域内的单位和个人应当在当地人民政府规定的期限内停止燃用高污染燃料，改用天然气、液化石油气、电或者其他清洁能源。

国家采取有利于煤炭清洁利用的经济、技术政策和措施，鼓励和支持使用低硫分、低灰分的优质煤炭，鼓励和支持洁净煤技术的开发和推广。

（三）关于锅炉等使用的制度

国务院有关主管部门应当根据国家规定的锅炉大气污染物排放标准，在锅炉产品质量标准中规定相应的要求；达不到规定要求的锅炉，不得制造、销售或者进口。

城市建设应当统筹规划,在燃煤供热地区,统一解决热源,发展集中供热。在集中供热管网覆盖的地区,不得新建燃煤供热锅炉。

大、中城市人民政府应当制定规划,对饮食服务企业限期使用天然气、液化石油气、电或者其他清洁能源。对未划定为禁止使用高污染燃料区域的大、中城市市区内的其他民用炉灶,限期改用固硫型煤或者使用其他清洁能源。

(四)促进燃煤电厂的清洁生产制度

新建、扩建排放二氧化硫的火电厂和其他大中型企业,超过规定的污染物排放标准或者总量控制指标的,必须建设配套脱硫、除尘装置或者采取其他控制二氧化硫排放、除尘的措施。在酸雨控制区和二氧化硫污染控制区内,还需要优先符合总量控制要求。国家鼓励企业采用先进的脱硫、除尘技术。企业也应当对燃料燃烧过程中产生的氮氧化物采取控制措施。

(五)煤炭及其产生废物在储运过程中的管理制度

在人口集中地区存放煤炭、煤矸石、煤渣、煤灰、砂石和灰土等物料,必须采取防燃、防尘措施,防止污染大气。

五、防治机动车船排放污染的制度

(一)机动车船排放标准控制的制度

机动车船向大气排放污染物不得超过规定的排放标准。任何单位和个人不得制造、销售或者进口污染物排放超过规定排放标准的机动车船。在用机动车不符合生产时的在用机动车污染物排放标准的,不得上路行驶。省、自治区、直辖市人民政府规定对在用机动车实行新的污染物排放标准并对其进行改造的,须报经国务院批准。机动车维修单位,应当按照防治大气污染的要求和国家有关技术规范进行维修,使在用机动车达到规定的污染物排放标准。

(二)机动车船清洁能源使用的激励制度

国家鼓励生产和消费使用清洁能源的机动车船。国家鼓励和支持生产、使用优质燃料油,采取措施减少燃料油中有害物质对大气环境的污染。单位和个人应当按照国务院规定的期限,停止生产、进口、销售含铅汽油。

(三)机动车船污染排放年检制度

省、自治区、直辖市人民政府环境保护行政主管部门可以委托已取得公

安机关资质认定的承担机动车年检的单位，按照规范对机动车尾气进行年度检测。交通、渔政等有监督管理权的部门可以委托已取得有关主管部门资质认定的承担机动船舶年检的单位，按照规范对机动船舶排气进行年度检测。县级以上地方人民政府环境保护行政主管部门可以在机动车停放地对在用机动车的污染物排放状况进行监督抽测。

六、防治废气、尘和恶臭污染的管理制度

（一）对粉尘、可燃性气体、硫化物气体、含放射性物质的气体和气溶胶排放的规定

向大气排放粉尘的排污单位，必须采取除尘措施。严格限制向大气排放含有毒物质的废气和粉尘；确需排放的，必须经过净化处理，不超过规定的排放标准。

工业生产中产生的可燃性气体应当回收利用，不具备回收利用条件而向大气排放的，应当进行防治污染处理。向大气排放转炉气、电石气、电炉法黄磷尾气、有机烃类尾气的，须报经当地环境保护行政主管部门批准。可燃性气体回收利用装置不能正常作业的，应当及时修复或者更新。在回收利用装置不能正常作业期间确需排放可燃性气体的，应当将排放的可燃性气体充分燃烧或者采取其他减轻大气污染的措施。

炼制石油、生产合成氨、煤气和燃煤焦化、有色金属冶炼过程中排放含硫气体的，应当配备脱硫装置或者采取其他脱硫措施。

向大气排放含放射性物质的气体和气溶胶，必须符合国家有关放射性防护的规定，不得超过规定的排放标准。

（二）对恶臭气体、有毒有害烟尘和扬尘等控制制度

向大气排放恶臭气体的排污单位，必须采取措施防止周围居民区受到污染。在人口集中地区和其他依法需要特殊保护的区域内，禁止焚烧沥青、油毡、橡胶、塑料、皮革、垃圾以及其他产生有毒有害烟尘和恶臭气体的物质。禁止在人口集中地区、机场周围、交通干线附近以及当地人民政府划定的区域露天焚烧秸秆、落叶等产生烟尘污染的物质。此外，城市人民政府还可以根据实际情况，采取防治烟尘污染的其他措施。

运输、装卸、贮存能够散发有毒有害气体或者粉尘物质的，必须采取密闭措施或者其他防护措施。

城市饮食服务业的经营者，必须采取措施，防止油烟对附近居民的居住

环境造成污染。

城市人民政府应当采取绿化责任制、加强建设施工管理、扩大地面铺装面积、控制渣土堆放和清洁运输等措施，提高人均占有绿地面积，减少市区裸露地面和地面尘土，防治城市扬尘污染。在城市市区进行建设施工或者从事其他产生扬尘污染活动的单位，必须按照当地环境保护的规定，采取防治扬尘污染的措施。国务院有关行政主管部门应当将城市扬尘污染的控制状况作为城市环境综合整治考核的依据之一。

（三）对消耗臭氧物质及其替代品的规定

国家鼓励、支持消耗臭氧层物质替代品的生产和使用，逐步减少消耗臭氧层物质的产量，直至停止消耗臭氧层物质的生产和使用。在国家规定的期限内，生产、进口消耗臭氧层物质的单位必须按照国务院有关行政主管部门核定的配额进行生产、进口。

七、大气环境保护规划制度

国务院和地方各级人民政府，必须将大气环境保护工作纳入国民经济和社会发展计划，合理规划工业布局，加强防治大气污染的科学研究，采取防治大气污染措施，保护和改善大气环境。

大气污染综合规划的实质是为了达到区域环境空气质量控制目标，对多种大气污染控制方案的技术可行性、经济合理性、区域适应性和实施可能性等进行最优化选择和评价，从而得出最优的控制方案和工程措施的规划方案。

八、环境税收制度

《环境保护税法》于2016年12月25日在十二届全国人大常委会第二十五次会议上获表决通过，2018年1月1日起施行。环境保护税的纳税人是在中华人民共和国领域和中华人民共和国管辖的其他海域，直接向环境排放应税污染物的企业事业单位和其他生产经营者为环境保护税的纳税人，应当依照法律规定缴纳环境保护税。排放大气污染物的企业事业单位和其他生产经营者为需要缴纳环境保护税。

应税大气污染物的具体适用税额的确定和调整，由省、自治区、直辖市人民政府统筹考虑本地区环境承载能力、污染物排放现状和经济社会生态发展目标要求，在本法所附"环境保护税税目税额表"规定的税额幅度内提出，报同级人民代表大会常务委员会决定，并报全国人民代表大会常务委员会和国

务院备案。

应税大气污染物按照污染物排放量折合的污染当量数确定。应税大气污染物的污染当量数，以该污染物的排放量除以该污染物的污染当量值计算。每种应税大气污染物的具体污染当量值，依照《环境保护税法》所附"应税污染物和当量值表"执行。大气环境保护税应纳税额按照应税大气污染物的污染当量数乘以具体适用税额计算。

环境保护税由税务机关依照《中华人民共和国税收征收管理法》和本法的有关规定征收管理。生态环境主管部门依照本法和有关环境保护法律法规的规定负责对污染物的监测管理。县级以上地方人民政府应当建立税务机关、生态环境主管部门和其他相关单位分工协作工作机制，加强环境保护税征收管理，保障税款及时足额入库。

第三节　大气环境审计内容与方法

一、大气环境审计的现状

现有的审计结果公告显示，我国审计署对于大气环境中主要污染物的治理效果的审计，是以节能减排审计的形式开展的。自2008年到2013年，审计署曾开展过3次全国性的节能减排项目。2008年，审计署对41户中央企业2006—2007年节能减排情况进行了审计调查，重点调查了这些企业的能源消耗以及二氧化硫和化学需氧量排放等情况，并在2009年进行了公告，即《2009年第6号："41户中央企业节能减排情况审计调查结果"》[①]。这次审计调查抽查部分电力企业的脱硫设置，对二氧化硫排放状况进行了审查，包括脱硫工程改造情况、脱硫设施运行情况、新建项目的脱离设施配套情况、企业脱硫电价政策的执行情况等，分析了产生的原因，提出了审计建议。时隔3年后的2011年5月，审计署公告《2011年第11号："20个省有关企业节能减排情况审计调查结果"》[②]，审计署又对二氧化硫减排情况进行了审计调查，审计结果显示，2007年至2009年20个省使用财政奖励资金的重点企业共实施节能技改项目2002个，安装脱硫设施2843套，减少二氧化硫排放1073万吨，但并未对二

---

① 中华人民共和国审计署（2009年第6号）："41户中央企业节能减排情况审计调查结果"，http://www.audit.gov.cn。

② 中华人民共和国审计署（2011年第38号）："20个省有关企业节能减排审计调查整改结果"，http://www.audit.gov.cn。

氧化硫设施的运行情况进行详细的披露，而将重点放在了淘汰落后产能。同年10月，审计署公告《2011年第38号：20个省有关企业节能减排审计调查整改结果》，完成了审计结果的后续跟踪。2013年5月，审计署公告《2013年第16号公告：10个省1139个节能减排项目审计结果》[①]，对山西等10个省（自治区）2010年至2011年中央和省级财政投入的节能减排专项资金及1139个节能减排项目进行了审计。详细披露了二氧化硫减排情况及存在问题的整改情况。总体来看，中央一级的审计机关对二氧化硫减排相关的审计技术方法较为成熟，而且审计趋于常态化。

自2013年，党的十八届三中全会提出对领导干部实行自然资源资产离任审计以来，大气环境审计成为领导干部自然资源资产离任审计的重要内容，并在全国各层级审计机关普遍开展。2017年9月《领导干部自然资源资产离任审计规定（试行）》中将大气环境保护和环境改善列入主要领导干部任职期间依法依规对本地区、本部门（单位）以及主管业务领域应当履行的责任之一，并将国家关于大气的行动计划目标完成情况，列入领导干部完成自然资源资产管理和生态环境保护目标情况进行评价，重点关注国家生态文明建设考核目标或绿色发展指标、省级政府确定的相关指标，以及专项规划确定的大气环境管理工作的目标完成情况。

二、大气环境审计的内容

（一）大气污染防治政策审计

环境政策分为控制型手段和经济手段两种类型。经济手段以环境成本内部化为原则，对各类市场主体进行基于环境资源利益的调整。相比控制型手段，经济手段具有促进环保技术创新、降低环境治理成本和行政监控成本等优点。经济手段主要运用财政、价格、税收等政策。信贷、金融等政策近年来在不断完善，在大气污染防治中也可以起到一定的作用。经济手段主要发挥两方面作用：一是引导激励。如已经在推行的脱硫电价政策，有效解决了电厂脱硫的资金运行问题。二是惩罚抑制。如排污收费政策对企业排污起到了一定的抑制作用，同时，通过收费还可以筹集资金，为污染治理提供支持。

国务院《大气污染防治行动计划》由35项措施组成，涉及减少污染物排放、推进产业结构优化升级、加快企业技术改造、调整能源结构、严格节能环

---

① 中华人民共和国审计署2013年第16号公告《10个省1139个节能减排项目审计结果》，http://www.audit.gov.cn。

保准入、完善环境经济政策、健全环境法律法规体系、建立区域协作机制、妥善应对重污染天气、明确政府企业和社会责任等诸多方面。环境保护部和全国31个省（区、市）签订了目标责任书，细化、分解、梳理了近期需要完成的22项政策措施，包括6项能源结构调整政策，涉及气代煤和洁净煤的扩大使用等；10项环境经济政策，涉及价格政策、税收政策、投资政策等；6个方面的管理政策，主要是考核办法、节能环保标准等。

2014年2月12日召开的国务院常务会议要求，在抓紧完善现有政策的基础上，为加快大气污染防治工作，进一步推出以下措施：一是加快调整能源结构。实施跨区送电项目，合理控制煤炭消费总量，推广使用洁净煤。促进车用成品油质量升级，2014年年底前全面供应"国四"车用柴油。推行供热计量改革，开展建筑节能，促进城镇污染减排。加快淘汰老旧低效锅炉，提升燃煤锅炉节能环保水平。提前一年全面完成"十二五"落后产能淘汰任务。二是发挥价格、税收、补贴等的激励和导向作用。对煤层气发电等给予税收政策支持。中央财政设立专项资金，2014年安排100亿元，对重点区域大气污染防治实行"以奖代补"。制定重点行业能效、排污强度"领跑者"标准，对达标企业予以激励。完善购买新能源汽车的补贴政策，加大力度淘汰黄标车和老旧汽车。大力支持节能环保核心技术攻关和相关产业发展。三是落实各方责任。实施大气污染防治责任考核。健全国家监察、地方监管、单位负责的环境监管体制。完善水泥、锅炉、有色等行业大气污染物排放标准。规范环境信息发布。

各级审计机关要以促进政策作用有效发挥为目标，加大对大气污染防治各项政策措施执行情况的跟踪审计力度，促进政令畅通。对大气污染防治政策开展审计，包括大气污染防治政策执行情况审计和大气污染防治政策完善情况审计。

1.大气污染防治政策执行情况审计。大气污染防治政策执行情况审计要密切关注财政、能源、产业、价格、投资、税收、信贷、金融等大气污染防治政策措施的执行情况，及时发现和纠正有令不行、有禁不止等行为。一是检查地方各级政府是否细化落实国家的大气污染防治政策。关注地方政府是否按照《大气污染防治法》《大气污染防治行动计划》等政策，制订符合当地实际的大气污染防治工作计划，是否将大气污染防治工作落实到相关部门、企业等责任主体。二是检查地方各级政府及相关部门落实政策措施的合理性。关注大气污染防治计划制订的合理性，是否存在少报燃煤锅炉数、落后产能数量、黄标车数量等，导致制订的燃煤锅炉淘汰计划、落后生产能力淘汰计划、黄标车淘汰计划不符合实际的情况，是否存在隐瞒产能过剩行业项目，导致产能过剩行业压缩计划不符合实际的情况。三是检查大气污染防治工作规划、计划目标的

完成情况，关注有关部门是否按期完成燃煤锅炉的计划关停量、清洁能源替代的计划完成量、落后产能的淘汰量、黄标车和老旧车辆的计划淘汰量；关注有关责任企业是否按照时间节点完成燃油品质的提升。四是检查政策措施落实力度。关注是否存在有关部门对应该关停的未达标锅炉、落后的污染生产线、应该淘汰的黄标车等，未按规定明确关停或淘汰的时间点的情况；关注企业是否执行新的大气污染物排放标准。五是检查国家有关禁止事项的政策执行情况。关注地级及以上城市建成区是否新建每小时20蒸吨以下的燃煤锅炉，其他地区是否新建每小时10蒸吨以下的燃煤锅炉；关注是否存在建设工程施工采取敞开式作业的情况；关注是否存在核准产能严重过剩行业新增产能项目的情况；关注京津冀、长三角、珠三角等区域新建项目是否存在配套建设自备燃煤电站的情况，是否存在审批除热电联产外的燃煤发电项目；关注是否存在进口高灰份、高硫份的劣质煤炭的情况。

2.大气污染防治政策完善情况审计。大气污染防治政策完善情况审计要深入分析政策实施效果和政策目标实现状况，及时揭示和反映政策措施不完善、不配套、不衔接、不适应以及政策目标未实现等问题，为政策措施的及时调整、完善提供参考和依据，促进提高政策效用，促进各项政策措施更加符合实际，更加合理和有效。一是评价专项资金补贴政策的合理性：关注是否存在产业结构调整补贴项目的要求不符合实际、补贴减排量的依据不明确等政策制定不合理，影响产业结构调整工作推进的情况；是否存在污染物减排奖励政策不合理，不能引导企业从源头减少大气污染物产生的情况；是否存在循环经济补贴政策中程序、补贴金额等要素制定不合理，影响循环经济工作推进的情况。二是评价引导型政策的合理性：关注是否存在合同能源管理过程中缺少信息交流平台、服务公司扶持力度小、节能量评估机构太少等管理机制不完善的情况，从而影响合同能源管理工作推进的情况；是否存在财政、土地、金融等部门间缺乏沟通，扶持政策未能形成政策合力，导致产能过剩或压缩过剩产能推进缓慢的情况；是否存在扶持标准不明确、扶持力度不够等导致扶持政策难以落实到位的情况。三是评价监督控制型政策的合理性：关注是否存在多个部门职能交叉、职责不清，导致出现一些大气污染物排放无人监管的情况；是否存在监管职权过度下放，基层部门缺乏污染监控设备和人员，导致大气污染监控流于形式的情况；是否存在未落实责任部门或部门间协调机制不顺畅，导致一些需要多部门协调的监管措施难以落实到位的情况；是否存在由于缺乏区域间协同管理机制，导致污染源在区域内迁移，区域范围内的空气质量难以改善的情况。

（二）大气污染防治专项资金审计

大气污染防治专项资金是落实大气污染防治政策的重要手段。根据科学论证及评估，大气污染防治行动计划共需投入资金1.75万亿元。按照"谁污染、谁负责"的原则，污染治理资金以企业自筹为主。政府投入资金优先支持列入规划的污染治理项目。中央财政设立专项资金，加大对重点区域大气污染防治的支持力度，重点用于工业污染治理、交通污染治理、面源污染治理，以及区域大气污染防治能力建设。采取"以奖代补""以奖促防""以奖促治"等方式，加快地方各级政府与企业大气污染防治的进程。地方政府根据规划计划确定的大气污染控制任务，将治污经费列入财政预算，加大资金投入力度。各级财政加大涉及民生的"煤改气"项目、黄标车和老旧车辆淘汰、轻型载货车替代低速货车、环保能力建设等政策支持力度，将空气质量监测站点建设、运行和监管经费纳入各级财政预算，对重点行业清洁生产示范工程给予引导性资金支持。省级财政统筹整合主要污染物减排等专项，设立大气污染防治专项资金，加大省级基本建设投资对大气污染防治的投入。此外，国家实行按照向大气排放污染物的种类和数量征收排污费的制度，征收的排污费一律上缴财政，按照国务院的规定用于大气污染防治，不得挪作他用，并由审计机关依法实施审计监督。

随着各级政府大气污染防治投入的加大，加强资金监管已成为当务之急。各级审计机关要以促进资金合规有效使用为目标，加强对大气污染防治专项资金投入、分配、使用和管理情况的审计监督，包括排污费征收审计、大气污染防治专项资金分配使用和管理审计、大气污染防治专项资金绩效审计。

1.排污费征收审计。《排污费征收使用管理条例》规定："直接向环境排放污染物的单位和个体工商户（以下简称排污者），应当依照本条例的规定缴纳排污费。"国务院《大气污染防治行动计划》提出："加大排污费征收力度，做到应收尽收。适时提高排污收费标准，将挥发性有机物纳入排污费征收范围。"目前我国对二氧化硫、氮氧化物、一氧化碳等44种大气污染物及烟尘征收废气排污费。排污费征收是国家利用经济杠杆限制对环境不良影响行为的有效措施，是将具有外部化特征的环境成本内部化的重要途径，能促进排污者进行技术改造，减少污染物排放量，为政府治理污染筹集必要资金。

审计机关开展排污费征收审计，有利于促进排污费制度的贯彻执行，促进企业治污减排。一是检查大气环境执法部门是否按照法律规定，及时、足额征收空气排污费，有无违规减缴、免缴、缓缴排污费的情况，有无以排污者遇到不可抗力自然灾害或遭受重大经济损失等名义减免排污费的情况。二是检查大气环境执法部门征收废气排污费的金额是否准确，有无单价不符合法定标

准的情况,有无弄虚作假,擅自核减排污量、擅自减少污染物种类的情况。三是检查差别收费政策的执行情况,关注企业大气污染物排放浓度值高于国家或地方规定的污染物排放限值,或者企业大气污染物排放量高于规定的排放总量指标,大气环境执法部门是否按照征收标准加一倍征收排污费;关注企业大气污染物排放浓度值低于国家或地方规定的污染物排放限值50%以上的,相关部门是否减半征收排污费。四是检查排污费征收对象的完整性,是否存在部分废气或烟尘排放单位未纳入收费对象的情况。五是检查"收支两条线"规定的执行情况,关注排污费的征收是否执行"环保开票、银行代收、财政统管"的规定,有无排污费滞留在征收单位或被挤占挪用的情况。对排污费被挪用的,审计机关要责令退回挪用款项或者采取其它措施予以追回,并追究直接负责的主管人员和其他直接责任人员的责任。

2.大气污染防治专项资金分配使用和管理审计。国务院《大气污染防治行动计划》提出"在环境执法到位、价格机制理顺的基础上,中央财政统筹整合主要污染物减排等专项,设立大气污染防治专项资金,对重点区域按治理成效实施'以奖代补';中央基本建设投资也要加大对重点区域大气污染防治的支持力度"。审计机关对大气污染防治专项资金的分配、使用和管理的合法合规性开展审计,有利于促进专项资金规范使用,发挥专项资金的杠杆作用。一是检查补贴项目申报的真实性,有无通过虚报产业结构调整、清洁能源替代等补贴项目,或者通过多申报大气污染物减排量、大气污染物处理量、秸秆机械化还田面积等,多申请大气污染防治补贴或奖励的情况。二是检查补贴项目申报的合规性,关注补贴项目是否符合补贴范围,有无将已经关停的企业作为产业结构调整项目申报补贴,有无将企业日常的设备维修和更新作为大气污染防治技术改造项目申报补贴,有无未定期参加机动车安全和环保检验的黄标车获得补贴;关注是否存在同一项目重复申报多项财政补贴资金的情况。三是检查大气污染防治资金筹集的合规性和有效性,关注专项资金筹集的进度,有无未根据预算和工作进度筹集资金的情况;关注地方政府配套资金的筹集情况,有无配套资金未按规定及时、足额到位影响项目进度的情况,有无从其他渠道收回配套资金,形成虚假配套的情况。四是检查大气污染防治资金分配的合法合规性,关注是否存在政府部门挤占挪用专项资金的情况,是否存在未按进度及时、足额拨付资金的情况。五是检查大气污染防治资金使用的合规性,关注是否存在资金支出不真实,套取专项资金的情况,是否存在违反规定扩大开支范围、提高开支标准的情况。

3.大气污染防治专项资金绩效审计。政府部门设立大气污染防治专项资金,旨在引导企业等排污单位加大废气治理,减少污染物排放,是大气污染防

治政策的重要载体。评价大气污染防治专项资金的政策目标是否实现，是大气环境审计的重要任务之一。一是检查大气污染防治专项资金补贴项目后续运营的合规性。是否存在已获得产业结构调整的项目仍未关停的情况，是否存在已获得清洁能源替代补贴的燃煤锅炉仍在使用、清洁能源设备闲置的情况，是否存在已获得黄标车淘汰补贴的车辆仍在运行的情况。二是评价大气污染防治专项资金补贴项目的环境效益。是否存在产业结构调整项目、技术改造项目、循环经济项目的实际节能量、大气污染物减排量或大气污染物处理量未达到设计目标值或申报值的情况，是否存在产业结构调整项目未按规定时间节点关停的情况，是否存在循环经济项目难以持续运营的情况。三是评价大气污染防治专项资金的经济效益，关注是否存在大气污染防治资金长期滞留在相关部门或使用单位，未充分发挥资金效益的情况，是否存在盲目申请大气污染防治资金，造成资金损失浪费的情况。四是评价大气污染防治专项资金的杠杆效应。关注大气污染防治专项资金带动企业和社会新增的污染治理资金，量化评价专项资金的杠杆效应。

（三）大气污染防治项目审计

2014年地方"两会"纷纷把环保治理列为关注焦点，不少省份和地区拟投入巨资加快大气污染防治基础设施建设。大气污染防治重点项目包括二氧化硫治理、氮氧化物治理、工业烟粉尘治理、工业挥发性有机物治理、油气回收、集中供热、"煤改气"、"煤改电"等。其中二氧化硫治理项目投资需求约730亿元，氮氧化物治理项目投资需求约530亿元，工业烟粉尘治理项目投资需求约470亿元，工业挥发性有机物治理项目投资需求约400亿元，油气回收项目投资需求约215亿元。

各级审计机关要以促进项目顺利建设和有效运营为目标，对大气污染防治重点项目开展全过程跟踪审计。揭露项目管理不善、违规使用建设资金、项目达不到预期的节能减排效果、造成资金损失浪费等问题，促进加强项目管理，确保资金安全和高效使用，保障项目建设顺利实施和建成运行，提高项目运营效果。为此，可以开展专项审计调查或与国有企业领导人员经济责任审计相结合。一是检查大气污染防治项目立项的合理性。关注是否存在可行性论证不充分，盲目上项目，导致项目半途终止、造成投资浪费的情况；是否存在脱硫、脱硝、除尘、挥发性有机物治理设备与企业短期内将进行的技术改造或设备更新不相衔接，或者没有考虑企业短期内将执行的新排放标准，造成短期内频繁更换治污设备，形成投资浪费的情况；关注污染防治工程项目的设计是否符合国家有关规定和标准。二是检查大气污染防治项目建设资金使用情况。关

注财政资金等国有资金投资项目的资金使用的合规性,是否存在虚列项目支出、决算不实、骗取财政资金的情况,是否存在擅自扩大资金使用范围、提高资金使用标准的情况,是否存在建设项目资金被有关部门滞留、截留或挤占挪用的情况。三是检查大气污染防治项目建设程序的合规性。关注是否存在应该公开招投标的工程未按国家规定进行公开招投标的情况,是否存在未通过环境影响评价审批,擅自开工建设的情况,是否存在未按环境影响评价审批的要求进行设备改造、措施改进,未取得环保部门验收,擅自投入生产的情况。四是评价大气污染防治项目运营效果。对照大气污染防治项目的设计文件,检查建设项目是否达到预期的效果,如大气污染物的减排效率、集中供热的供热比率等。是否存在由于设计不合理、施工建设不规范、后期运行管理不善等,造成大气污染防治项目未达到预期效果的情况;是否存在由于部门间协调机制不完善、配套政策不到位,导致循环经济项目建成后难以发挥实际作用的情况。

(四) 大气污染防治责任审计

国务院《大气污染防治行动计划》提出,到2017年,全国地级及以上城市可吸入颗粒物浓度比2012年下降10%以上,优良天数逐年提高;京津冀、长三角、珠三角等区域细颗粒物浓度分别下降25%、20%、15%左右。为实现这一具体目标,必须加快重点行业脱硫、脱硝、除尘改造工程建设,加快淘汰黄标车和老旧车辆,推广新能源汽车,加快提升燃油品质;到2017年,煤炭占能源消费总量比重降到65%以下;鼓励民间和社会资本进入大气污染防治领域;国务院与各省级政府签订目标责任书,进行年度考核,严格责任追究。

实施《大气污染防治行动计划》,关键在于狠抓落实。地方各级政府对本行政区域内的大气环境质量负总责,要认真执行行动计划提出的各项任务,特别是在重点污染源治理、产业转型升级、加快调整能源结构、严格节能环保准入、建立区域协作机制等方面,不搞地方保护,不搞临时突击,不搞数字游戏。以壮士断腕的勇气,坚决淘汰落后产能,坚决卡住违规项目,坚决惩治违法排污,切实处理好当前利益与长远利益之间的关系,在保护中发展,在发展中保护,让人民群众看到大气污染防治的决心和诚意,享受到实实在在的环境质量改善成果。

各级审计机关要以促进实现本地区大气污染防治目标为目标,通过资源环境审计、领导干部经济责任审计、专项审计调查等途径,对本地区大气污染防治责任落实情况进行审计监督。通过对有关地方和单位大气污染防治责任履行情况的审计监督和评价,促进强化重点污染源治理,优化产业结构,调整能源结构,加快火电、钢铁、水泥等落后产能及小锅炉、挥发性有机物排放类行

业落后工艺的淘汰步伐,加快实现二氧化硫等主要污染物减排,以及可吸入颗粒物和细颗粒物浓度下降的目标。

1. 地方政府大气污染防治责任审计。地方人民政府是《大气污染防治行动计划》实施的责任主体。国务院办公厅印发了《大气污染防治行动计划实施情况考核办法(试行)》,对各省(区、市)人民政府《大气污染防治行动计划》实施情况进行年度考核和终期考核。开展地方政府大气污染防治责任审计,对于促进地方各级政府加快改善空气质量和推进大气污染防治措施具有重要意义。一是检查地方政府落实大气污染防治责任情况。关注地方政府是否依据国家确定的空气质量改善目标,制定本地区《大气污染防治行动计划》实施细则和年度工作计划,并确定年度空气质量改善目标,是否合理安排重点任务和治理项目实施进度,并将目标、任务分解落实到下级人民政府、相关部门和企业,是否明确资金来源、配套政策、责任部门和保障措施等。二是检查地方政府各项考核指标完成的真实性。关注是否存在篡改、伪造大气环境监测数据的情况,是否存在虚报产业结构调整优化、清洁生产、煤炭管理与油品供应、燃煤小锅炉整治、工业大气污染治理、城市扬尘污染控制、机动车污染防治、建筑节能与供热计量等重点任务完成的工作量情况,是否存在虚报大气污染防治资金投入金额的情况。三是依据地方政府签订的责任书,评价地方政府各项指标的完成情况。在审计真实性的基础上,对地方政府完成空气质量改善目标和大气污染防治重点任务进行系统量化的评价,分析未完成目标的原因,对其中的薄弱环节提出审计建议,促进地方政府完善大气污染防治机制。

2. 部门大气污染防治责任审计。地方政府的各个组成部门是落实大气污染防治任务的最终主体。只有各个责任部门切实履行大气环境保护的责任,完成政府分解的各项大气污染防治任务,才能共同推进区域内大气环境的改善。对部门大气污染防治责任开展审计,有利于促进各个部门改善大气环境管理,加强行政监管,提高大气污染防治的效果。一是检查大气污染监管职责履行情况。关注是否存在大气污染物排放监测监管频率未达到规定要求的情况,是否存在重点监管企业大气污染物排放在线监测设备未正常运行的情况,是否存在对大气污染物排放未达标的企业监督不严的情况,是否存在对不达标车辆发放环保合格标志的情况。二是检查环保审核职责履行情况。关注环保审核部门是否将二氧化硫、氮氧化物、烟粉尘和挥发性有机物排放符合总量控制要求作为建设项目环境影响评价审批的前置条件;关注有关审批部门严格节能环保准入情况,是否存在对未通过环境影响评价审批的新、改、扩建项目,批准开工建设的情况;对违规建设的项目是否依法予以处罚;对未通过能评、环评审查的项目,是否审批、核准、备案,提供土地,发放生产许可证、安全生产许可

证、排污许可证，提供新增授信、供电、供水等。三是检查大气污染防治任务完成情况。对照政府分解的重点任务，检查各职责部门完成情况，关注完成情况的真实性，综合评价完成重点任务情况。

三、大气环境审计的方法

（一）大气环境审计取证方法

资源环境的动态性和多样性决定了审计取证的复杂性，因此审计人员必须采用多种手段，多渠道科学采集数据，获取审计证据。

1.利用多种监测手段把握总体情况。资源环境领域的监测网络目前正在完善之中，如卫星遥感数据接收系统、GPS全球定位系统、大气实时监测系统、Arcgis地理信息系统等。大气环境审计应大胆利用这些监测系统，做好对企业排放口、排放量等信息、数据的现场取证。实践中这一方法正被推广使用，取得了较好的效果。如审计人员可以利用卫星图片对隐蔽的废气排放口、排放量等总体情况进行核实查证；可以通过Arcgis地理信息系统，将卫星航拍图等图进行叠加，通过内置程序设计来计算违规排放口的具体地理坐标等。

2.通过多种渠道获取真实数据。首先，审计人员要从环保部门、经济信息化部门、被抽查的污染排放企业等单位和部门取得资源环境的相关统计数据，并且要清楚各部门数据的来源方式、监测手段、时间和空间范围等限制条件。如果是从信息系统中获取的数据，还要对监测系统的安全性、稳定性、合理性和效率性进行评价。其次，审计人员可通过对监测对象进行审计采样、抽检，以获取真实数据。审计采样必须由具有采样资格的独立专业人员进行，以保证采样的科学、规范和公正。审计采样必须制订采样计划，并按计划执行。采样计划包括如下内容：采样目的，采样点及其污染物的种类，采样的频率，采样手段、方法，样本编号、处理，采样质量的保证措施等。对样本的技术检测也必须由独立的专业机构来进行。对样本进行认真的技术检测分析后，专业机构要出具采样报告，这样的监测数据才能作为正式的审计证据。最后，审计人员要对比通过各种渠道获取的数据，还要充分与被审计单位进行沟通，从中获得符合审计条件的真实数据。

3.利用外部专家。首先，聘请外部专家弥补知识不足。聘请大气污染防治领域具有丰富理论功底和实践经验的外部专家，通过直接参加审计项目或召开专题研讨会等方式，解决一些技术性难题。通过聘请外部专家，可以弥补审计机关资源环境、工程技术、法律等专业人才不足的问题，同时也可以依靠专家对专业问题作出的职业判断，保证审计意见的权威性。其次，聘请外部专家进

行专业评价。大气环境审计目前尚未建立完善的评价指标和评价标准体系,审计机关有必要聘请外部专家,对审计中涉及的污染物排放量等专业指标数据进行专业性较强的数据核实和取样检测。

(二)计算机辅助审计

大气环境审计,既包括与资源环境事项有关的财政财务收支活动(比如资金的使用和管理),还包括资源环境的政策效应、资源环境监管体制机制和效能等。因此大气环境审计不仅是对监管部门的财政专项资金开展审计,同时也是对监管部门所拥有的大量监测数据以及系统开展审计和评价。因此,审计对象的信息化客观上要求审计机关的作业方式必须及时做出相应的调整,运用信息技术,全面检查被审计单位的资源环境活动,发挥审计监督应有的作用。

1. 对在线监控系统开展审计。信息化能力建设在一定程度上提高了政府职能的履行效率。但也存在由于系统缺陷、运行和管理不善等问题影响项目预期效益的发挥,从而导致资金损失浪费的情况。例如,某地审计机关对重点监管企业大气在线监控系统开展审计,主要方法是运用SQL Server软件还原系统备份数据,对2008—2010年三年间的4600多万条信息记录,根据审计内容和要求编写查询语句,对查询结果进行判断分析,评价大气在线监控系统数据的准确性、完整性以及安全性。同时结合查阅工作记录、大气在线监控系统集成需求规格说明等相关资料,实地查看现场以及问询等手段,对大气在线监控系统的各模块的使用情况进行分析,查找系统运行和管理中存在的问题,对促进和提高政府行政管理水平和财政资金投入效益起到了积极的作用。

2. 利用AO系统开展审计。信息技术已在资源环境领域普遍使用,有关部门的业务数据库都能提供资金结算、能源消费、环保统计、在线监测等数据,审计人员可以研究各种数据之间,特别是财务数据与非财务数据之间的内在关系,进而对资源环境开发和保护情况作出评价。这一方法还包括调查识别出的与其他相关信息不一致或与预期数据严重偏离的波动和关系。如在重点监控的大气污染排放企业的污染排放监控效果审计中,审计人员将调查收集的47家企业大气污染环境技术参数指标,包括化学需氧量COD、二氧化硫SO_2等导入AO,并编写SQL语句对数据进行分类、查找、筛选等,快速发现审计疑点和问题,为对环境影响程度和后果做出定性与定量相结合的评价结论提供了数据支撑。

3. 联网审计。联网审计是由于网络技术在审计中的应用而形成的一种新的审计模式。它使得审计信息交流、审计证据的采集和分析技术、审计项目管理

等任务实现网络化、远程化,并且由于新的方法工具的应用,使审计任务的性质、目标发生局部变化。在大气环境审计中,审计机关可以与环保部门、发展改革部门以及经济信息化部门进行网络互连,在对有关单位财政财务管理、业务项目管理等信息系统进行测评和高效率的数据采集与分析的基础上,对大气污染治理的计划制定与分解下达,项目安排与实际推进,资金分配与管理使用,以及目标任务完成情况进行实时、远程检查监督,因此,这是一种"全新的审计理念与审计模式"。

第四节 大气环境审计典型案例

一、国外的大气环境审计案例

(一)美国的雾霾治理审计[①]

第二次世界大战以后,伴随着城市化和工业化进程的不断发展,美国出现了资源消耗巨大、浪费严重和显著的环境污染问题,颗粒物直径更小、对人体危害更大的雾霾污染(光化学烟雾污染)频发,很多人甚至因此丧生。20世纪70年代,美国政府开始从国家层面高度重视雾霾污染问题,并采取了一系列系统性、连续性政策措施,同时为了监督和推动这些政策措施的执行,大力加强了审计监督,从1970年到1979年,美国审计署出具了247份与空气污染治理相关的审计报告。至1979年"绿色十年"结束,不但雾霾问题得到了有效治理,而且环保法规、环保机构、环保诉讼与审计监督相互联系、相互促进,共同构建了一个覆盖全国、行之有效的环境保护体系。从更具有参照性和借鉴性的角度出发,笔者对与中国经济社会背景近似的这一时期美国雾霾治理审计的情况进行总结,并提出相关政策建议。

1.美国20世纪70年代雾霾治理审计的主要背景。美国20世纪70年代开展雾霾治理审计时,经济社会运行有三个明显的特征。

(1)社会相对稳定,经济由快趋稳。第二次世界大战后,美国经历了一段西方经济学家所称的经济持续繁荣的"黄金时代"。一方面以原子能技术、航空航天技术、电子计算机技术发展为标志的新科技革命兴起,推动美国经济进入高度现代化的发展阶段;另一方面美国充分利用其战后的经济优势,大力拓

---

① 本案例摘自《国外审计动态》(总第374期)。

展世界市场，美国的垄断组织快速发展，跨国公司迅速崛起，美国经济在世界市场上的绝对份额不断扩大，并赢得高额利润。尽管步入1970年代后，由于越战耗资巨大、中东石油危机、美元危机等多种因素叠加导致经济上的"滞胀"，但整体来看社会相对稳定、经济运行由快趋稳。根据美国统计局（BLS）数据，1973年的美国人均GDP为6522美元，相当于我国当前水平（中国2013年人均6629美元），"美国的经济发展虽然不是一帆风顺，但基本保持了增长的趋势"。

（2）空气污染事件频发，政府和公众环保意识增强。世界上所有工业化程度较高的国家，在其发展过程中，都曾受到环境污染问题的困扰，美国也不例外。震惊世界的八大环境公害事件中，有两件发生在美国，并且都是由严重的空气污染造成的。空气污染已经成为第二次世界大战后美国最重要的环境问题之一。美国从20世纪30年代开始就出现了由煤炭燃烧引起的烟尘污染，五六十年代由于工业迅猛发展、化石燃料成为主要能源、汽车大量普及，三者相互叠加，导致工业化程度较深的大城市暴发严重的雾霾污染（光化学烟雾污染）。每到夏秋，整个洛杉矶都会弥漫在浑浊不清的烟雾中，1955年、1970年两次严重的雾霾事件中，前者致使400多人因中毒、呼吸衰竭而死，后者使全市四分之三的人患病。每年因大气污染造成的损失达15亿美元。随着雾霾问题程度加深、范围增大，这种看得见、摸得着的污染成为政府和民众关注的焦点，新闻媒体连篇报道，支持、呼吁空气治理的环保队伍不断扩大，其表现不仅仅是人数的扩大，还表现在支持阶层的扩大——从最初的以上层专业人士为主体，到第二次世界大战前以社会精英为推动力量，再到最后广大普通公众的积极参与。普林斯顿大学的一项调查表明，1969年5月只有1%的受调查者认为除越战与外交事务外，污染与环境问题是美国人面临的最重要问题，而这个数字在1971年5月上升到25%，位居美国人最关注问题的第二位。可以说，美国社会在意识层面和经济层面都已做好准备迎接环保时代的到来。

（3）采取一系列应对措施，但实际收效并不明显。在20世纪70年代之前，美国也进行过应对空气污染政策措施的探索，丹佛、堪萨斯城等45个工业城市都探索过空气污染控制措施，即使是最不支持联邦涉足环保领域的艾森豪威尔政府也为应对一些公害事件带来的压力于1955年颁布过《空气污染控制法》，肯尼迪——约翰逊政府开始探索环保问题，并于1963年和1967年先后通过了《清洁空气法》和《空气质量控制法》，但整体来看，70年代之前，联邦政府的精力主要集中在经济政策，无暇顾及环境的恶化，环境问题主要是州和地方政府责任；很多法规是为了回应公害事件而仓促出台，带有强烈的应急性，缺少全国统一的空气质量标准和排放标准，法令约束力弱，可执行性差；

地方政府利益纠葛深，资金缺口大，担心影响经济、就业和税收而不愿执行过严的环保政策，同时从立法到执行、从联邦政府到地方政府都缺少有效的监督。因此，虽然采取了一系列应对措施，但收效并不明显，很多环保主义者将70年代以前的美国空气立法视为联邦政府一个失败的尝试，印杜尔·高克兰尼甚至毫不客气地认为，五六十年代美国政府的空气污染治理效果有限，即使空气中有害物质减少也主要归功于技术的不断改进，如天然气和石油代替煤炭成为主要燃料来源等。

2. 美国70年代雾霾治理审计的主要成果和特点。进入20世纪70年代后，公众对政府施加了更大的压力。尼克松总统在1970年1月的就职演说中宣布70年代将是环境保护的十年，并于当年成立国家环境保护局（EPA），当年年底签署了《清洁空气法修正案》，联邦政府将环保问题真正上升到了国家层面，"环境保护不再仅仅被视为地方性事务，联邦政府承担了环境保护的主要领导责任"，同时为了监督和推动政策法规执行，大力加强了审计监督。美国审计署1970年设立了自然资源利用与环境保护司，内设环境资金审计处和环境绩效审计处，在其职责范围内，空气污染和气候变化审计列在第一位。从1970年到1979年，美国审计署出具了247份与空气污染治理以及清洁空气法执行相关的审计报告，其中关于政府绩效的审计报告38份，关于资金管理和预算执行的审计报告58份，关于法律执行的审计报告31份，其他关于科学技术、公民健康管理等23个主题的审计报告共计120份。这一时期，审计监督在推动国家空气污染治理方面取得重要成果。

首先，关注资金使用绩效。由于1970年、1977年两部清洁空气法修正案及其他相关法规中涉及大量资金投入和运用，从1970年到1979年美国审计署先后出具了58份与空气污染治理资金管理和预算执行相关的审计报告，占全部空气治理审计报告的23%。在这些审计报告中，审计署尖锐地指出，联邦政府对空气污染治理上的资金投入呈现出急于求成和不惜一切代价的倾向，如高资金投入与资金使用直接效果不明显问题。清洁空气法修正案对成本问题和经济效率考虑不够，从1972年到1975年，空气污染控制方面的支出平均每年在300亿美元，且以超过25%的速度递增，1977年美国平均每户家庭在环境法上的开支为600美元，甚至超出了在医疗、住房上的开支，但这种资金上的高投入并未实现环保局所声称的收益比。再如整体资金高投入与基础性项目资金短缺问题。对环保局科研项目的一份审计报告指出，政府对于空气质量标准制定等重要的基础性科研项目资金、人力投入严重不足，如1974财年的某项目资金缺口超过一半，直接导致个别标准考量因素不够全面，这些偏差对全国空气污染治理支出的影响达数十亿美元。

其次，关注政策执行效果。由于美国的相关法案中不仅确立空气质量标准，还明确任务实现的时间表，所以美国审计署在审计过程中十分关注联邦政府（主要是环保局）和地方政府执行政策的效率和效果，有效发挥了审计的监督和推动的作用。如对不达标的州进行点名。1970年《清洁空气法修正案》要求各州在1977年必须达到国家环境空气质量标准的一级标准，审计署对各州完成任务情况进行持续的跟踪审计，并以审计长信函的形式对不达标州的相关情况、原因及建议进行报告和沟通。再如揭示行政程序的繁琐阻碍新知识应用问题。技术革新和发展对空气污染治理的影响至关重要。如在60年代和70年代中期人们认为二氧化硫的危害主要在于其气体状态，通过增加烟囱高度就可以减少对地面空气的负面影响。其后专家证实，在高空硫氧化合物更易形成硫酸盐，最终以酸雨形式降落到地面，对人类健康与动植物生长造成更大的损害。审计发现，将这一理论认识加入实际应用中出现了重大延误。根据清洁空气法的规定，州想要修改州执行计划必经过两次公众意见审核以及两级批准。这种双重保险制度虽然能够阻止州出台任何不利于空气质量的规定，却也同时阻碍了新知识与新技术在实际减排中的应用，最终造成行政审批过程与权力集中化重于实际效果的问题。

最后，关注新成立的环保局的运行情况。1970年国家环境保护局创立之前，环保职能一直分散在各个不同的部门之中。1954年艾森豪威尔总统曾试图由健康教育福利部部长牵头组建跨部门空气污染治理委员会。该委员会由农业部、国防部、内政部、原子能委员会、全国科学基金会以及健康教育福利部的代表组成，但因组织松散、职能不清，该委员会的作用相当有限。因此，具有独立机构、职能和最高环保决定权的环保局成立是尼克松政府系统性、全国性考虑环保问题的重要成果。审计报告高度肯定了它的价值：一方面避免了由于环保事项涉及领域复杂而产生的多头管理、多重审批问题，环保局的成立整合了以往内政部、农业部、健康教育福利部等部门相关职能，最大限度地减少了资源浪费，赋予其较高的规章制定权和监督执行权，也大大提高了环保政策的制定和执行效率；另一方面，推动了跨区域的联合治理。此前地方政府不愿行动的一个重要原因是空气污染的跨区域性，各州政府均不愿牺牲己方的经济利益。环保局通过在地方设立实验室和分支机构的方式深入了解地方环境污染情况，制定跨区域联合治理方案，加强了联邦、州与地方政府的分工合作。在肯定环保局工作成绩的同时，审计署在多份审计报告中都对环保局任务量过大、人力财力不足、处理问题能力极度透支的风险也作出警示。如环保局起草《清洁空气法》修正案时对新污染定义不准确引起执行困难，对空气污染影响研究不够使得空气质量标准制定出现偏差，同时协调处理各类污染的经验不够

丰富，对水和空气污染的严格要求造成了陆地污染的加剧等。

（二）英国大气质量战略审计[①]

1.英国大气质量战略背景。2000年1月，英国环境、运输与区域部（以下简称"环境部"）发布了《大气质量战略》。制定《大气质量战略》的目的是确定英国政府和相关部门未来5—10年改善本国大气质量的目标。《大气质量战略》主要由两个部分组成：大气质量标准和大气质量目标。大气质量标准是指英国政府确定的大气污染物安全浓度水平，确定大气质量标准不考虑达到该标准的成本和可行性。大气质量目标则是指政府在特定时点计划达到的污染物浓度目标，制定大气质量目标需考虑包括可行性和实现目标的成本在内的所有相关因素。在多数情况下，长期的大气质量目标和大气质量标准是一致的。

《大气质量战略》涉及8种污染物。该战略的核心是如何使各种污染物的排放达到具体目标，因此，战略涵盖了对国民经济各部门的相关政策。例如，对交通部门，战略不仅包括欧盟汽车尾气排放标准和燃油标准，还涉及地方政府交通管理部门的措施和交通规划。对于工业部门，相关的政策工具包括综合污染控制法规、环境管理标准和技术改进等。

2.大气质量战略审计内容与重点。2001年，英国审计署组织对《大气质量战略》进行了审计。这是一次不同寻常的审计，因为该审计项目关注的是政策制定阶段，而不是执行阶段。具体来说，这一项目审查了环境部在政策制定过程中以下几方面工作的情况：一是收集大气质量恶化对健康所产生影响方面的证据；二是评估制订和实现大气质量目标的备选方案；三是制订《大气质量战略》实施方案。因此，审计重点确定为对环境部的内部程序进行审查。

3.审计实施。审计工作主要包括以下三步：

（1）确定对环境政策制定进行评价的标准。审计参考了内阁办公室和政府首席科技顾问发布的指南，还借鉴了关于疯牛病的官方调查结果。疯牛病的官方调查结果对审计的帮助很大，因为英国政府没能妥善处理疯牛病疫情的一个重要原因就是农业部获取的专业建议未得到很好运用，有些建议甚至是错误的。在如何恰当地获取和使用专业证据方面，调查报告为审计提供了宝贵的经验。

（2）详细审查环境部所做的工作，主要包括以下三种形式：一是将环境部的工作与审计确定标准中所列原则进行比照。例如，是否从足够多的候选人中选择咨询专家？专家的建议是否经其他专家公开审议？二是评价环境部所做工

[①] 本案例摘自《国外审计资料》（总第54期）。

作的内在逻辑性。例如，是否遵循了最初设定的工作程序？所得出的结论是否确有证据支持？三是检查环境部的内部控制制度。例如，环境部如何验证专家提供的证据？如何进行结果测试？

（3）与环境部以外的其他主要单位进行商谈，并对涉及的所有主要部门进行调查。

4.主要发现。

首先，环境部制定的《大气质量战略》是基于当时所能获取的关于大气质量对健康影响方面最好的证据。然而，这些证据在某些领域存在局限，并且通常并不是决定性的证据。

其次，环境部对《大气质量战略》的成本—效益分析不够充分，由此制定的大气质量目标也有局限性。环境部成立了一个跨部门的成本—效益分析小组，专门进行成本—效益分析。尽管该小组认为大气质量改善会在健康等方面产生显著的效益，但无法确定所产生效益的货币价值，也无法估计其成本。

最后，审计认为，应认识到存在的不确定性并加强对它的控制。政策制定过程中的不确定性由很多因素引起，专业方面的不确定性是其中一个重要的影响因子，经济运行状态等会产生影响。环境政策的制定者需尽可能降低不确定性，但却不能将其完全消除。因此，政策制定者应审慎考虑不确定性对目标实现的影响，并针对可能出现的意外情况制订预案。政策制定者还需制定政策执行计划和对政策进行分析回顾的计划。

5.审计建议。针对上述审计发现，审计署提出如下建议：

第一，环境部应检查更新《大气质量战略》的依据并扩大专家组。许多用于支持大气质量标准的依据是在20世纪90年代早中期得出的。面对快速发展的科学领域，审计认为，随着时间推移，环境部有必要检查和更新这些依据。环境部还需要认真考虑如何将这项工作和欧盟实施的同类工作整合起来，因为越来越多的污染物限值是按照欧盟的标准设置的而不是成员国的标准。审计还建议，环境部应当扩展大气质量标准专家组的成员资格，不仅包括专门研究大气质量标准的专家，还应当包括非专业成员。

第二，审计强调，环境政策制定中的不确定性控制是非常重要的，政府机构必须制定计划来识别不确定性。健康方面的科学依据仍有许多重要空白需要填补，如二氧化氮等污染物对健康的慢性影响。这就意味着要预测大气质量改善对增强健康的精确影响是不可能的。

同样，改善大气质量的成本和效益也有许多不确定性。一个非常重要的问题是，改善大气质量的成本比效益更容易确定。这导致了一个很大的风险：不能对成本和效益进行公平地比较，由于成本相对易确定，得出的成本会比效

益高出许多。

第三，这次审计还强调了地方政府在执行该战略时的重要地位。考虑到对于一些地方政府，达到大气质量目标可能是有挑战性的，审计建议环境部对地方政府执行大气质量行动计划的情况进行监控，并检查地方政府在改善大气质量方面的成果。

6.审计产生的影响。英国的主要污染指标一直很不稳定，尽管市区呈长期下降趋势，且许多短期的变化是由天气变化引起的，然而在政策层面，已经取得了显著的进步，其中一些是审计所提建议引起的。

例如，大气质量标准专家组的成员得到了扩大，加入了一位非专业成员。环境部进行了多项新的研究项目，以改进《大气质量战略》的科学依据，包括：大气污染物对健康的影响，大气质量的健康效益量化，改进大气质量健康效益量化的方法，以及在设定大气质量目标时引入非货币因子等。

2003年，环境部更新了《大气质量战略》，对3种污染物提出了更加严格的目标，并增加了关于污染物多环芳烃的指标。

2004年，环境部资助了一个大型评价项目，对改善大气质量采取的各种政策措施进行评价。该评价项目主要关注从1990年起，两个最重要部门——电力部门和交通部门采取的政策。报告对《大气质量战略》做出了正面评价，并且总结道：两个部门的政策均引起了主要污染物排放的减少；政策在降低污染物对健康和环境影响方面产生了巨大效益；政策在实现减排目标时，是具备成本有效性的。

这次评价还总结道，至少对于交通部门来说，在国家层面上的努力已几乎没有更进一步提升的空间了，环境部把工作重心转向地方交通，将更有利于节约成本。

最后，在这次审计中，审计机关自身也获益匪浅——他们掌握了对政策制定进行评价的方法，获得了与其他研究领域相关的重要发现。此外，审计还可以继续关注《大气质量战略》，开展进一步的跟踪审计。

二、国内的大气环境审计案例

（一）W市大气污染防治审计调查

1.W市大气污染防治审计背景。近年来，W市启动了《环境保护和建设计划》，在大气环境治理方面出台了《关于进一步加大力度推进燃煤（重油）锅炉和窑炉清洁能源替代工作的实施意见》《关于推进落实高污染汽车淘汰及限行工作的实施意见》《关于本市推进农作物秸秆综合利用实施方案》等有关政

策规定。根据《环境保护和建设计划》，通过深化电力行业大气污染治理、继续推进燃煤锅炉和工业窑炉污染治理、深入推进机动车污染控制、加大城市扬尘治理力度、加强大气面源污染控制等，全面推进二氧化硫、氮氧化物、挥发性有机物（VOCs）、细颗粒物（PM2.5）等多种污染物的协同控制，加强区域污染联防联控，着力控制酸雨、灰霾、臭氧等大气污染问题。根据政策分工，市环保局负责本市大气污染防治项目的总体安排、统筹协调和监督管理，推进落实黄标车淘汰补贴资金审核工作；市发展改革委主要负责专项资金的分配及政策协调等工作；市经济信息化委主要负责本市清洁能源替代工作的推进和补贴资金审核工作；市农委负责本市农作物秸秆综合利用政策的推进和补贴资金审核工作；市公安局交通警察总队主要负责审核黄标车提前报废信息真实性。2011年至2013年，W市燃煤（重油）锅炉清洁能源替代补贴、黄标车淘汰补贴、农作物秸秆综合利用补贴3项用于大气污染防治的财政专项资金共计14.06亿元。

2.审计调查思路与方法。审计调查的目标是客观反映W市大气污染防治取得的效果，评估大气污染防治资金使用绩效，揭示大气环境保护管理体制机制方面存在的问题，从政策、制度等方面分析产生问题的原因，并提出改进建议，促进大气环境保护管理机制和制度的完善，改善W市环境空气质量，保障人民群众身体健康。

审计调查拟在全面掌握A市大气污染防治专项项目阶段性目标、资金安排及来源、各部门分工及职责、W市大气污染成因等基本情况的基础上，重点调查清洁能源替代及工业污染源监管情况、高污染汽车淘汰政策推进情况、农作物秸秆综合利用情况，以及扬尘污染的治理情况与防控措施等，重点对W市环保局、建设交通委、公安局、农委等有关政府部门履行监管职责情况展开审计调查。

3.审计调查的内容和重点。根据"全面审计，突出重点"的审计工作指导原则和审计准则开展审计调查工作，做到"由面到点，点面结合"，必要时现场取证，重点事项作相关延伸审计调查。在审计调查过程中，审计人员应当按照本次审计实施方案拟定的审计重点，结合抽查单位或事项的具体情况实施审计，审计中发现新情况及时沟通。实施过程中，审计人员应按照具体分工，相互配合，做到事项与资金相结合，注意面上情况和具体问题事项取证的完整，认真做好审计工作底稿，规范取证。充分利用计算机辅助审计，分析数据，找出疑点，提高审计效率。审计调查的主要内容和重点包括：

（1）摸清W市大气污染防治项目基本情况，审查有关政府部门是否制定了相关大气污染控制措施，措施是否及时落实。

（2）审查大气污染源监管情况。审查各级环保部门等政府主管部门对工业污染源的监管是否到位，是否存在污染源监管盲区，各级环境监测、监察机构是否建立有效协调机制，监管的体制机制是否建立健全，对超标尤其是多次超标企业是否按照规定进行处罚并督促其整改，建立长效管理机制；审查清洁能源替代工作推进情况，关注各级地方政府是否将应列入计划的锅炉和炉窑列入替代计划，是否按照替代计划的时间节点完成替代工作；审查大气污染源在线监测网络是否运转有效，关注安装在线监测设备的企业是否按照规定对在线监测设备进行维护保养，环保监管部门是否按照规定定期对企业在线监测设备进行检查、校对，环保监管部门对未按规定维护在线监测设备造成数据异常的企业、多次数据比对均不合格的企业是否及时进行监督检查。

（3）审查大气污染防治政策执行情况。审查黄标车淘汰补贴政策执行情况，关注黄标车淘汰补贴的真实性，关注报废黄标车的回收、拆解、废弃物处理过程中是否产生二次污染，关注是否存在监管漏洞导致淘汰的黄标车重新流入市场继续污染环境的情况；审查扬尘污染防治措施的落实情况，现场抽查部分施工工地、搅拌站等，检查有关控制措施是否到位，重点关注是否采取设置围挡墙、防尘网和喷洒抑尘剂等有效的防尘、抑尘措施，防止颗粒物逸散；审查农作物秸秆综合利用政策执行情况，关注农作物秸秆等农业废弃物是否及时、妥善收集处理并采取粉碎后就地还田、资源化利用措施减少露天焚烧，是否存在虚报还田面积和综合利用量套取补贴资金的情况，是否存在影响秸秆资源化利用的体制、机制障碍。

（4）审查大气污染防治财政资金使用、管理和绩效情况。一是检查专项资金的拨付情况；二是检查资金的效益情况。

4.审计建议与影响。审计调查在客观评价A市在加大政策支持力度和专项资金投入，推进大气污染防治工作方面取得成效的同时，揭示了存在的一些问题。一是燃煤锅炉清洁能源替代计划数量不完整，对一般污染排放企业的监管存在薄弱环节。存在一些地方政府未按照实际燃煤锅炉数据制定清洁能源替代计划，对二氧化硫排放浓度超标的锅炉未明确清洁能源替代的时间节点要求，对废气污染源企业的监测次数未达到规定要求的情况。二是农作物秸秆综合利用政策执行不到位。存在秸秆机械化还田率偏高，而用于有机肥加工、食用菌培养基料、饲料、燃料棒等其他综合利用率偏低，影响政策效果的情况。三是部分黄标车淘汰财政补贴政策执行不严。存在对未按规定进行年检的黄标车进行补贴的情况。四是有关主管部门缺乏协调机制，码头堆场和露天仓库等扬尘污染防治工作缺少有效监管。

审计调查提出了有关部门应研究对一般废气污染源加强监管的制度、政

策和办法，完善相关监管机制，提高废气污染源有效监管的覆盖面；有关部门应进一步完善农作物秸秆综合利用政策，拓宽秸秆资源化综合利用渠道；有关部门应切实履行各自的监管责任，加强对码头堆场、露天仓库等扬尘场所的监管，加大联合执法检查力度，有效减少扬尘污染等审计建议。

审计调查结果引起了政府主要领导的高度重视，作出了重要批示。有关部门针对审计发现问题和审计建议认真研究完善政策制度，积极整改。

（二）某市F区大气环境审计

1.案例背景。2017年11月，环保部发布京津冀大气污染传输通道城市2017年10—11月环境空气质量状况，对京津冀大气污染传输通道城市2017年秋冬季以来细颗粒物（$PM_{2.5}$）改善情况进行排名。其中JN市距离改善目标还有一定差距，其中F区在市辖各县区环境空气质量排名中，常常靠后。为此，该区制定了《JN市F区落实〈山东省2013—2020年大气污染防治规划二期行动计划（2016—2017年）〉实施方案》《F区落实京津冀及周边地区2018—2019年秋冬季大气污染综合治理攻坚行动方案实施方案》等文件，2018年修订《F区重污染天气应急预案》。JN市F区设有2个大气质量监测国控站点。2018年11月，JN市政府召开了大气污染防治约谈会，针对F区2018年1—9月未完成PM_{10}改善目标任务，提出严厉批评。

2019年初，审计机关对F区区长进行自然资源资产任中审计，选取大气污染防治情况作为审计的重点环境要素。

2.审计的内容与重点。审计的主要内容涉及两个方面：一是大气污染防治情况；二是自然资源资产和生态环境保护相关资金征管用和项目建设运行情况。

（1）大气污染防治情况，包括：

①基本情况。摸清被审计领导干部任期内所在地区大气环境质量变化的基本情况，检查领导干部任职前后区域内空气质量、大气主要污染物的变化情况。

②遵守相关政策和法律法规情况。检查被审计领导干部所在地区是否建立健全大气污染防治监测和考核体系，是否按照国家空气监测网设置方案的要求逐步开展城市空气质量监测点位的能力建设；是否将大气污染防治工作纳入地方政府绩效考核目标，考核内容是否全面，是否依据考核结果实施问责。

③约束性指标和目标责任制完成情况。检查被审计领导干部任期内所在地区主要大气污染物（二氧化硫、氮氧化物）排放总量削减任务完成情况，细颗粒物PM10和PM2.5年均浓度、空气质量指数（AFI）达到优良天数比例、重

度及以上污染天数比例等指标完成情况。

④履行大气环境保护监督责任情况。检查被审计领导干部任期内所在地区对建设项目是否严格履行环境影响评价制度,有无新、改、扩建项目未履行环境影响评价手续,未经环境保护"三同时"验收等问题;是否开展经常性监督检查,是否存在对超标排放或偷排偷放行为以罚代法甚至放任不管等问题;对破坏大气环境的问题是否依法依规处理,有无因对大气污染问题督查不力、责任落实不到位、预警机制不健全、处置不当等,造成空气质量明显恶化等重大典型问题。

(2)自然资源资产和生态环境保护相关资金征管用和项目建设运行情况,包括:

①相关资金征收管理情况。审查水资源费(税)、排污费(税)是否足额征收,有无违规少征、减免、缓征、降低标准征收或返还等问题,特别是F区区长直接决策导致的问题。

②资金投入使用和绩效情况。2017年1月至2018年12月,JN市F区自然资源开发利用管理和环境保护资金投入主要来源是中央和省级专项资金。抽查高标准建设项目资金管理使用情况,查看是否存在因项目推进缓慢、资金未如期发挥效益问题。

③重点项目建设运营情况。重点审查2016—2017年度长江防护林项目、"煤改气""煤改电"项目等有关情况。审查项目建设审批手续是否完备,是否严格按照批复的总体规划、实施方案或初步设计确定的建设内容建设;项目建设管理运行是否合规,有无领导干部利用职权插手或干预工程建设、物资采购等问题;项目建成后管护是否到位,是否存在完工项目闲置或设施严重损毁、无法正常运行带来工程隐患、环境污染及其他后续管护等问题。

3. 审计发现的问题。

(1)部分空气质量改善目标未完成。《JN市F区落实〈京津冀及周边地区2017年大气污染防治工作方案〉实施方案》要求,2017年可吸入颗粒物(PM_{10})年均浓度降到121 μg/m³,空气质量优良天数183天,但2017年实际PM_{10}年均浓度为135 μg/m³,空气质量优良天数164天,未达到目标要求。

(2)个别新建项目未办理环境影响评价手续。抽查JN市F区2016—2018年新开工重点建设项目发现,2016年实施的龙田电商产业园项目、2017年实施的JN市猪八戒文创产业园,未履行环境评价手续。不符合《建设项目环境保护管理条例》第九条"建设单位应当在建设项目可行性研究阶段报批建设项目环境影响报告书、环境影响报告表或者环境影响登记表"的规定。

(3)"煤改气""煤改电"项目资金问题。一是财政补贴不到位。2017年

项目应支付使用补贴2000多万元，2018年项目使用补贴近1000万元均未到位，不符合《JN市冬季清洁采暖气代煤电代煤工程实施方案》第四条"财政及价格支持政策"的有关要求。二是"煤改气"项目形成拖欠1000多万元。2017年和2018年"煤改气"项目与相关承包公司签订合同，约定一个采暖期后无质量问题付至合同额95%，质保期后付清，但截至审计日形成拖欠近1000多万元。

4.审计的影响。对F区区长的自然资源资产离任审计中，抓住F区大气环境治理的"短板"，从大气污染及治理、大气保护成本与效益、大气污染防治专项资金使用等方面入手，以问题为导向，对涉及大气污染防治的环保局、发改局、经信局、公安分局、交通运输局、市场监管局、财政局等多个区里职能部门进行了审计，发现存在职能交叉、督办不力等问题，为区长开展下一步工作提供建议，采取更积极措施改善大气环境污染状况。通过对审计实施前后的空气中主要污染物浓度的对比发现，$PM_{2.5}$、PM_{10}、SO_2、CO、NO_2、O_3等污染物的年均浓度呈下降趋势，一定程度上说明了审计的效果。

▶▶ 本章讨论问题

1. 何为大气污染和大气污染源？
2. 主要的大气污染物质有哪些？
3. 我国大气功能分哪些类别？
4. 我国有哪些大气管理监督制度？
5. 大气环境审计的主要内容有哪些？
6. 常用的大气环境审计方法有哪些？
7. 美国雾霾审计的主要目标是什么？

▶▶ 本章参考文献

［1］《环境科学大辞典》编委会.环境科学大辞典（修订版）［M］.中国环境科学出版社，2008.

［2］叶文虎.环境管理学［M］.高等教育出版社，2000.

［3］吴忠标，李伟，王莉红.城市大气环境概论［M］.化学工业出版社，2003.

第六章 土地资源审计

◆ 内容提示

土地资源指可供农、林、牧业或其它的土地，是人类生存的基本资料和劳动对象，在其利用过程中，可能需要采取不同类别和不同程度的改造措施。土地资源具有一定的时空性，即在不同地区和不同历史时期的技术经济条件下，所包含的内容可能不一致。土地资源是我们赖以生存的自然资源。在我国土地资源开发利用过程中，出现了很多破坏生态环境的不良现象，影响了土地资源的可持续发展。审计作为政府监督的重要手段，可用于土地资源的治理中。本章首先介绍了土地资源的相关概念和土地资源管理的相关制度法规，在此基础上讨论了土地资源审计的内容及方法，最后通过案例具体介绍土地资源审计的实施经验。

◆ 引导性案例

我国国土资源领域案例频发，如何加强对国土资源的监管，促进其规范管理，依法经营，已成为土地资源专项审计工作的当务之急。陕西省审计厅高度重视，对某市本级（含1个行政区、2个经济开发区）2006年度国有土地使用权出让金征收、管理和使用情况进行了就地审计。审计查出违规减免土地出让金4306万元，截留、坐支、挪用应缴财政土地出让金16802万元，低价出让土地、少收土地出让金5735万元等诸多违纪违规问题，关联单位部门几十个。省厅适时移交省国土资源厅、某市人民政府处理，促进了国有土地出让金及时、足额征收，该审计项目被评为全省优秀审计项目[①]。

---

① 陕西省审计厅农业与资源环保审计处："国土资源审计的基本做法和经验"，《现代审计与经济》2009年第3期，第27页。

◆ 问题思考

国土资源审计的重要性何在？在实际工作中如何开展国土资源审计？

第一节　土地资源相关概念

一、土地资源分类

土地资源是指已经被人类所利用和可预见的未来能被人类利用的土地。土地资源既包括自然范畴，即土地的自然属性，也包括经济范畴，即土地的社会属性，是人类的生产资料和劳动对象。

土地资源的分类有多种方法，在中国较普遍的是采用地形分类和土地利用类型分类。

按地形，土地资源可分为高原、山地、丘陵、平原、盆地。这种分类展示了土地利用的自然基础。一般而言，山地宜发展林牧业，平原、盆地宜发展耕作业。

按土地利用类型，土地资源可分为已利用土地耕地、林地、草地、工矿交通居民点用地等；宜开发利用土地、宜垦荒地、宜林荒地、宜牧荒地、沼泽滩涂水域等；暂时难利用土地造戈壁、沙漠、高寒山地等。这种分类着眼于土地的开发、利用，着重研究土地利用所带来的社会效益、经济效益和生态环境效益。评价已利用土地资源的方式、生产潜力，调查分析宜利用土地资源的数量、质量、分布以及进一步开发利用的方向、途径，查明暂不能利用土地资源的数量、分布，探讨今后改造利用的可能性，为深入挖掘土地资源的生产潜力，合理安排生产布局，提供基本的科学依据。

由于中国自然条件复杂，土地资源类型多样，经过几千年的开发利用，逐步形成了现今的各种土地利用类型。土地资源利用类型一般分为耕地、林地、牧地、水域、城镇居民用地、交通用地、其他用地（渠道、工矿、盐场等）以及冰川和永久积雪、石山、高寒荒漠、戈壁沙漠等。按《世界资源，1983》中的可比资料，中国与世界其他国土规模较大的国家相比，农业用地比重偏小。

从土地利用类型的组合看，中国东南部与西北部差异显著。其界线大致北起大兴安岭，向西经河套平原、鄂尔多斯高原中部、宁夏盐池同心地区，再延伸到景泰、永登、湟水谷地，转向青藏高原东南缘。东南部是全国耕地、林地、淡水湖泊、外流水系等的集中分布区，耕地约占全国的90%，土地垦殖指

数较高，西北部以牧业用地为主，80%的草地分布在西北半干旱、干旱地区，垦殖指数低。

二、土地资源的特征

在市场经济条件下，土地资源呈现出超越于自然属性的不同特征。

（一）土地资源的生产性

土地资源具有生产力，即可以生产出人类某种需要的植物产品和动物产品，这是土地资源的本质属性之一，也是区别于土壤资源的重要标志，因为后者的本质是具有肥力，而不是生产力。土地生产力按其性质可分为自然生产力和劳动生产力。前者是自然形成的，即土地具有生长植物的基本特性，是它原先就具备了的，而后者是施加人工影响而产生的。土地生产力的高低，即能生产什么，生产多少，或者说提供什么样的产品，提供多少，也主要取决于上述两方面的生产力。土地一旦失去生产力，也就不成其为资源。

（二）土地资源的稀缺性

稀缺性是指可供使用的资源不是取之不尽、用之不竭的。土地资源的稀缺性既是相对的，又是绝对的。因为，一方面相对人类希求土地资源的欲望来说，资源是稀缺的；另一方面，无论何时、何地，人类总是绝对地面临着资源稀缺的问题。这种稀缺不仅表现为不同用途的土地资源数量的稀缺，而且也表现为不同地区土地资源的相对稀缺。土地资源在总体上属再生性资源，本质上是土地资源的供给与需求之间，产出与消费之间的匹配、和谐问题，它表现为相对稀缺性。稀缺性是土地资源的又一本质属性。

（三）土地资源的可选择性

可选择性是指在土地资源的多种用途中，人类可以选择能使效益最大化的用途，以达到地尽其用。土地资源评价中的匹配，就是指土地利用方式与土地的多宜性被相互选择的过程。一般来说，土地资源趋向于选择那些收益最高的用途。每当不同土地利用方式的有效需求发生变化，土地用途也随之转移。除非这种转移为制度所不容许，或者有相反的目标，或个人反应迟钝。城镇的出现是土地资源可选择性的生动例证。一些大城市的中心商业区，很久以前还曾是一片荒野。农业结构调整也是土地资源具有可选择性的典型例子，一些长期种植粮食作物的土地，可转而开垦成果园。土地资源的可选择性表明土地资源可优化配置。人类必须以科学的态度，去探究、查明、诊断、监

测、仲裁土地资源的最佳用途，以保证当代及后代的生产与生活对土地资源的需求。

（四）土地资源与土地资产的相互关系

土地资源是从地球环境中不断分离出来的、支持人类生存和发展的基本物质和能量。其中"资"表示土地对人类"有用""有价值"，"源"指土地是人类生产资料和生活资料的来源。土地作为一种资源，是土地的物质和能量对人类社会需求的不可替代的重要性所决定的，因而是永恒的，第一位的，是土地的本质属性。土地资源既有自然属性，也有经济属性。土地资源的生产性是它的自然属性，土地资源的使用价值是它的经济属性。

（五）土地资源与土地资本的相互关系

土地资源转化为土地资本的标志：一是地租、二是利润。因为，地租和利润是土地所有权和资本所有权在经济上的实现形式。地租体现了土地的租赁关系，表现为土地所有权的收益；利润体现了投资关系，表现为资本所有权的收益。

土地资源和土地资本是密切联系在一起的。在资本主义经济中，土地资源有的属于私人所有，而一般是属于国家所有，因为按其资本性的要求是实现国家土地所有制；还因为领土、领空、领海权是被国际公约所公认的国家主权的表现。土地资本一般表现为资本主义土地所有者的资本。资产阶级国家为扫除资本主义发展障碍，消灭封建地主土地所有制以后，确立资本对农业的统治，将封建土地所有制变为资本主义土地所有制。它体现了土地所有者、农业资本家和农业工人的经济关系。由于资本主义生产是最发达的商品生产。随着商品形式的普遍化，一切商品、一切生产要素、一切财富要素，都表现为商品、货币、资本等价值形态，人们自然也把土地资源视为土地资本。

三、我国土地资源利用现状

我国国土总面积为960万平方千米，仅次于俄罗斯和加拿大，居世界第三位，但人均占有的土地面积只有世界人均数的29%。土地资源总量多、人均占有量少、优质耕地少、耕地后备资源少的"一多三少"格局是我国土地资源的基本特点。耕地和林地少、难利用土地多、后备土地资源不足等问题使人口与土地资源矛盾十分突出。尤其是耕地资源严重匮乏，成为社会经济发展长期面临的限制性因素。下面以2008年的土地变更调查数据为例，分析中国目前土地利用的大致状况。农用地占较大比例，约占全国土地总面积的69.1%，建设用地规模较小，仅占3.47%，而未利用的土地占到了近1/3的面积，约为

27.43%，农用地仍然是中国土地利用的主要方式。

各省（区、市）的土地利用均以农用地为主，但不同省（区、市）的建设用地比例差异较大。其中，北京、天津、上海、江苏和山东五省（市）的建设用地占到了15%以上，尤其是上海和天津的建设用地比例已经超过了30%。而内蒙古、西藏、青海和新疆的建设用地不足土地总面积的2%，尤其是西藏、青海和新疆建设用地所占比例不足1%。西藏、甘肃、青海、新疆的未利用地比例占到了30%以上，尤其是新疆的未利用地比例达到了60%以上。可见农用地为主是全国各省（区、市）土地利用的主要特征，也是符合中国国情的土地利用方式。经济比较发达和人口密度大的地区建设用地比例比较高。各省（区、市）仍有一定数量的未利用地，经济发展较慢和地形较复杂的地区未利用地数量较多。

根据国土资源部的数据，2008年全国建设占用耕地、生态退耕、灾毁耕地和农业结构调整四项共减少耕地24.89万平方千米。2008年各省（区、市）耕地在农用地中所占比例最大的是江苏，约占农用地总面积的70.91%，其次是上海，耕地大约占到农用地的66.39%，再次是天津、安徽、山东和河南等几个省（市）的耕地占农用地的比例也都在50%以上。耕地面积所占比例最小的是西藏，仅为0.47%左右，青海的耕地也仅占到农用地的1.24%。

由上述分析可见，我国目前土地利用方式是以农用地尤其是耕地为主，经济发达和人口众多省（区、市）的建设用地比例较高，全国范围内各省区均有一定数量的未利用土地。

第二节 土地资源管理制度与法规

一、土地的管理体制与机构

中国目前的土地管理体系，是以土地管理部门为主，结合相关土地利用规划部门，共同对土地资源实行管理。

根据《中华人民共和国土地管理法》"总则"中的规定，国务院自然资源主管部门统一负责全国土地的管理和监督工作。县级以上地方人民政府自然资源主管部门的设置及其职责，由省、自治区、直辖市人民政府根据国务院有关规定确定。任何单位和个人都有遵守土地管理法律、法规的义务，并有权对违反土地管理法律、法规的行为提出检举和控告。

根据第十一届全国人民代表大会第一次会议批准的国务院机构改革方案

和《国务院关于机构设置的通知》(国发〔2008〕11号),设立国土资源部,为国务院组成部门。国土资源部管理国家海洋局、国家测绘地理信息局、国家土地督察局、中国地质调查局。2018年3月,根据第十三届全国人民代表大会第一次会议批准的国务院机构改革方案,将国土资源部的职责整合,组建中华人民共和国自然资源部。国务院自然资源主管部门统一负责全国土地的管理和监督工作。

二、土地管理内容

《中华人民共和国土地管理法》是为了加强土地管理,维护土地的社会主义公有制,保护、开发土地资源,合理利用土地,切实保护耕地,促进社会经济的可持续发展而制定。

我国土地管理的内容主要有以下几个方面:(1)地籍管理,包括土地利用现状调查、地籍调查、土地利用动态监测、土地登记、土地统计、土地权属管理和地籍档案管理等内容。其中心内容是弄清土地家底和土地权属,为土地管理各项工作提供基础资料和科学依据。(2)土地利用管理,包括土地利用规划和土地利用计划管理,以及土地开发、复垦、整治和保护管理。其根本任务是合理组织土地利用,实施土地用途管制和建设用地总量控制,保证耕地面积总量平衡,实现土地宏观控制和微观管理。土地利用管理是土地管理的核心和目标。(3)建设用地管理,包括农地转用审批和各类建设用地审批管理,各类建设临时用地管理、征用土地管理,建设用地指标管理等。(4)土地市场管理,包括基准地价、标定地价评测、土地估价机构和土地估价人员从业资格审核和确认,土地价格评估和确认,土地分等定级,土地使用权出让、出租、抵押、作价出资和土地收购管理,农村集体非农土地使用权流转管理,国有土地划拨使用目录的制定与实施管理等。(5)耕地保护管理,包括基本农田保护区管理,耕地总量控制管理、耕地占补平衡管理、闲置、荒芜耕地管理、建设占用耕地管理、耕地质量和环境保护管理、农地整理等。(6)土地法制管理,包括土地法规的制定与实施管理、土地执法监察、土地违法案件的查处,以及土地法规贯彻执行情况的监督检查等。(7)土地科技教育管理,包括运用现代科学技术和教育手段促进土地管理事业发展,以及进行土地方面的国际交流与合作等。

三、土地监督管理制度

土地监督管理制度即"土地管理",是国家对土地权属、地籍、土地利用、土地市场和土地税费等在宏观上进行管理、监督和调控的制度、机构和手

段的总称。我国的土地管理制度主要内容有地籍管理、土地权属管理和土地利用管理，如：土地的权利归属制度、国有土地有偿使用制度、土地用途管制制度、土地调查制度、土地统计制度和国家实行保护耕地制度；除了这些管理制度外，土地管理制度还包含土地抵押登记制度、土地招拍挂制度、自然保护区土地管理制度等。

（一）土地的权利归属制度

中华人民共和国实行土地的社会主义公有制，即全民所有制和劳动群众集体所有制。全民所有，即土地所有权由国家代表全体人民行使，具体由国务院代表国家行使，用地单位和个人只有使用权；农民集体所有的土地依法属于村农民集体所有，由村集体经济组织或者村民委员会经营、管理；其中已经分别属于村内两个以上农村集体经济组织的农民集体所有的，由村内各该农村集体经济组织或者村民小组经营、管理；已经属于乡（镇）农民集体所有的，由乡（镇）农村集体经济组织经营、管理。

（二）国有土地有偿使用制度

国有土地有偿使用是国家将一定时期内的土地使用权提供给单位和个人使用，而土地使用者按照土地有偿使用合同的规定，一次或分年度向国家缴纳土地有偿使用费的行为。土地有偿使用的方式包括：国有土地使用权出让，国有土地租赁，国有土地使用权作价出资或者入股。土地使用权再转让时，也必须按有偿的原则依法进行，其主要形式为土地使用权的有偿出让和转让。中国国有土地有偿使用的形式有三种：一是国有土地使用权出让；二是国有土地租赁；三是国有土地使用权作价入股，可以依法转让、出租和抵押。实行土地有偿使用，开放地产市场，是中国土地使用制度改革的核心。

（三）土地用途管制制度

土地用途管制制度，指的是由土地主管部门经过调查研究，用科学的方法遵循科学的规律来规划土地的用途；把区域内的土地划分为各种使用区，再把使用区的土地逐一编定为各种使用地，并把这种划分确定在按照严格的法律程序编制的土地利用规划中，要求土地的所有者、使用者严格按确定的用途和条件使用土地的一种制度。例如，在土地利用总体规划制定前已建的不符合土地利用总体规划确定的建筑物、构建物，不得重建、扩建。

（四）土地调查制度

土地调查是一项重大的国情国力调查，为此，国家花费了大量的人力、

物力和财力。耗费如此之大的土地调查所取得的成果，应当广泛予以应用。土地调查制度是根据《中华人民共和国土地管理法》和《中华人民共和国统计法》来制定的，旨在为了科学、有效地组织实施土地调查，保障土地调查数据的真实性、准确性和及时性。

（五）土地统计制度

土地统计制度是国家为了认识和掌握土地资源状况及其变化规律，贯彻土地基本国策，制定有关土地政策，实现土地科学管理而依法建立的统计制度。我国现行的土地统计制度是国家统计制度的重要组成部分，是依据《统计法》和《土地管理法》以及其他有关行政规章制定的。土地统计制度包括对土地进行统计的有关规定、办法，土地统计调查制度，土地统计信息整理分析制度，土地统计信息咨询服务制度，土地利用变更调查与动态监测制度，土地统计培训制度，土地统计人员岗位责任制度，以及土地统计信息现代化管理建设等。

（六）保护耕地制度

根据《中华人民共和国土地管理法》《中华人民共和国土地管理法实施条例》《基本农田保护条例》等法律、法规，当前法律规定的耕地保护制度主要有以下几个方面：

1.土地用途管制制度。国家编制土地利用总体规划，规定土地用途，将土地分为农用地、建设用地和未利用地。严格限制农用地转为建设用地，控制建设用地总量，对耕地实行特殊保护。

2.耕地总量动态平衡制度。省、自治区、直辖市人民政府应当严格执行土地利用总体规划和年度土地利用计划，采取措施，确保本行政区域内耕地不知减少；耕地总量减少的，由国务院责令在规定期限内组织开垦与所减少耕地的数量与质量相当的耕地，并由国务院土地行政主管部门会同农业行政主管部门验收。个别省、自治区、直辖市确因土地后备资源匮乏，新增建设用地后，新开垦耕地数量不足以补偿所占用耕地的数量的，必须报经国务院批准减免本行政区域内开垦耕地的数量，进行易地开垦。

3.具体措施有：（1）实行土地用途管制制度，严格控制耕地转为非耕地，控制建设用地占用耕地总量。（2）实行占用耕地补偿制度，非农业建设经批准占用耕地的度，按照"占多少、垦多少"的原则，由占用耕地的单位负责开垦与所占用耕地的数量和质量相当的耕地；没有条件开垦或者开垦的耕地不符合要求的，应当按照省、自治区、直辖市的规定缴纳耕地开垦费，专款用于开

垦新的耕地。(3)禁止任何单位和个人闲置、荒芜耕地。禁止在基本农田中挖塘养鱼或发展林果业。(4)非农业建设占用基本农田的,应当报国务院审批。

(七)土地抵押登记制度

1.土地抵押权的概念。在我国,土地抵押是指在法律允许的范围内,土地使用权人将土地使用权作为债务的担保,当债务人不偿还其债务时,债务人有权根据抵押合同来处理抵押土地的使用权。

2.利用土地抵押登记制度,可以充分发挥它在国民经济中的杠杆作用,严格限制土地用途和土地性质的改变。

四、土地招拍挂制度

土地招拍挂制度是指我国国有土地使用权的出让管理制度。我国国有土地使用权出让方式有四种:招标、拍卖、挂牌和协议。《土地法》及国土资源部相关的部门规章规定,对于经营性用地必须通过招标、拍卖或挂牌等方式向社会公开出让国有土地。其含义是指经营性用地必须通过上述方式出让土地。统称为"招拍挂制度"。经营性土地使用权招标拍卖作为经营城市土地、规范土地市场秩序的重中之重,理论上可以是从源头上防止土地批租领域腐败的重要举措,也是提高经营城市土地水平、改善投资环境的根本性措施,比协议出让有着明显优势,让土地以更公平、更合理的价格出让,减少人为干扰因素,遏制腐败产生。

一套科学、合理、完善的土地招拍挂制度是在一定制度上可以终结靠关系"暗箱操作"的协议供地方式,进入一个土地供应公开交易的新时代。正因此,有人称土地招标拍卖挂牌出让制度的颁布、实施为中国新的"土地革命"。

招拍挂制度的优点是:(1)土地使用权实行招标拍卖挂牌,防止和避免了腐败行为的产生。土地使用不公开,难免掺杂着"幕后交易",一些掌管土地使用权的部门为了个人或小集团利益,往往会借机敛财,肥了个人,害了国家,直接导致国有资产流失。(2)土地使用权实行招标拍卖挂牌,有利于房地产市场的健康发展。土地实行公开招标拍卖挂牌,减少了诸多的中间环节,使倒买倒卖土地的空间大为减小。(3)土地使用权实行招标拍卖挂牌,有利于土地使用权"招拍挂"出让,有利于房地产分离,提高土地开发效率。"招拍挂"的土地供应方式,有利于土地的合理利用和整体规划。由于实施了土地的储备制度,政府将逐步把生地转化为熟地后再进行"招拍挂"。比如,拆迁问题已妥善得到解决,土地的开发工作也已经基本完成,周边的市政建设将逐步

完善，水、电、煤等市政都有计划地分配到位，开发商只要按规划要求作好设计图纸并得到许可后就可顺利开工了，可以专心提高建筑品质和服务，大大缩短了房地产开发周期，有效地控制了开发成本。因此房地产开发土地利用的高效率也成为必然。（4）土地使用权实行招标拍卖挂牌，有利于土地市场公平竞争。土地既然可以公开拍卖，所有房地产商都可以通过竞买的方式取得土地使用权，不分内资企业还是外资企业，一律通过竞拍的方式，大家站在同一起跑线上，进一步体现了优胜劣汰的市场法则。（5）土地使用权实行招标拍卖挂牌，有利于开发商综合实力提高。公开"招拍挂"意味着房地产开发商机会均等，只要有足够的资金和雄厚的经济实力，就能在竞争中取胜。中小开发商必需适应新的规划，将投标要求研究透彻，根据自己实际情况量力而行，这样才有希望在市场上占据一席之地，提升开发能力。综合实力较强的开发商会获得较大的机会而得到逐步发展，没有实力的开发商在一次次竞争中落败，将逐渐淡出市场，这会导致房地产市场的重新"洗牌"。（6）土地使用权实行招标拍卖挂牌，能够更加合理地体现土地使用价值。政府必须对土地进行正确的评估，采用合理的招标办法，公正地评出中标单位，开发出符合市场要求的优秀建筑，更好地体现土地使用价值。

招拍挂制度的以上优点，是假设该制度本身高度完善，有严格、合理的操作流程和实施细则，并有良好的政治、法律环境和人文基础。反之，在政府职能、社会道德、法律制度和监督制度等、社会政治制度和市场经济制度不配套的情况下，孤军推进市场体制和产权制度改革，不但不能从根本上解决传统体制或制度的效率问题，而且会带来新的更为严重的社会正义问题。

五、自然保护区土地管理制度

自然保护区土地管理制度是为了加强自然保护区的建设和管理，保护自然环境和自然资源而制定的。

自然保护区分为国家级自然保护区和地方级自然保护区。在国内外有典型意义、在科学上有重大国际影响或者有特殊科学研究价值的自然保护区，被列为国家级自然保护区。除被列为国家级自然保护区的外，其他具有典型意义或者重要科学研究价值的自然保护区被列为地方级自然保护区。地方级自然保护区可以分级管理，具体办法由国务院有关自然保护区行政主管部门或者省、自治区、直辖市人民政府根据实际情况规定，报国务院环境保护行政主管部门备案。自然保护区的具体措施包括以下几点：（1）禁止在自然保护区内进行砍伐、放牧、狩猎、捕捞、采药、开垦、烧荒、开矿、采石、挖沙等活动，但法律、行政法规另有规定的除外。（2）禁止在自然保护区的缓冲区内开展旅游和

生产经营活动。因教学科研需要进入该缓冲区进行工作的，须经保护区管理机构批准。（3）在自然保护区的核心区和缓冲区内，不得建设任何生产设施。在自然保护区的实验区内，不得建设污染环境、破坏环境或者景观的生产设施。（4）在国家级自然保护区的实验区和地方级自然保护区的实验区经批准开展旅游、参观活动的，应当服从自然保护区管理机构的管理。（5）外国人进入地方级自然保护区的，接待单位应事先报经省、自治区、直辖市人民政府有关自然保护区行政主管部门批准，外国人进入国家级自然保护区的，接待单位应报经国务院有关自然保护区行政主管部门批准。

自然保护区的范围和界线在获得政府批准以后，保护区管理部门可以设置界标。在未被原批准政府决定改变自然保护区范围和界线的情况下，任何个人或单位不得擅自移动自然保护区的界标。若要改变用途，须事先征求环境保护及有关自然保护区行政主管部门的意见，由县级以上人民政府土地管理行政主管部门审查，报县级以上人民政府批准。因自然保护区建设和其他特别需要在自然保护区内及外围保护地带修筑有关建设项目时，必须编制环境影响报告书（表），并按照有关法规规定的程序，报环境保护行政主管部门审批；建设项目用地，应当向县级以上地方人民政府土地管理行政主管部门提出申请，依法办理用地审批手续。不得在自然保护区的核心区和缓冲区建设任何生产设施。

六、土地税收制度

土地税收制度即"土地税制"，是国家制定的土地税收法令和土地税征收办法的总称，是国家向纳税单位和个人征收土地税的法律依据和工作规范，主要由征税对象、纳税人、税率、减免税、纳税期限、征收形式和违章处理等内容组成。

我国现行的土地税种包括：（1）农业税，是国家向一切从事农林牧渔生产取得收入的单位和个人征收的一种税，从2005年开始已经在各地逐渐取消；（2）耕地占用税，是国家对占用耕地建房或者从事其他非农业建设的单位和个人征收的一种税；（3）城镇土地使用税，是国家在城市、县城、建制镇和工矿区范围内，对拥有城镇土地使用权的单位和个人，以其实际占有的土地面积为计税依据，按照规定的税额计算征收的一种税；（4）土地增值税，是对国家有偿转让国有土地使用权、地上建筑物及其他附着物产权并取得增值收益的单位和个人征收的一种税；（5）契税，是以产权发生转移、变动的不动产为征税对象，向产权承受人征收的一种财产税。

其中，农业税、城镇土地使用税是在土地保有过程中征收的，耕地占用

税、土地增值税、契税是在土地流转过程中征收的；但其中，土地增值税是存在于土地二级市场中，是在土地使用权转让过程中征收的。所以，在土地供给中征收的税种为耕地占用税和契税。

耕地占用税是在土地供给中，在增量土地供给时产生的一种税，自1987年4月起开始征收。但由土地供给产生的耕地占用税只是耕地占用税收入的一部分，所有占用耕地建房或从事非农建设的行为都要缴纳耕地占用税，包括农村居民占用耕地建房等。

契税是在土地、房屋产权发生转移时，对产权承受人征收的一种税，自新中国成立之后一直征收。但由土地供给所产生的契税只是契税收入的一部分，在所有土地使用权的出让、转让，房屋的买卖、赠与、交换中都要缴纳契税。

第三节 土地资源审计内容与方法

一、我国土地资源审计的现状

土地制度和管理体系是与国家治理现代化紧密相关的重大领域。土地资源审计应全面、客观、深入认识我国当前土地资源领域及关联领域的现状，理性、公正看待当前土地制度和管理体系的改革措施。当前土地资源审计主要内容是，全面摸清我国土地资源收入与支出状况，了解土地资源领域及关联领域存在的问题，形成对土地资源领域的整体性认识，推动土地资源更公平服务于全体人民。

2014年首次进行了全国性土地管理工作审计，其中土地出让金的问题最为民众所关注，大审计被寄予医治地方"土地财政"的期望。此次土地管理利用情况专项审计是由国务院牵头，审计范围一直下到县级，主要针对2008年至2013年五年内的土地出让金收支、土地征收、储备、供应、整治、耕地保护及土地执法情况进行审计，所涉机关包括财政、国土资源、住建、发改委、林业、农业等在内的多个系统。其中，土地规划管理的审计主要包括，执行土地利用总体规划和城市总体规划不严格、土地规划与城市规划衔接不到位的问题，其中主要是违反规划审批土地。而土地计划管理的审计，主要涉及没有新增建设用地计划指标但擅自批准用地，没有新增建设占用农用地计划指标但擅自批准农用地转用，以及计划下达中由于人为因素所导致的"跑部地进"的现象，尤其关注其中的风险点。另外，审计范围还包括城乡建设用地增减挂

钩政策，主要审查在2011年清理整顿后，有无继续开展除增减挂钩外各种名义建设用地置换；新建地块供地所得收益，是否用于项目区内农村和基础设施建设，是否优先用于支持农村集体发展生产和农民改善生活条件；增减挂钩项目实施中，是否存在明显借社会主义新农村建设名义，逼迫农民"上楼"以节省建新指标等损害农民利益的行为。除了上述规划、计划和政策环节，此次还将重点审计土地审批、征收、供应和利用等环节。

北京、天津、上海等11个市的审计结果显示，11个城市三年内共征收出让金3510.35亿元，其中按规定纳入财政专户管理的占97.54%；实现土地出让净收益2618.69亿元，按规定纳入基金预算管理仅占28.82%；支出出让金3296.59亿元。截至2006年年底，土地出让金累计结存462.38亿元。这11个城市不同程度地存在欠征、减免和违规管理使用出让金等问题。一些地方违规协议出让经营性用地、"以租代征"农民集体土地和拖欠挪用征地补偿资金等问题时有发生，一定程度上影响了土地市场的健康发展、国有土地资产收益的安全完整和对被征地农民合法权益的维护。其中，建设用地审批方面，主要审计越权审批土地、化大为小拆分审批土地。土地征收方面，主要审计未批先征、先占土地等非法用地，以及征地时未完成规定程序，侵占、骗取征地拆迁补偿款、安置补偿等，还包括拆迁补偿款、安置补偿和社会保障不到位的问题。

2015年11月，中共中央办公厅、国务院办公厅印发了《开展领导干部自然资源资产离任审计试点方案》，自然资源资产离任审计这项全新的工作，正式出现在了审计机关的"工作簿"。2017年6月，全面深化改革领导小组会议审议通过了《领导干部自然资源资产离任审计规定（试行）》，该规定中指出，领导干部在任期内应当对本地区、本部门的土地开发利用和保护恢复履行职责。

二、土地资源审计的内容

（一）土地出让权审计

土地出让权审计的重点包含两个方面：一是土地征用方面，重点审查地方政府及土地行政主管部门是否严格依照土地利用总体规划、年度计划和有关审批制度批准征地及农用地转用；有无违规调整土地利用总体规划、年度计划扩大建设用地范围，以及化整为零越权批地。二是土地供应方面，重点审查地方政府是否按照国家产业政策供地，有无违反产业政策、超出控制标准供地，有无先行立项、先行选址定点和先行确定地价以及假招标、假拍卖、假挂牌或陪标、串标等弄虚作假问题，是否存在领导干部违反规定干预和插手工业用地

和经营性土地使用权出让等问题。

审计的具体内容包括：（1）土地出让金征收方面，重点审查有关部门是否及时、足额征收土地出让金，有无违规减免、缓征、先征后返、补贴等变相减免以及以实物抵顶土地出让金的问题。（2）土地出让金管理使用方面，重点审查土地出让金收入是否直接缴入财政专户，并按规定将土地出让收入全额缴入国库，纳入预算管理，有无违规设立过渡户存放土地出让金和定金；土地出让金支出是否符合规定用途，财政部门为土地出让金征收管理部门核拨并提取的土地出让业务费是否超过缴入金库的土地出让金总额的2%，有无违规返拨土地出让金，是否按规定1%提取社保基金并缴入社保专户，有无用土地出让金平衡预算，有无挤占、挪用、贪污、私分土地出让金等严重违法违规问题。（3）土地储备贷款方面，重点审查土地收储中心、政府性融资公司等单位通过质押土地收益权、抵押土地使用权等方面大量贷款用于城市建设；关注贷款规模、管理、使用情况以及可能存在的风险。

（二）土地专项资金审计

土地专项资金审计的目标是以土地出让金和土地开发整理项目的征收、管理和使用情况为重点，摸清新增建设用地总量，审计执行国家相关政策、法规情况，查处国土专项资金的征收、管理和使用及土地开发整理项目具体实施过程中存在的违规违纪问题，找出现行土地管理中存在的体制和制度性缺陷，提出进一步健全和完善有关政策和土地管理措施的建议，促进国家土地有偿使用制度和耕地保护政策贯彻落实。

主要内容包括：土地出让金征收、管理和使用情况审计，土地开发整理项目自己管理使用和项目建设情况审计，对新增设建设用地审计。（1）土地出让金征收、管理和使用情况审计。内容包括：经营性土地是否按照规定采取"招标、拍卖、挂牌"的方式出让，有无以合作开发、招商引资、解决历史遗留问题等名义将经营性土地地表出让的问题；有关部门是否按照规定及时、足额征收土地出让金，有无违规减免、截留、转移、先征后返、以实物抵顶土地出让金和以租代征、违规向拖欠土地出让金的单位发放国有土地使用证的问题；已出让土地是否按规定使用全额缴入财政并纳入预算管理，有无违规设立过渡账户存放和将土地出让金直接垫至开发成本、坐支土地收益金的情况；土地出让支出和土地开发成本的真实性和合法性。（2）对土地开发整理项目资金的管理使用和项目建设情况的审计。内容包括：土地开发整理项目立项的科学性、合法性，检查项目申报资料是否真实、合规；土地开发整理项目实施单位是否按照严格批准的项目规划和涉及内容实施，有无擅自补充耕地数量与质量

是否达到规划设计要求；资金是否按照《土地开发整理项目资金管理暂行办法》进行会计核算；土地开发整理项目资金的使用是否专项用于耕地开发和土地整理等规定用途。(3)对新增设建设用地审计。内容包括：农用地转化为建设用地是否符合土地利用总体规划、城市总体规划，是否纳入年度土地利用计划并依法办理农用地转用审批手续；新增建设用地土地有偿使用费是否按期足额缴纳；有无长期闲置土地资源问题。

（三）自然保护区审计

设置自然保护区是保护生态环境和自然资源的有效措施，是维护生态安全、实现中华民族永续发展的重要保障。我国拥有自然保护区2740个，约占陆地国土面积的14.83%。随着绿色发展理念逐渐深入人心，特别是领导干部自然资源资产离任审计的全面铺开，自然保护区审计将成为土地资源审计的一项重要内容。

自然保护区审计除应关注常规审计中涉及经费保障使用、各类专项资金管理使用以及规划编制实施等情况外，还应重点关注以下几个方面的情况。一是开发建设情况。《中华人民共和国自然保护区条例》等法律法规明确，禁止在自然保护区核心区、缓冲区开展任何开发建设活动，在实验区开展的开发活动，必须进行环境影响评价并依法履行相关报批手续，不得建设污染环境、破坏自然资源或自然景观的生产设施。审计中应关注有无违规在自然保护区内从事开矿、挖沙、采石、砍伐、开垦、放牧等禁止开发活动，有无在核心区、缓冲区内进行旅游开发、房地产开发、水（风）电开发等破坏资源和环境的违法活动等。二是政府及相关部门在自然保护区管护中的履职尽责情况。《中共中央、国务院关于加快推进生态文明建设的意见》明确，要建立领导干部任期生态文明建设责任制，对履职不力、监管不严、失职渎职的，要依法依纪追究相关人员的监管责任。审计机关在经济责任审计和领导干部自然资源资产离任审计等项目中，应重点检查有无通过不合理调整或擅自调整自然保护区规划、范围、界线和功能区划等方式，为违法开发建设活动提供便利；有无违规买卖或者非法转让自然保护区内的土地和其他资源，造成国有资产损失的行为；有无建设项目环评制度执行不到位、对违法违规项目处理处罚不到位、整改不到位等问题。三是国家重大政策落实等情况。《全国主体功能区划》明确，落实主体功能区规划战略涉及重大财政、投资、产业、土地、农业、人口、民族、环境和应对气候变化等9项国家重大政策的落实、协调和调整。自然保护区作为主体功能区划中禁止开发区的重要组成部分，上述政策落实等情况尤为重要。此外，自然保护区多位于老少边穷地区，还涉及精准扶贫政策的落实、衔接等情况。

三、土地资源审计方法

（一）文件审查法

适用涉及资源资产管理的下列事项：（1）成立土地资源资产领导小组、管理机构。（2）建立政府行政首长负责制、联席会议制度、土地资源管理保护制度；（3）编制土地资源管理保护规划。（4）土地资源管理和保护工作纳入政府绩效考核内容，并将指标分解落实。（5）履行监察执法职责，如信访举报、批示督办的办理等。采用文件审查法，通过向当地政府办公室、国土部门收集领导小组、管理机构、联席会议制度、耕地和基本农田保护红线划定制度、年度目标责任分解落实制度、目标责任书制度、年度目标责任考核制度、年度目标责任考核结果运用制度、土地利用总体规划、土地利用详细规划、政府绩效考核制度、上级批示督办件、群众信访举报登记簿、调查处理销号制度、会议纪要等资料，审查是否有相关文件和制度，是否规范或合规。

（二）数字核对法

包括：（1）计算"土地资源年末存量表""耕地质量等别表"的数据，发现有无计算、填写等错误。（2）将本级政府与下级政府签订的耕地保护目标责任书进行汇总，查看签订的保护任务面积是否达到上级下达的考核目标面积，有无耕地保有量低于上级政府下达的耕地保有量考核指标的问题。（3）核对"土地利用现状变更表"中的耕地数据，看是否达到上级下达和规划确定的耕地保护目标，看有无耕地保有量低于土地利用总体规划控制指标的问题。（4）将本级政府与下级政府签订的耕地保护目标责任书（含基本农田面积）进行汇总，查看签订的基本农田保护任务是否达到上级下达的考核目标，有无低于上级政府下达的考核指标。（5）核对土地利用现状变更表中的基本农田数据，看是否达到上级下达和规划确定的基本农田保护目标。

（三）图纸比对法

对于涉及基本农田保护面积指标的完成情况，可通过比对基本农田保护图斑图表方式，掌握当地基本农田保护区和基本农田划定的总体情况，看基本农田是否未落实到地块，基本农田保护责任是否未分解落实到位；将土地利用现状变更图上的工业、采矿、仓储用地等非耕地图斑与基本农田保护图斑进行对比，看是否存在将工业、采矿、仓储用地等非耕地划作基本农田的问题。在审计调查土地整治、高标准基本农田项目建设实施和效果情况时，对照施工设计图，现场查看部分建设项目，看有无设计不规范、质量不达标、擅自变更和

调整项目建设地点、规模或内容等问题。

（四）现场目审法

对涉及违规闲置土地问题，可通过现场目审方法，看有无以下3种情形的违规闲置土地问题：一是超过合同或者划拨决定书约定、规定的动工开发日期满一年未动工开发。二是已动工开发但开发建设用地面积占应动工开发建设用地总面积不足三分之一。三是已投资额占总投资额不足百分之二十五，中止开发建设满一年；对涉及违规供地问题，可通过目审方式，落实项目用地的实际用途，查出违规情况。如对违规向别墅类房地产、高尔夫球场等禁止用地项目供地，或是违反产业政策向高耗能、高污染、资源消耗型项目等供地，对这些问题，可通过现场目审方式，落实项目用地的实际用途，若属禁止类或限制类用地，则进一步查阅国土部门的供地档案、请示报告、会议纪要等资料，核实改变土地用途是项目单位擅自行为，还是当地政府、国土部门或有关领导授意而为。

（五）座谈询问法

包括：（1）对于涉及审计调查基本农田保护面积指标的完成情况，可通过座谈会方式，掌握当地基本农田保护区和基本农田划定的总体情况，看基本农田是否未落实到地块，基本农田保护责任是否未分解落实到位。（2）对于涉及审计调查土地整治、高标准基本农田项目建设实施和效果情况，可通过座谈会方式，调查了解项目建设管理流程等情况。（3）对于涉及违规供应土地问题，也可通过询问方式，落实项目用地的实际用途。

（六）资料审查法

包括：（1）对于涉及审查认真履行土地监察执法职责时，可通过资料审查法，审查批示督办和信访举报事项办理结果、土地矿产卫片执法检查情况、土地违法案件卷宗等资料，看是否建立了调查处理销号制度，对土地违法案件是否依法调查处理，有无执法不严、案件结案率低、以罚代法等问题。（2）对于涉及审查土地资源实物量和质量情况时，可通过资料审查法，审查国土部门是否认真履行了"土地资源年末存量表""耕地质量等别表"相关基础数据的填报、收集、汇总、复核等程序，从中发现问题。（3）对于涉及审查违规闲置土地问题时，可通过资料审查法，审阅国土部门的各年度国有建设用地供应情况表、土地卫片执法检查情况、土地违法案件卷宗，看有无违规闲置土地问题。（4）对于涉及审查违规供应土地问题时，可通过资料审查法，比对供地台账，检查供地项目是否属禁止类或限制类供地项目目录，若属于，则为违规供地。

(七)账实核对法

包括:(1)对于涉及审计调查违规闲置和供应土地问题,可在向当地政府办公室、国土、审计等部门收集并审阅土地供应台账,土地监察执法案件卷宗,处理处罚台账,上级批示督办文件,群众信访举报事项,以及各级审计机关出具的土地审计报告等资料的基础上,采用账实核对法,认真梳理相关问题线索,并深入实地向相关单位或个人审计调查取证。(2)对于涉及审计调查土地整治、高标准基本农田项目建设实施和效果情况,采用账实核对法,向当地政府办公室、国土、审计部门收集并调阅各级审计机关出具的土地整治项目、高标准基本农田项目审计报告,土地整治项目、高标准基本农田项目建设规划、目标和任务,土地整治项目、高标准基本农田项目台账,土地整治项目、高标准基本农田项目档案(包括可研、预算、招标、设计、监理、竣工、验收、审计等内容),以及土地利用现状图等资料,抽查若干个面积较大的土地整治项目、高标准基本农田项目,对照施工设计、实施方案,现场查看部分建设项目,看有无设计不规范、质量不达标、擅自变更和调整项目建设地点、规模或内容等问题。

(八)差异分析法

包括:(1)从前后年度"土地资源年末存量表""耕地质量等别表""土地利用现状变更表"等数据关系的差异中,分析寻找违规利用土地问题的线索。(2)从耕地保护目标责任书、耕地保有量考核指标等数据关系的差异中,分析寻找违规利用土地问题的线索。(3)从"土地利用现状变更表"、土地利用总体规划控制指标等数据关系的差异中,分析寻找违规利用土地问题的线索。(4)从耕地保护目标责任书、基本农田保护考核目标等数据关系的差异中,分析寻找违规利用土地问题的线索。(5)从"土地利用现状变更表"、基本农田保护目标等数据关系的差异中,分析寻找违规利用土地问题的线索。(6)从土地利用现状变更图、基本农田保护图斑进行对比的差异中,分析寻找违规利用土地问题的线索。

(九)地理信息技术审计方法

结合地理信息技术有效进行数据分析。审计人员首先可在取得自然保护区矢量图的基础上,叠加规划、矿业权、土地出让、围填海、排污口设置、尾矿库位置等数据进行分析,查找违法违规开发活动疑点,特别是核心区、缓冲区范围内的相关活动。其次,再将上述疑点数据与工商、房屋产权登记和土地所有权登记等数据关联,进一步发现违法违规等问题线索。此外,还可以利

用相关专业软件，进行时间追溯，查看不同时点所关注区域的变化情况。在利用遥感监测结果和数据分析的基础上，进行现场核查，仍是落实问题的关键手段。在现场审计中应尽量配备专业的移动定位设备，结合数据分析等结果，做好现场取证工作。关注在核心区和缓冲区内是否存在以保护和科研之名行旅游度假开发之实的项目，在实验区内越界建设旅游开发项目等情况。关注各类开发活动在建设和生产环节污染物管理和排放等方面的情况。关注在保护区范围以外的矿山生产对保护区的影响，特别是有选矿流程的尾矿库的安全性及扬尘治理措施的有效性等。同时，对保护区内探矿权的勘探情况，可以到国土管理部门、地勘单位和业主单位多方取证。

第四节　土地资源审计案例

一、国有土地出让金审计

（一）基本情况

根据《中华人民共和国审计法》的规定，2007年审计署对北京、天津、上海、重庆、哈尔滨、合肥、济南、长沙、广州、南宁和成都11个市及其所辖28个县（市、区）（以下简称"11城市"）2004年至2006年（以下简称"3年度"）国有土地使用权出让金（以下简称"出让金"）的征收、管理、使用及相关政策执行情况进行了审计调查。11城市3年度共办理划拨用地31910.69公顷，出让用地86773.34公顷，合同出让金总金额3566.19亿元；征收出让金3510.35亿元，其中按规定纳入财政专户管理的有3423.99亿元，占97.54%；实现土地出让净收益2618.69亿元，其中按规定纳入基金预算管理的有754.56亿元，占28.82%；支出出让金3296.59亿元。截至2006年年底，出让金累计结存462.38亿元。

（二）审计结果

审计调查结果表明，11城市政府及其有关部门能够贯彻落实国家关于土地管理、调控等政策，逐步健全土地市场管理制度，强化国有土地使用权供应和出让金征收使用管理，改进征地补偿安置工作，促进了国有土地使用权交易和出让金收支管理的逐步规范。

1.土地的市场化供应机制初步建立。一是逐步建立健全土地市场及相应管

理制度。11城市都设有专门的土地储备和交易机构，逐步建立了土地出让的信息公开、地价评估和集体决策制度。有的地方还制定了土地出让操作规范。北京市自2006年起对全市土地实行了一级管理和集中供应。合肥市滨湖新区建设注重加强供地前的规划管理与控制，坚持优先开发基础设施和社会服务设施，先行安排拆迁居民住房。二是国有土地使用权市场化配置比例有所提高。11城市招标拍卖挂牌（以下简称"招拍挂"）出让土地面积占出让土地总面积的比例3年度分别为26.94%、49.25%和32.51%，土地出让净收益总额平均占到同期一般预算收入的26%。

2.出让金征收使用管理逐步加强。一是出让金征收力度加大。11城市3年度出让金按期征收比例达到94.08%。部分城市对以前年度用地单位拖欠的出让金进行了清缴，长沙市规定对欠缴出让金的单位不予受理新的用地申请。二是出让金财政管理有所加强。11城市均设有出让金财政专户，将绝大部分出让金纳入了专户管理，其中重庆市将缴入国库的土地出让净收益全部纳入了基金预算管理。北京、成都等市纠正了由非财政部门收取出让金的做法。三是土地出让净收益基本能够按照规定用途安排使用。11城市3年度将土地出让净收益用于城市基础设施建设2108.24亿元，提取农业土地开发资金56.86亿元，用于被征地农民社会保障28.50亿元。

3.征地补偿安置资金基本到位，多数城市初步建立了被征地农民社会保障制度。一是征地补偿安置工作有所改进。11城市政府2004年按国家统一部署对以前年度拖欠、截留和挪用的征地补偿资金进行了检查、清理，在此基础上进一步加强了监管，并采取留地、就业、移民、入股分红等多种方式安置被征地农民。此次审计调查抽查了38个征地项目的补偿安置资金到位情况，延伸了64个农村经济集体组织，走访了686户被征地农民。被抽查的农村集体经济组织应到位补偿安置资金22.29亿元，实际到位20.01亿元，占89.77%；被征地农民应收到补偿款8438.63万元，截至审计调查时实际收到8253.98万元，占97.81%；89.47%的征地项目执行了"两公告一登记"（即征用土地方案公告、征地补偿安置方案公告和征地补偿登记）制度。二是北京、天津、上海、重庆、合肥、济南、广州和成都8城市初步建立了被征地农民社会保障制度。合肥、成都、济南和天津4城市3年度平均将土地出让净收益的6.68%用于被征地农民的社会保障。

（三）审计调查发现的问题

审计调查发现，11城市不同程度地存在欠征、减免和违规管理使用出让金等问题，一些地方违规协议出让经营性用地、"以租代征"农民集体土地和

拖欠挪用征地补偿资金等问题时有发生。这些问题的存在，一定程度上影响了土地市场的健康发展、国有土地资产收益的安全完整和对被征地农民合法权益的维护。

1.出让金征收、管理和使用中存在的问题。一是天津、长沙、南宁、成都、哈尔滨、上海、合肥、广州和济南9城市违规减免、变相减免出让金47.88亿元，占9城市出让金征收额2204.61亿元的2.17%，其中以先征后返、为用地单位缴纳出让金以及降低地价出让等方式变相减免出让金25.34亿元，占52.92%。个别城市还为招商引资向企业"零地价"出让工业用地。二是天津、重庆、南宁、哈尔滨、济南、上海、成都、合肥、长沙和广州10城市的用地单位拖欠出让金173.27亿元，其中有的城市的国土部门还在用地单位欠缴出让金的情况下违规向其发放国有土地使用证。三是108.68亿元出让金未按规定纳入财政管理，占11城市出让金征收额的3.09%。其中，开发区管委会等非财政部门收取出让金86.34亿元，而且均未按规定将其上缴财政纳入专户管理；政府"以土地换项目（主要是以前年度完工的市政工程、政府办公楼等）"，用出让金直接抵顶项目工程款22.34亿元。四是土地出让净收益1864.11亿元未按规定纳入基金预算管理，占11城市土地出让净收益总额的71.18%。五是违规使用出让金83.73亿元。其中，挪用于建楼堂馆所和弥补经费等52.33亿元，出借和对外投资等31.40亿元。

2.落实征地补偿安置和被征地农民社会保障政策中存在的问题。一是少数城市拖欠、出借征地补偿资金5.61亿元。其中，拖欠4.44亿元，出借1.17亿元。二是少数城市欠收、挪用被征地农民社会保障资金51.17亿元。截至2006年年底，尚欠收25.97亿元，累计出借的18.70亿元中有2.63亿元未收回，委托金融机构投资理财的6.50亿元中有5.50亿元未收回。

另外，截至2007年9月底，11城市中尚有3城市未按照国务院有关要求制定被征地农民社会保障制度。

3.土地出让管理中存在的问题。一是违规协议出让130宗共689.88公顷经营性用地。按照监察部和国土资源部有关规定，自2002年7月1日起各类经营性用地必须采用招拍挂方式出让，对于此前市、县政府已进行了前置审批或者已与开发商签订书面项目开发协议的经营性用地，作为历史遗留问题可在2004年8月31日（以下简称"8·31"）前继续以协议方式出让，之后不得再以历史遗留问题为由采用协议方式出让经营性用地。然而，有的城市将不属于"历史遗留问题"的经营性用地作为"历史遗留问题"的经营性土地在"8·31"之前予以协议出让；有的城市在"8·31"之后仍以"历史遗留问题"、招商引资和旧城改造等为由或将出让合同日期倒签为"8·31"之前协议出让

经营性用地。二是"以租代征"农民集体土地1541.05公顷建高尔夫球场和别墅。有的地方租用农民集体土地并违反《国务院办公厅关于暂停新建高尔夫球场的通知》的规定于2004年1月后开工建设高尔夫球场。有的用地单位以建设生态农业名义租用农民集体土地修建别墅向社会销售。

4.土地储备贷款发放和使用中存在的问题。一是有的土地储备贷款抵押物不实,有的土地储备机构贷款金额过大而还贷能力不足。二是土地储备贷款被挪作他用。一些城市的土地储备机构将主要以贷款方式取得的土地储备资金共142.36亿元用于股权投资、出借和市政设施建设等。

(四)审计建议

针对这次审计调查发现的主要问题,审计署建议:一是有关地方政府应进一步采取措施加强出让金及土地供应管理。全面落实经营性用地招拍挂出让制度,严格执行国家规范土地出让收支管理政策规定,清理欠收的出让金,停止以各种理由减免或变相减免出让金;将土地出让收支全额纳入地方预算管理,接受同级人大监督;严肃查处"以租代征"农民集体土地建设高尔夫球场、别墅,以及挤占挪用出让金等违法违规行为。二是金融监管部门和金融机构应加强土地储备贷款管理,控制贷款风险。金融监管部门应参与确定土地储备机构的贷款规模,实施总量控制;各金融机构应加强对土地储备机构贷款、偿还能力和担保机构担保能力的审核,审慎发放土地储备贷款,同时应加强对储备贷款的用途监控。三是有关部门和地方政府应充分重视、积极探索、进一步加强被征地农民社会保障工作。尚未建立被征地农民社会保障制度的地方,应按照国务院要求尽快建立这项制度,将被征地农民纳入相应保障范围;已建立这项制度的地方,应继续完善保障机制,合理确定保障水平。各地应切实加强对被征地农民社会保障资金收支情况的监管,确保资金足额落实、合规使用。

(五)审计调查发现问题的整改情况

对审计调查发现的问题,有关地方政府高度重视,已经或正在采取措施进行整改。一是积极整改违法违规问题。截至2008年1月底,11城市已收回被挪用、出借、返还和欠征的出让金68.27亿元,收回被挪用、欠收的征地补偿资金和被征地农民社会保障资金2.93亿元,归还被挪用的土地储备贷款9.72亿元,有的城市还收回了部分违规出让的土地。二是规范出让金管理。有的城市已将未按规定纳入财政管理的出让金纳入财政管理、将土地出让净收益纳入基金预算管理。三是进一步完善制度。大部分城市还结合整改,制定和修

改了土地出让收支管理实施细则、征收集体土地补偿安置办法等制度。

二、天目山国家级自然保护区审计

(一)基本情况

天目山保护区位于浙江省西北部杭州市临安区境内,是一个以保护生物多样性和森林生态系统为重点的野生植物类型国家级自然保护区。区域内野生动植物种类繁多,天目山特有的种群多达152种。此外,区域内水资源丰沛,是长江、钱塘江部分支流发源地和分水岭。西关口龙潭建有蓄水量100万立方米的水库,是镇级饮用水水源。

(二)审计发现的主要问题

1.遵守自然资源资产管理和生态环境保护法律法规方面。天管局对天目山部分保护区域管理不够严格,存在旅游开发公司对保护区核心区进行旅游宣传,核心区有人类活动等现象;保护区存在部分规划内容与保护要求相冲突的现象。

2.自然资源资产管理和生态环境重大决策方面。天管局虽对保护区内少数历史遗留问题进行专题研究并落实整改,但目前仍有部分历史遗留问题未得到解决,天管局向临安区政府和区相关职能部门争取解决的力度还不够。

3.履行自然资源资产管理和生态环境保护监督责任方面。天目山国家级自然保护区存在部分公益林被破坏,饮用水保护区内存在排污设施,森林防火工作存在安全隐患,动植物资源数据库未充分发挥作用,部分地方垃圾清理不到位等现象。

4.组织自然资源资产和生态环境保护相关资金征管用和项目建设运行情况方面。天管局在个别保护工程项目中存在实施在前,相关程序补办在后的现象。

(三)审计建议

1.切实增强遵守法律法规意识,进一步加大依法管理力度。天管局应围绕"两山"理论,切实加强自然保护区相关法律法规学习,自觉遵守,率先垂范,依法依规加大对天目山保护区核心区、缓冲区、实验区的管理力度。同时,建议通过手机短信提醒等方式加大对天目山的保护宣传。

2.严格履行生态环境保护责任,进一步提高生态环境质量。天管局应进一步增强责任意识,严格履行保护区自然资源资产和生态环境的保护职责,正确

处理好保护与发展的关系，遵循保护为主的原则，进一步提高生态环境质量。

3.积极做好沟通协调工作，进一步推动历史遗留问题妥善解决。天管局应更加主动和临安区党委政府及相关职能部门做好沟通对接工作，共同推动天目山保护区内历史遗留问题的妥善解决。同时，要联合相关部门进一步加大对违法违规破坏自然资源和生态环境行为的查处力度。

（四）审计整改情况

针对审计调查反映的问题，天管局高度重视，召开专题会议研究部署，对照问题逐条分解落实到人，深刻剖析问题原因，多措并举落实审计整改工作。一是加强监督管理。天管局以此次审计整改为契机，督促旅游公司不再将核心区作为景点对外宣传，消除森林火灾安全隐患。二是强化保护工作。将珍稀特有物种保护纳入南大门保护站的巡护区域，加强日常的巡护工作。取消与保护要求相冲突的规划建设项目，切实履行保护职责。开放动植物资源数据库查询功能，进一步推动共同研究和保护工作。三是增强联动，推动历史遗留问题解决。天管局针对历史遗留问题专题向临安区委区政府汇报，并与临安区相关职能部门和乡镇沟通协调，联合调查摸清底数，共同推动问题解决。

▶▶ 本章讨论问题

1.为什么要进行土地资源审计？
2.土地资源审计的内容有哪些？
3.土地资源审计的方法有哪些？
4.土地资源审计的目标是什么？

▶▶ 本章参考文献

［1］王琼玲，易挺.浅谈国土专项资金审计［J］.审计文摘，2008（10）：43.

［2］罗勇.当前土地资源审计若干思考［J］.财政研究，2014（07）：75-77.

［3］杨长福.资源环境审计的新领域：自然保护区审计［J］.中国审计，2017（08）：54-55.

［4］审计署公告国有土地使用权出让金审计结果（全文），http://www.gov.cn/gzdt/2008-06/04/content_1005291.htm.

［5］浙江天目山国家级自然保护区管理局局长李军同志自然资源资产责任审计结果公告，http://www.hangzhou.gov.cn/art/2019/7/1/art_1298985_35209967.html.

第七章
森林资源与环境审计

◆ 内容提示

　　森林是地球上最多样化和分布最广的生态系统之一。它们提供了人类的基本需求，如水、食物、住所、药品、柴火、饲料和木材，因此，森林的存在应该得到保护。为了保持森林的可持续性，主要利益相关方应负责任地履行其职责。政府作为森林管理的关键角色，负责制定和实施森林规划的政策、法规和适当的制度框架。在履行这一职责时，政府可能需要建立体系，在相互竞争的森林利用计划之间进行协调，并确保在国际和国内贸易领域有一个公平的竞争环境。作为政府的监督机构，最高审计机关可以协助政府履行这些职责。它不仅可以对政府活动的绩效和合规性进行审计，还可以对政府责任和行为的完整性进行审计。此外，最高审计机关还可以协助各国政府加强森林管理内部控制，改进对森林相关风险的评估，减小相关风险。

　　本章旨在协助审计师进行森林资源与环境审计，首先介绍了森林资源与环境的相关概念和森林资源环境管理制度与法规，在此基础上讨论森林资源与环境审计内容与方法，最后还提供了案例研究，可作为参考材料。

◆ 引导性案例

　　2018年10月中旬，江苏省南通市被国家林业和草原局正式授予"国家森林城市"荣誉称号。这个来之不易的荣誉背后，也凝聚了审计人的汗水和智慧，《新华日报》在报道中专门提及地方党政主要领导资源环境责任审计。

　　优化环境，制度先行。2014年8月，南通市在全省率先出台《关于开展地方党政主要领导干部资源环境责任审计工作的实施意见（试行）》。南通市委、市政府还将领导干部自然资源资产离任审计工作纳入市生态文明建设规划和考核办法，审计结果列入干部环保政绩考核指标体系和提醒谈话范围，一系列规

章制度为实施此项工作提供了制度保障。2018年,该市审计局提请市委、市政府重新出台《关于开展领导干部自然资源资产审计工作的实施意见》,增加土地节约集约利用指标、海岸线保护与利用指标以及大气、水、土壤污染防治等考核指标,形成5大类29项评价指标,其中"森林覆盖率"和"自然湿地保护率"两个重要指标依然列入。

为促进自然资源资产审计发现问题的整改,提升审计成果,该市审计局及时向市委、市政府报送信息,促进问题整改:市委书记要求重视整改工作,市长要求地方党委、政府针对资源环境保护方面存在的问题,提出切实可行的整改措施,各级地方党委、政府采取多种措施加以整改。同时,该市审计局加强与国土、环保、住建等部门的沟通,及时移送审计发现的问题,通过主管部门处理处罚,督促问题整改;在审计过程中,创新建立了"审计和巡察相关问题交接单"制度,将审计发现的环境违法违纪问题,以交接单的形式,及时与南通市委环保专项巡察组实时对接,督促各地区限时整改。①

◆ 问题思考

案例中江苏省南通市如何通过地方党政主要领导资源环境责任审计助力"国家森林城市"荣誉称号评选?如何理解案例中为开展森林资源与环境绩效审计而采用的"森林覆盖率"评价指标?

第一节　森林资源与环境相关概念

一、森林

关于"森林"的定义繁多,因作者的观点、意识和兴趣以及全世界森林生态系统的多样性而有所不同。联合国粮食及农业组织(FAO)(2005)将"森林"定义为:面积在0.5公顷以上、树木高于5米、林冠覆盖率超过10%,或树木在原生境能够达到这一阈值的土地;不包括主要为农业和城市用途的土地。

而其他专家使用的"森林"定义通常包含以下特征:(1)土地面积;(2)该区域的功能;(3)生态系统。

例如,Davis等在《森林管理》(2001)中将"森林"定义为:一个以或多

① 国家审计署网站,http://www.audit.gov.cn/n4/n20/n524/c128225/content.html。

或少茂密的树木覆盖为特征的生态系统，通常由特征不同的物种组成，如结构、年龄等级和相关过程，通常包括草甸、溪流、鱼类和野生动植物。因此，"森林"可以被定义为，一组具有或可能具有树木植被的土地，并作为一个整体进行管理，以实现所有者的目标。

《联合国气候变化框架公约》（UNFCCC）将"森林"定义为：最小土地面积为0.5-1.0公顷，林冠覆盖率（或同等蓄积水平）超过10%-30%，树木在原地成熟时可能达到2-5米的最小高度。森林可以由封闭的森林结构组成，在这些结构中，不同层数的树木和灌木丛覆盖了高比例的地面或开阔的森林。未达到10%-30%树冠密度或2-5米树高的天然幼林和所有人工林包括在森林下。

相比之下，联合国环境规划署/生物多样性公约（UNEP/CBD）（2002）也对"森林"作了一个简短的定义：土地面积超过0.5公顷，林冠盖度超过10%，主要不属于农业或其他特定的非林地用途。对于幼林或树木生长受到气候抑制的地区，树木应能在原地达到5米的高度，并能满足冠层盖度要求。

2019年12月28日第十三届全国人民代表大会常务委员会第十五次会议修订，自2020年7月1日起施行的《中华人民共和国森林法》中"森林"的定义是：包括乔木林、竹林和国家特别规定的灌木林。按照用途可以分为防护林、特种用途林、用材林、经济林和能源林。

这些定义的范围和多样性表明，不同国家对森林的构成有不同的理解。有些国家可能将森林视为一个生态系统，而另一些国家则认为森林不过是一块适合开发的土地。总的来说，这些不同的看法将决定特定政府在森林管理方面的作用和责任。定义越广，政府在管理森林方面的作用和责任范围就越广，反之亦然。

二、森林分类和种类

（一）森林分类

根据联合国粮食及农业组织（2005）的资料，森林的许多定义可归类为两个更一般的类别：

1.天然再生林。包括两种：（1）（协助下）自然再生。获得人类精心培育的帮助的由自然再生建立的森林。种子或营养繁殖的来源是自然的，因此这是人工辅助的天然森林。（2）（无帮助）自然再生。通过自然更新建立的森林，无须人工的协助。这些包括原始森林和通过自然手段再生的森林。这显然是天然森林。

2.人工林。人工林通常是根据人类对森林建立和/或管理的干预程度来界

定的，而这又在很大程度上取决于种植森林的目的。主要包括：(1)原始森林；(2)改性天然林；(3)半天然林；(4)生产性种植园；(5)防护林。

根据粮农组织(2005)的资料，世界森林覆盖率(55%)以天然再生林为主。然而，对全球森林特征趋势的分析表明，1990年至2005年，天然再生林趋于减少，而半自然森林和人工林趋于增加。这表明，如果各国政府不实行可持续的森林管理，人造林的趋势将越来越大。

(二)森林种类

联合国粮食及农业组织(2001)根据降雨模式、温度和湿度将世界森林划分为以下广阔的生态区：热带、亚热带、温带和寒带。这些地带在很大程度上与纬度相对应(尽管在任何一个大陆或国家都可能有各种各样的森林类型)。联合国粮食及农业组织的七种森林类型为：山地森林、热带雨林、北方针叶林、温带阔叶林、红树林、热带干森林、亚热带干森林。上述森林分类相当笼统。个别国家倾向于调整粮农组织的分类，以满足它们自己的需要。

与联合国粮食及农业组织不同，联合国环境规划署(UNEP)将森林分为26类，反映了气候带和主要树木类型。这些主要类型中的每一种都包含了大量的森林。这26种主要类型可重新归类为六大类①。基本上，森林类型可以根据其地位、功能、目的、微气候功能、美学价值和水文属性而变化。

三、森林资源

森林资源，包括森林、林木、林地以及依托森林、林木、林地生存的野生动物、植物和微生物。

狭义的森林资源主要指的是树木资源，尤其是乔木资源。广义的森林资源指林木、林地及其所在空间内的一切森林植物、动物、微生物，以及这些生命体赖以生存并对其有重要影响的自然环境条件的总称。

按物质结构层次划分：可分为林地资源、林木资源、林区野生动物资源、林区野生植物资源、林区微生物资源和森林环境资源六类。

不同国家、不同国际组织确定的森林资源范围不尽一致。按照中华人民共和国林业部《全国森林资源连续清查主要技术规定》，凡疏密度(单位面积上林木实有木材蓄积量或断面积与当地同树种最大蓄积量或断面积之比)在0.3以上的天然林；南方3年以上，北方5年以上的人工林；南方5年以上，北方7年以上的飞机播种造林，生长稳定，每亩成活保存株数不低于合理造林

① 资料来源：www.unep-wcmc.org/forest/fp_background.htm。

株数的70%，或郁闭度（森林中树冠对林地的覆盖程度）达到0.4以上的林分，均构成森林资源。在联合国粮食及农业组织世界森林资源统计中，只包括疏密度在0.2以上的郁闭林，不包括疏林地和灌木林。

森林资源是地球上最重要的资源之一，是生物多样化的基础，它不仅能够为生产和生活提供多种宝贵的木材和原材料，能够为人类经济生活提供多种物品，更重要的是森林能够调节气候，保持水土，防止、减轻旱涝、风沙、冰雹等自然灾害；还有净化空气、消除噪声等功能；同时森林还是天然的动植物园，哺育着各种飞禽走兽和生长着多种珍贵林木和药材。森林可以更新，属于可再生的自然资源，也是一种无形的环境资源和潜在的"绿色能源"。反映森林资源数量的主要指标是森林面积和森林蓄积量。

根据联合国的统计，全球森林覆盖率约为40亿公顷，占世界陆地面积的30%左右，世界森林资源蓄积推算约为4300亿立方米。虽然森林退化和消失的速度有所减缓，但每天仍有将近200平方公里的森林消失。另外，世界森林面积的分布极不均衡，全球超过50%的森林资源集中分布在5个国家，中国是其中之一，列俄罗斯、巴西、加拿大和美国之后，位居第五。2014年发布的第八次全国森林资源清查结果显示，全国森林面积2.08亿公顷，森林覆盖率21.63%，森林蓄积151.37亿立方米。人工林面积0.69亿公顷，蓄积24.83亿立方米。但我国仍然是一个缺林少绿、生态脆弱的国家，森林覆盖率远低于全球31%的平均水平，人均森林面积仅为世界人均水平的1/4，人均森林蓄积只有世界人均水平的1/7，森林资源总量相对不足、质量不高、分布不均的状况仍未得到根本改变，林业发展还面临着巨大的压力和挑战。

第二节　森林资源环境管理制度与法规

一、国际森林资源环境管理制度与法规

在一系列可持续森林管理制度中，许多政府和非政府组织都认识到森林的重要性。其中一些例子是：（1）国际热带木材组织（ITTO）制定了关于保护热带生产林生物多样性的准则（ITTO，1993）。制定这些准则的目的是优化生产木材的热带森林对保护生物多样性的贡献。（2）联合国粮食及农业组织编写了《森林采伐做法示范守则》（1996），以突出现有的各种环境无害的采伐做法，并使决策者能够制定国家、区域或地方的做法守则，以满足特殊需要。随后，1999年在亚洲和太平洋，2005年在西非和中非商定了区域守则。东南亚

一些国家已采用或正在编制国家一级的守则。(3)联合国粮食及农业组织关于公共森林特许权和合同的治理原则编录了在森林管理中平衡和保护公共和私人利益的关键因素。这些原则还确定了从公共森林提供商品和服务的合同安排的新方法。(4)国际热带木材组织与合作伙伴合作,制定了退化和次生热带森林的恢复、管理和恢复准则(ITTO,2002)。这是ITTO为实现热带森林资源的养护、可持续管理、使用和贸易而制定的一系列国际商定政策文件的一部分。(5)欧洲纸业联合会(CEPI)制定了《合法伐木法》,这是纸业的行为准则(打击非法伐木)。改善森林部门法律合规情况的最佳做法(FAO/ITTO,2005)提取了决策者在试图减少森林部门非法活动时可以遵循的现有知识。

世界各地的许多组织一直在采取主动行动,保护或养护森林,以履行其重要的生态功能。这些制度与法规包括但不限于:

1.濒危野生动植物种国际贸易公约(CITES)。这项政府间协定是1963年世界自然保护联盟(IUCN)成员会议通过的一项决议的结果。CITES旨在确保野生动植物样本的国际贸易不会威胁到它们的生存。如今,它对30000多种动植物给予了不同程度的保护,无论它们是作为活样本、毛皮大衣还是干草药进行交易。参与是自愿的。虽然CITES对缔约方具有法律约束力,但它并不取代国家法律。相反,它提供了各方都应尊重的框架。每个国家都必须通过自己的国内立法,以确保CITES在国家一级得到实施[①]。

2.国际重要湿地公约(拉姆塞尔公约)。国际重要湿地公约于1971年在伊朗拉姆萨尔签署,是保护和可持续利用湿地的国际条约。它的目标是阻止湿地在现在和将来的逐渐侵蚀和丧失。它承认湿地的基本生态功能及其经济、文化、科学和娱乐价值[②]。

3.世界遗产公约。这是联合国教育、科学及文化组织(UNESCO)于1972年根据国际合作原则建立的。该公约旨在鼓励确认、保护和保存地球的文化和自然遗产。它通过挑选一份最杰出的文化和自然"财产"的国际清单,为那些被认为对人类最有价值的文化和自然"财产"提供保护。它由世界遗产委员会管理,该委员会由21个选出的国家组成。迄今为止,已有170多个国家加入了该公约[③]。

4.生物多样性公约(CBD)。这是1992年在巴西里约热内卢举行的地球峰会上签署的,并于1993年12月29日生效。这是第一个涵盖生物多样性所有方面、可持续利用其组成部分以及公平公正地分享利用遗传资源所产生的惠及全

---

① 资料来源:www.cites.org。
② 资料来源:www.ramsar.org。
③ 资料来源:www.whc.unesco.org。

球的协定①。

5.联合国气候变化框架公约(UNFCCC)。这是在里约热内卢举行的联合国环境与发展会议(UNCED)上制定的一项国际环境条约。《公约》于1994年3月21日生效。该条约旨在将大气中的温室气体浓度稳定在防止全球气候发生危险的人为(或人为诱发)变化的水平。这一行动主要针对工业化国家，目的是到2000年将其温室气体排放量稳定在1990年的水平，而《气候公约》所有缔约方都有义务承担其他责任②。

6.京都议定书。这项国际协定与《联合国气候变化框架公约》相联系。该议定书旨在减少温室气体排放，以防止人为气候变化。它于2005年2月16日生效。批准本议定书的国家承诺减少其二氧化碳和其他五种温室气体的排放量，或者如果它们保持或增加这些排放量，就进行排放交易。根据该条约，各国必须主要通过国家措施实现其目标。但是，《京都议定书》还向各国提供了三种基于市场的机制，以实现其目标：排放权交易、清洁发展机制和联合实施。这些机制有助于刺激绿色投资，并帮助缔约方以成本效益高的方式实现其排放目标③。

二、我国森林资源环境管理制度与法规

新中国成立以来，尤其是改革开放以后，我国法制建设步伐不断加快，森林资源法制也在不断的完善中。随着我国林业建设重心的转变，林业法制发挥了积极的保障作用。原国家林业局局长周生贤指出，新中国成立以来，特别是近年来，我国林业法制建设取得了长足进展，林业法律体系初步形成。我国资源保护领域，国家陆续公布施行了森林法、野生动物保护法、种子法、防沙治沙法、农村土地承包法等部相关法律，国务院颁布了森林法实施条例、陆生野生动物保护实施条例、森林防火条例、森林病虫害防治条例、野生植物保护条例、退耕还林条例和关于开展全民义务植树运动的实施办法等多件行政法规，国家林业局制定颁布了多件部门规章，为保护、发展和合理利用森林和野生动植物资源，维护生态平衡，提供了有力的法律保障。同时，各省(区、市)根据当地实际，公布施行了多件地方性林业法规和规章。

目前，我国森林资源法律法规基本覆盖了林业建设的主要领域，林业建设基本做到了有法可依、有章可循，森林资源行政执法不断加强。国家林业局对1949年到2002年底发布的21万件各类部门规章、规范性文件进行了全面清理，并于2006年正式公布了清理结果。还对100多项行政许可、非行政许可审

---

① 资料来源：www.cbd.int。
②③ 资料来源：www.unfccc.int。

批项目进行了清理，取消了26项，符合法律法规规定予以保留的有57项。

我国森林资源法律体系体现为四个基本的层次法律，既包括由全国人大及其常委会制定和修改的规范性法律文件，也包含全国人大及其常委会做出的与林业相关的具有规范性的决定、规定、办法等。主要以《森林法》为主。行政法规，指由国务院所制定的与林业相关的规范性文件。常以"条例""规定""办法"等名称颁布。其中最主要的是《森林法实施条例》。地方性法规，是地方的国家权力机关，根据本行政区域的具体情况和实际需要，依法制定的在本行政区域内具有法律效力的林业规范性文件。一般以"条例""规则""规定""办法"等名称颁布。规章，是指包括国务院组成及其直属机构制定的规范性文件和一些地方政府制定的林业规范性文件，主要是为执行林业法律、行政法规和地方性法规的规定而制定的。

森林资源法律运行体系包括森林资源执法、林业司法与法律监督三个实施体系。任何理想的森林资源法律、法规如果不付诸实施，终究是一纸空文，所以，加强行政执法是林业法制工作中的重要环节，是我国林业各项方针、政策得以贯彻与实施的重要保证。随着林业体制改革的不断深化，特别是随着社会主义市场经济体制的逐步确立和完善，林业行政主管部门的职能和行为方式发生了根本性的转变，过去有些行政命令式的管理方法已失去了存在的条件，必将被彻底摒弃，代之而起的是依法行政，按照法律法规去规范人们的行为，调整经济社会关系。执法是贯彻、执行森林资源法律法规，使其付诸实施。司法则是国家司法机关根据法定职权和法定程序，具体应用法律处理案件的专门活动。林业行政体系和林业司法体系是森林资源法律运行体系的关键环节。我国已经具备较为完整的林业行政体系和林业司法体系。在林业执法体系中，国家林业局作为国务院直属机构，具有最高的林业行政执法权，全国各省、市、县都设有专门林业行政管理机构。林业的司法体系也较健全，各级法院和检察院行使审判权和监督权，在重要的国有林区设立林业法院和林业检察院等专门的司法机构。

第三节　森林资源与环境审计内容与方法

一、森林资源审计

（一）意义与目标

森林资源是人类必不可少的资源之一。加强对国有森林资源的管理，不仅是森林资源的一种保护方式，也是切实促进资源可持续发展的一种策略。随着经济高速发展，森林资源短缺与国民经济建设的矛盾日益突出，使得人们对于加强森林资源管理的认识逐渐提高。因此，如何合理、高效地组织森林资源审计，对加强森林资源管理的监督，及时、有效地反映国有森林资源的现状，提出对森林资源管理改进的建议，以及促进森林资源可持续发展具有重要的意义。

1. 明确森林资源审计的目标是做好森林资源审计的基础。审计目标是审计指导思想的具体化，是指导审计工作开展的总要求。森林资源审计的目标不能仅仅停留在涉林资金的使用以及林业工程项目建设的评价上，而是要最大限度地保护森林资源，维持可持续发展，促进经济、生态和社会效益的平衡。因此，我们应进一步增强森林资源保护意识，促进森林资源资产保护、补偿和合理开发利用，紧紧围绕森林资源保护的审计目标开展工作，将其作为森林资源审计的出发点和落脚点。

2. 构建森林资源审计操作指引是做好森林资源审计的核心。森林资源审计是自然资源审计的一部分，具有资金投入散、资源分布广、专业性强等特点，因此构建一套完善的审计操作指引是做好森林资源审计的核心工作。在审计工作中，我们应该根据森林资源的存量、分布、开发利用、保护、补偿、专项资金等方面进行研究，合理明确审计内容；在牵涉到相关专业部门的业务环节及专业技术层面，审计人员的专业知识相对缺乏，可适当引入专业技术力量和外聘专业技术人员，协助审计人员开展审计工作，为森林资源审计提供技术支撑；森林资源数据统计部门归口不一，合理选取指标和评价标准，有助于审计人员更加高效地开展审计工作。

3. 合理选取审计方法是做好森林资源审计的关键。鉴于资源审计和林业经营管理体制的特殊性，传统的林业审计主要针对资金的使用和项目的建设情况，无法真正达到森林资源保护的目的。而实地延伸、核实森林资源的具体情况才是做好森林资源审计的关键。鉴于森林面积以及地理位置不易确认，延伸工作难度较大。可通过应用GIS和GPS定位技术对森林资源的具体情况进行延伸审计，可以更快、更准确地掌握森林资源的总体情况，并及时发现林业项目未建设到位、森林资源遭到破坏等违法违规问题。例如，可以通过GIS掌握森林资源总体情况，再与森林保护区等卫片进行叠加，发现森林资源遭受破坏的地方，并通过GPS定位进行延伸审计、拍照取证，从而更加高效、快捷地开展林业审计工作。

作为资源审计范畴内的一个分支，探索和研究森林资源审计对促进资源审计发展完善具有重要意义。森林资源审计亟须尽快建立起理论基础，明确审

计目标，构建合理的审计操作指引，推动森林资源审计不断向前发展[①]。

(二) 内容与重点

习近平总书记指出，"山水林田湖是一个生命共同体，人的命脉在田，田的命脉在水，水的命脉在山，山的命脉在土，土的命脉在树"，森林资源是绿色生态建设的重要组成部分，是生态命脉的根基。落实严格的森林资源管理制度，全面推进绿色生态文明建设是森林资源自然资产审计的重要内容。笔者认为，对领导干部开展森林资源资产责任审计应重点关注以下内容：

1.森林资源管理保护责任落实情况。应查阅被审计地方政府相关文件通知、目标责任书、规划、方案，相关会议纪要，以及当地政府制定出台的森林资源管理政策、目标管理考核制度、目标责任书、责任追究办法等资料，审计关注是否发文成立了相应的领导小组、管理机构，负责本行政区域内森林资源管理保护工作；是否建立了相关联席会议制度、森林资源管理保护制度，如林业生态保护红线划定、年度目标责任分解落实、目标责任书、年度目标责任考核及结果运用、森林采伐和木材运输审批发证等制度；是否编制了森林资源管理保护规划和方案，如林地保护利用规划、巩固退耕还林成果专项规划、森林防火专项规划、森林火灾应急预案、突发林业有害生物事件应急预案、突发林业有害生物事件应急实施方案等；是否将森林资源管理和保护工作纳入政府绩效考核内容，是否将考核指标分解落实；是否认真履行了森林公安等林业执法职责；当地森林火灾的数量、规模、原因分析、造成的人员伤亡以及对自然生态环境的影响等情况，是否存在预警机制未发挥应有的作用，影响森林火灾及时扑救的问题。

2.违法征占用林地情况。要向当地政府办公室、林业、国土、信访等部门收集并审阅林地征占用台账、林业执法案件卷宗、处理处罚台账、上级批示督办件、群众信访举报事项、重点审计收集林地征占用审批文件、林地征占用台账清单（含临时占用林地），审计抽查占地面积较大的重点建设项目，审阅建设单位的征地补偿情况、补偿协议等相关资料，结合查看建设项目现场，看是否存在建设项目未按规定办理征占用林地审批手续，重点关注未经批准擅自占用林地，少批多占林地，提供虚假文件、谎报用途欺骗占用林地，在临时占用林地上修建永久性建筑物改变林地用途等违法违规问题；要充分利用地理信息技术，通过图表比对查看擅自开垦林地，进行土地整理开发、复垦、采石、采砂、采土等破坏地表植被的活动，使森林、林木受到毁

---
① 资料来源：审计署网站，http://www.audit.gov.cn/n6/n1558/c109774/content.html。

坏的问题。

3.违法采伐林木的情况。应重点关注6种违法采伐情形：（1）以非法占有为目的，擅自砍伐国家、集体所有的林木；（2）擅自砍伐他人依法承包经营的林木；（3）擅自砍伐本人承包经营管理的林木；（4）违反采伐许可证的规定，采伐国家、集体及他人自留山上的或他人经营管理的森林或其他林木；（5）单位擅自采伐其他单位管理或所有的林木；（6）集体组织擅自采伐国家或其他集体组织所有的林木。同时还要关注滥伐森林或其他林木问题，如未经林业行政主管部门及法律规定的其他主管部门批准并核发采伐许可证，或者虽持有采伐许可证，但违背采伐证所规定的地点、数量、树种、方式而任意采伐本单位所有或管理，以及本人自留山上的森林或者其他林木的问题。

4.林业生态建设项目实施和效果情况。应收集并调阅林业生态建设项目相关资料，关注项目招投标是否合法，是否存在"暗箱"操作，有无地方领导干部干预招投标；关注项目资金使用是否合规，支付是否合法合规，是否存在挪用、占用、不及时支付情况；关注项目建设管理是否到位，是否严格按照建设项目要求执行，项目变更是否合法合规，手续是否齐全；关注项目绩效评价情况，实地查看项目实施进度、建后管护、实现预期目标或效果等情况。

5.湿地保护区、自然保护区和野生动植物保护责任落实情况。应重点关注湿地保护区和自然保护区内开矿、采石、挖沙、抽排湿地水资源、违规兴建人工实施等问题；关注查阅被审计地方突发林业有害生物危害的情况，有害生物事件的数量、规模、应急预案、突发林业有害生物事件应急实施方案等，是否落实可行的方案，是否认真履行了防治职责，是否存在预警不力，防治不到位，大面积蔓延的现象；关注滥捕乱猎，随意杀害野生动物以及非法收购、运输珍稀野生动物的违法犯罪活动，是否存在处理不力，造成严重社会影响的问题①。

二、森林环境审计

（一）审计类型

与所有与环境有关的审计一样，森林环境审计可以考虑财务、合规以及绩效问题。其方法与所有最高审计机关通常采用的审计方法并无不同。它涵盖了所有类型的审计。

---

① 资料来源：审计署网站，http://www.audit.gov.cn/n6/n1558/c111479/content.html。

然而，在森林管理的具体背景下，可特别注意披露森林资产和负债、遵守（国家和国际）立法和公约以及评估被审计单位为促进经济效率和效用而采取的措施等方面。

（二）审计方法与工具

森林审计采用了绝大多数审计中常用的许多方法，如数据分析和评价、实地观察、访谈、抽样和内部控制系统评价。然而，在森林审计中，值得注意的是，我们处理的是土地覆盖率，而不是其他类型审计中发现的简单数字数据。我们需要选择风险最大的土地。因此，审计人员需要配备最合适的工具和技术来实现审计目标。基于计算机的技术在审计中可能特别有用，这些技术的两个例子是GPS和GIS。

地理信息系统（GIS）是一种基于计算机的工具，用于绘制和分析地球上存在的事物和发生的事件[①]。Burrough（1998）将地理信息系统定义为"为特定目的从现实世界收集、存储、随意检索、转换和显示空间数据的工具集"。同时，Arnoff（1991）将地理信息系统定义为"一个基于计算机的系统，提供四组处理地理参考数据的能力：数据输入；数据管理（数据存储和检索）；操作和分析；以及数据输出"。

地理信息系统可用于规划和进行审计。从地理信息系统获得的信息，可用于精确确定将用于实地观察的森林面积、确定任何毁林地点、调查非法伐木以及评估森林火灾和非法土地使用情况。

全球定位系统（GPS）是美国国防部研制的全球导航卫星系统（GNSS）。它使用一个由24—32颗中轨道卫星组成的卫星群。这些卫星发射精确的微波信号，使GPS接收机能够确定其当前位置、时间和速度（包括方向）。在森林审计中，GPS精确定位待审计森林的面积。

（三）基于风险的森林环境审计

基于风险的审计方法是进行森林审计的最佳方式。这类审计将一种方法应用于规划审计范围，以帮助适当地集中最高审计机关的审计资源。对森林管理的审计涵盖了一系列主题。为确保审计工作不会对最高审计机关的资源提出过多的要求，建议根据进行审计的各单位的技能和能力，确定各专题和分专题的优先次序。图7-1显示了基于风险的审计方法的流程图，该流程图基于是否需要一般或特定的审计。

---

① 资料来源：www.gisdevelopment.net/tutorials/tuman006pf.htm。

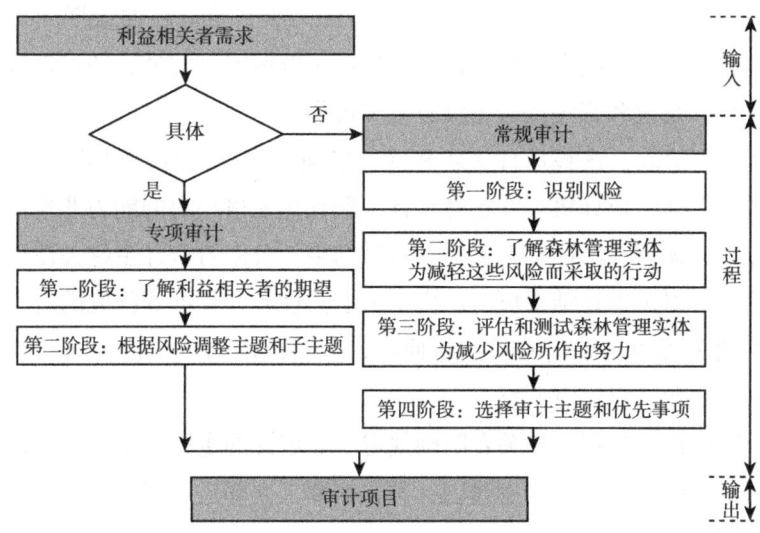

图7-1 基于风险的森林环境审计方法流程图

1.常规审计。当审计主题或子主题没有明确规定时,最高审计机关应通过考虑现有风险、管理层降低这些风险的能力,然后通过确定要审计的主题和子主题的优先顺序来进行审计。

常规审计的阶段描述如下:

(1)第一阶段:识别风险。在这一阶段,最高审计机关预计能够查明与审计中每个分专题有关的风险。在识别风险时,审计人员应考虑到所涉森林的特殊性,以及涉及的主要参与者。

与森林管理有关的风险复杂又难以评估,有时也没有全面的数据。如果发生这种情况,最高审计机关可能会利用外部资源来识别风险。这些来源包括学术论文、非政府组织所做的研究、对有关官员和代表的采访以及来自媒体的信息。

(2)第二阶段:了解森林管理实体为减轻这些风险采取的行动。森林管理实体可能已经在努力解决它面临的各种问题。考虑到这一点,最高审计机关应了解管理实体和其他相关关键参与者所采取的行动。

最高审计机关可以通过审查政府制定的法律法规、标准操作程序、政策和工具,以及通过采访一些"关键参与者",了解管理实体减轻风险的努力。

(3)第三阶段:评估和测试森林管理实体为减少风险所作的努力。这一阶段与第二阶段紧密相连。在识别风险和评估实体减轻这些风险的努力方面,最高审计机关的能力至关重要。第三阶段应使最高审计机关了解管理实体为降低风险所做的工作,重要主题和子主题的信息,以及该单位的控制系统是否不足或是否产生进一步的风险。

应约谈森林管理实体的有关工作人员和高级官员。在面谈期间，可以讨论单位的各种控制系统和程序，以便更好地了解情况。此外，还可以进行抽样测试，以检查系统和程序是否足够有效和可靠。

（4）第四阶段：选择审计主题和优先事项。这是最重要和最关键的阶段。与第三阶段一样，审计机关在选择审计主题和优先事项时的能力非常重要。审计机关需要考虑审计师回答有关审计及其结果、公众对审计主题关注程度和性质、涉及金额以及审计结果可能产生的影响的性质和程度等问题的能力。

审计机关可以与政府官员进行面谈，分析以前的审计报告，并就要审计的主题和子主题进行民意调查。

2.专项审计。当利益相关者明确规定了要审计的主题和子主题时，最高审计机关可以选择省略风险识别过程，并根据要求立即进行审计。具体问题的阶段描述如下：

（1）第一阶段：了解利益相关者的期望。这一阶段包括最高审计机关将利益相关者的请求纳入相关主题和子主题。这包括明确与指定的主题和子主题相关的特定风险。

（2）第二阶段：根据风险调整主题和子主题。这个阶段是关于建立审计程序。为此，最高审计机关可能希望使用审计设计矩阵。

第四节　森林资源和环境审计典型案例

本节介绍了来自世界各地的5个案例研究——每一个都与森林面临的特定风险有关。这些例子包括关于审计目标、范围、结果和建议的信息。5个案例研究主题分别为：①

一、非法使用土地

"森林保护报告"（土耳其会计院，2004）②

（一）审计目标

本次审计的目的是确保：

---

① 本节内容主要参考世界审计组织环境审计工作组出版物，Auditing Forests: Guidance for Supreme Audit Institutions.

② 资料来源：Turkish Court of Account, 2004. Report on protection of forest. [Online] Turkish Court of account, www.environmental-auditing.org.

1.查明妨碍有效和高效率地开展森林保护活动的法律和行政法规，并查明影响这些活动实施的风险因素。

2.林业总局按照现实和明确的目标、宗旨开展活动。

3.活动有助于更有效地保护森林资产。

（二）审计范围

通过查明对森林的风险，以更有效和更有效率的方式开展保护森林的活动（主要与林业总局有关）。

（三）审计准则

1.林业总局"关于修订和通过林业总局组织和职能法令的第3234号"法律。

2.关于环境和林业部的组织和职能的第4856号法律第31条。

3."依照第6831号森林法进行森林调查条例"第16条。

（四）审计结果

1.在Milas森林管理局，调查了154767公顷森林总面积中的109747公顷。然而，由于财产冲突和石松的普遍存在，在6个进行干预最严重的村庄没有进行调查。在不包括在林区的2072公顷中，约有215公顷可向登记处登记。仅地籍法院就处理了145个案件。

2.在Milas森林管理局内，地籍法院仍在处理的案件数目为59起，民事初审法院正在处理的有关案件数目为142起。在被排除在森林区之外的243公顷土地中，约有182公顷在副省级边界内。

二、生物多样性与生态系统损失[①]

"斯洛文尼亚共和国审计法院和克罗地亚共和国国家审计署关于Snežnik和Kočevsko Kolpa区域公园规划区和Risnjak国家公园内生物多样性保护的审计报告"。（斯洛文尼亚共和国审计法院和克罗地亚共和国国家审计署，2007）

（一）历史

克罗地亚和斯洛文尼亚是生物多样性水平相对较高的国家；其生物多样

---

① 资料来源：The Court of Audit of the Republic of Slovenia and the State Audit Office of the Republic of Croatia, 2007. Audit Report of the Court of Audit of the Republic of Slovenia and the State Audit Office of the Republic of Croatia on the Conservation of biodiversity on the area of the planned regional parks Snežnik and Kočevsko Kolpa and in Risnjak National Park. [Online]. The Court of Audit of the Republic of Slovenia and the State Audit Office of the Republic of Croatia, www.rs-rs.si/rsrs/rsrseng.nsf/I/KDC8C58B728C26136C125747C002C35B8/ $file/SneznikKolpa96-05_INT.pdf。

性指数（NBI）位列欧洲国家前25%。两国于1996年批准了《生物多样性公约》，并同意执行其目标，以便有效地保护生物多样性。两个邻国的最高审计机关决定通过以下方式为执行《生物多样性公约》做出贡献：对保护区的建立或管理进行审计，并对保护生物多样性措施的执行效率进行审计。由于审计结果和结论具有可比性，国家审计署发表了一份关于保护区的联合审计报告，即克罗地亚的Risnjak国家公园和斯洛文尼亚规划的Snežnik和Kočevsko Kolpa区域公园。

（二）审计目标

评估保护生物多样性的体制框架的适当性，并测试保护区管理的效率。

（三）审计范围

1. 建立保护区管理制度。
2. 实施森林大型食肉动物保护措施。

（四）审计准则

1. 《自然保护法》第119条第5款；规范了法人或个人为防止损害必须采取的行动和干预措施，规范了专家方法，并提供了进行损害评估和赔偿率的规则。
2. 规定赔偿计算标准的部长条例。

（五）审计结果

1. 两国在研究和个别项目方面有合作。然而，在促进确定适当的可持续发展政策方面，制度上的合作较少。
2. 各国之间在管理大型食肉动物方面开展了合作，主要是通过科学和研究活动以及通过实施项目进行合作。例如，目前，两国在一个监测两国猞猁种群的项目中进行了合作。
3. 两国在森林资源保护和保存方面的合作并没有制度化。

（六）审计建议

1. 最高审计机关建议责任机构：
（1）它们的战略文件应着重阐明在保护区开展合作的适当和充分的基础（对长期保护生物多样性和景观多样性很重要）；
（2）区域公园（Snežnik和Kočevsko Kolpa）成立后，应开始开展活动，制订Risnjak国家公园和两个区域公园的共同管理计划，然后确定管理保护区的共

同目标和措施。

2.最高审计机关建议授权机构：

（1）准备并采用与所有三种大型食肉动物相关的管理计划的共同基础。这些基地应制定措施，确保食肉动物种群稳定，并包含防止野生动物迁离定居点的措施，以及防止大型食肉动物造成的损害（从而促进野生动物与当地人民之间更加和平地共存）。

（2）准备并采用通用基础来监视这三个大型食肉动物并交换数据。他们应根据那些必须进行评估的专家的专业知识，确定评估食肉动物种群规模和状况的方法。

三、森林火灾[①]

"关于预测、预防和积极扑灭森林火灾的环境审计案例研究"（意大利审计院，2006）

（一）历史

在过去10年中，尽管意大利在财政和组织上做出了更大的承诺，但森林火灾的数量稳步上升。森林火灾有许多影响，尤其林地是生物多样性保护、水文地质保护、气候稳定、水和空气循环、景观价值以及普遍提高人民生活质量的基本要素。森林火灾还造成了巨大的经济损失、财产和商业损失，特别是在该国的旅游地区。最后，还存在着有关公众和该部门工作人员安全的问题。

欧洲共同体已将意大利地区的许多地区划为火灾高发区。欧洲共同体已采取行动，根据每年的林地防火计划采取措施，并在整个共同体建立监测系统，以扑灭森林火灾。

（二）审计目标

衡量意大利立法规定的所有方面在环境教育方面取得的成果。这包括采购消防飞机的程序；如何监督和重用未分配给受让人的政府预算，并由民防部门监督法定手续。

（三）审计范围

根据审计法院中央审计司通过的第26/2006号决议，2003年12月16日启动的预测、预防和扑灭森林火灾的管理措施旨在评估2000年11月21日的353

---

① 资料来源：EUROSAI Working Group on Environmental Auditing, 2006. ［Online］. EUROSAI Working Group on Environmental Auditing, www.environmental-auditing.org。

号森林火灾框架法的执行进展情况。

(四) 审计准则

1.2000年11月21日关于森林火灾的第353号框架法。

2.《意大利宪法》第117条赋予普通法域打击森林火灾的立法权，2001年10月18日第3号法律基本上确认了这一点。

(五) 审计结果

1.民防署没有对2000年第353号法律规定的手续进行彻底的监督，也没有向议会提供对立法做出必要调整所需的资料。

2.该部也未能及时获得可靠的支出账目。旨在预防和扑灭森林大火的培训和信息计划也需要在总体上由该领域的专家起草一致的计划。

3.由于在管理森林灭火方案方面发现的缺点、不足、关键因素和拖延，无法充分评估积极扑救森林火灾的效率、效益和成本效益。

四、毁林和森林退化①

"森林和土地恢复计划审计——Badan Pemeriksa Keuangan"（印度尼西亚共和国审计委员会，2008）

(一) 审计目标

评估林地恢复项目资金拨付、分配、使用的适当性和经济效益。

(二) 审计范围

1. Cimanuk Citanduy和citraum ciliung河流域管理。

2. Jawa Barat省林业。

3. Bogor农业综合企业。

4. 审计期间为2003—2007年。

(三) 审计准则

1.环境管理法规——第23号法规，1997年。

2.林业法规——第41号法规，1999年。

3.再造林法规——2000年第104号政府法规。

① 资料来源：The Audit Board of The Republic of Indonesia.2008.Audit Report of Forest and Land Rehabilitation Program.［Online］. The Audit Board of The Republic of Indonesia, www.environmental-auditing.org。

4.森林和土地恢复指导。

(四)审计结果

1.2003—2006年资助的项目仅为200005公顷土地。这意味着重新造林计划没有显著减少Jawa barat的关键森林和土地面积(目标是减少580397公顷的关键面积)。

2.由于种子计划和采购不善,森林和土地恢复计划的资金使用效率低下。

(1) Bogor市和Sumedang市的绿色城市发展效率低下,达84831050.00卢比。这是因为一个地方政府在选择重新造林地区时没有参考适当的法规。

(2)种子采购金额为2570911200.00卢比不是最优的。这意味着政府失去了改善环境质量的机会,特别是在森林和土地面积方面。这是因为林业部没有重视和考虑早期的退耕还林政策策略。

(3)2006年,Cipularang旁路的植树方式不符合规定。因此,政府失去了改善环境质量的机会。之所以发生这种情况,是因为植树采购没有参照相应的规定。

(4)种子采购效率低下,达979775650.00卢比。这是因为流域管理负责人没有参照林业部制定的价格标准,控制体系薄弱。

五、气候变化[①]

"重点生态公益林建设对生态环境影响的评价"(中华人民共和国审计署,2008)

(一)审计目标

评价生态公益林建设对周围环境的影响。这是通过调查有关政府的资本流入,以及调查政府、集体和林业工作者对森林的管理和保护来实现的。包括:评估政府和公众对建立生态公益林的关注和认识;还评估建立生态公益林对当地和下游环境的影响;调查这些森林对农民收入的影响。

(二)审计范围

1.补偿资金的拨付和使用。
2.生态公益林管理。

---

① 资料来源:National Audit Office of the People's Republic of China, 2008. Evaluation of Impact of Key Ecological Forest Construction on Ecological Environment. [Online] National Audit Office of the People's Republic of China, www.environmental-auditing.org.

3.生态林公益林建设对生态环境影响程度绩效评价（包括评价生态公益林建设对气候变化、生物多样性、水土流失和地质灾害、森林旅游的影响程度）。

（三）审计结果

审计结果表明，生态公益林建设对改善生态环境具有重要意义。

1.建立了补偿制度。省、市、县生态补偿资金列入年度财政预算。随着经济的发展，补偿资金逐年增加。存在可以提高林业工作者获得的补偿费的机制。

2.森林得到更好的管理。通过生态公益林的区划界定，层层签订了公益林管理责任书。签署的文件涉及森林采伐、环境保护、防火和虫害防治。全省共雇用了19400名护林员和2323名视察员。建立了远程视频监控系统。建立了地理信息系统。

3.有生态效益。2007年林业科研机构对197万公顷生态公益林的调查表明，这类森林增加了空气负离子浓度和湿度，对控制气候变化和改善水质发挥了积极作用。在全省不同生态森林中建立了20个省级自然保护区和8个湿地，惠及濒危野生动植物。水利厅、水土保持委员会发布的《水土保持监测公报》报告，2000年至2005年，浙江省水土流失面积下降15.38%。生态林建设也给旅游业带来了机遇。

4.有不足之处。审计显示，在资金和管理质量方面存在不足。例如，重点生态林区仍易发生森林火灾，也有因松材线虫病和滥伐造成的破坏。由于生态公益林面积相对较小，针叶林所占比例较大，森林结构质量较低，改善率无法与经济发展造成的环境污染同步。一些政府没有在规定的时间内拨付补偿金。

（四）审计建议

1.增加生态森林面积33.33亿公顷。

2.减少空气和水污染。

3.为了增加个人收入，满足当地经济发展的需要，需要提高对林业人员的补偿费（每年10%）。此外，建议省政府拨付补偿资金，以减轻山区县的财政负担。

4.建立生态公益林管理队伍。加强重点生态公益林经营活动的力量建设，确保队伍力量与区域需求和森林覆盖率相适应。加强病虫害防治和森林防火培训，突出重点生态防护林应急程序。

▶▶ 本章讨论问题

1.什么是森林？森林的分类和种类有哪些？

2.什么是森林资源？森林的所有权归属？

3.森林有哪些功能？

4.什么是可持续的森林管理？

5.国际与国内的森林管理制度与法规分别有哪些？

6.森林资源审计的内容方法有哪些？

7.森林环境审计的内容方法有哪些？

8.基于风险的森林资源和环境审计可能涉及哪些方面？

9.我国审计署的"重点生态公益林建设对生态环境影响评价"项目发现了哪些问题？提出了哪些建议？

本章参考文献

［1］Aronoff，Stan. Geographic Information Systems：A Management Perspective. Wdl Pubns. 1991.

［2］Burrough，P.A.，McDonnell R.A. Principles of Geographical Information Systems（Spatial Information Systems）. 2nd ed. USA：Oxford University Press. 1998.

［3］FAO. The Challenge of Sustainable Forest Management：What future for the world's forests? 1993.

［4］FAO. State of The World's Forest. 2001.

［5］FAO. Global Forest Resources Assessment 2005：Progress towards sustainable forest management，Rome. 2005.

［6］FAO. The Challenge of Sustainable Forest Management. 2005.

［7］FAO. FAO Forestry Country Profile. 2007.

［8］International Tropical Timber Organization. Sustaining Tropical Forest. 2004.

［9］JoeangoHutan. Forest Governance in Malaysia. An NGO perspective. A Report Produced for FERN. 2006.

［10］KP，Acharya. Religious and Spiritual Values of Forest Plants in Nepal，（original，unedited version of a paper submitted to the XII World Forestry Congress）. 2003.

［11］Lawrence S. Davis，K. Norman Johnson，Pete Bettinger，and Theodore E. Howard. Forest Management：To Sustain Ecological，Economic，and Social Values，Fourth Edition，Georgia：Waveland Press Inc. 2001.

［12］Stern，Nicholas. Publication of the Stern Review on the Economics of Climate Change. 2006.

［13］UNEP. Forest Biological Diversity. Rome. 2002.

［14］World Resources. Bearing Witness: Empowering Indonesian Communities to Fight Illegal Logging. 2005.

［15］陈根长. 我国为林业法定的主要政策和制度［J］. 河南林业，2002（04）：9-1.

［16］陈新云等. 林业经济发展模式的内涵与分类［J］. 林业经济问题，2004（06）：149-15.

［17］江泽慧. 中国林业可持续发展战略［M］. 北京：中国林业出版社，2003.

［18］陈根长. 中国林业政策的回顾与展望［J］. 中国林业，2000（01）：14-17.

［19］侯彦杰. 国有森林资源法制化管理体系研究［D］. 东北林业大学，2006：27-28.

第八章 矿产资源与环境审计

◆ 内容提示

矿业部门是任何国家现代生活的中心。实际上，数以百万计的产品是用来自全球的90多种开采出的物质建造的。矿业很可能有助于任何国家的经济发展：一方面，通过向大型矿业公司征税，这些公司有助于矿区所在地区的社会经济基础设施发展；直接在矿区或间接通过向矿区提供服务来创造就业机会；通过提供教育和健康服务来提升人力资本；增加外汇储备（减少外汇赤字）；改善道路和供水等基础设施；创造其他经济活动来支持矿山，而不是从国外进口所有物资。另一方面，金属和矿物的供应并非没有环境和社会成本。采矿的环境影响从勘探开始，延伸到矿物的开采和加工，可以延续到矿山关闭后。在项目实施的各个阶段，影响的性质和程度可能会有所不同。大型和小型采矿作业都会对环境产生影响。矿产资源活动影响所有环境媒介，如土地、空气、水和相关动植物，以及人类环境，如个人健康和安全、当地社区生活方式、文化生存、社会秩序和经济福利。

最高审计机关在其国家的采矿活动方面可以发挥作用。一是促进政府运作的透明度，并确保知情的公众监督政府在采矿部门的行动。二是可以促进健全的财务管理和公共责任，这两者都是可持续发展的基本要素。此外，最高审计机关在进行财务、合规、绩效审计方面的独立性使其处于一种独特的地位，能够合法、可信地评估政府政策和义务的有效性和效率，并报告任何不可持续的采矿行为。此外，对采矿业的审计结果将提高该国矿业部门的制度建设和利益相关者的能力。通过环境审计报告中的建议，政府（通过其负责采矿的部委、机构或当局）将希望确保矿业公司采取对环境和社会负责的做法。

本章旨在协助审计师进行矿产资源与环境审计，首先介绍了矿产资源与环境的相关概念和矿产资源环境管理制度与法规，在此基础上讨论矿产资源与

环境审计内容与方法，最后还提供了案例研究，可作为参考材料。

◆ 引导性案例

2016年1月28日，审计署发布了2015年开展的关于1724宗矿业权的审计结果公告。这次审计与2013年、2014年两次审计相比，重点内容基本保持一致，重点关注了三个方面的审计内容：一是矿产资源基本情况。包括矿产资源储量、矿业权的基本状况，矿产资源相关资金收支基本情况，以及矿产资源相关政策的落实情况。二是矿业权管理情况，包括矿业权审批出让情况、矿业权转让和交易情况、矿产资源勘查开采情况，重点关注矿业权人在转让交易中的违法违规问题等。三是探矿权采矿权价款、探矿权采矿权使用费、矿产资源补偿费、资源税等资金的收入征管情况和使用情况。

与前两次审计相比，这次审计为顺应中央更加重视生态文明建设的形势，还更加突出关注了矿山地质环境治理恢复问题，反映了矿山地质环境治理恢复保证金制度不落实，部分地方收缴保证金不到位，部分治理项目未如期开工、竣工，有的已实施项目还存在质量和安全隐患等问题，以促进更好地解决这些问题。

从审计情况看，矿产资源领域存在四个方面的突出问题：一是部分地方违规审批矿业权；二是国有企业、国有地勘单位等矿业权人违规转让、收购矿业权；三是矿山环境生态治理仍存在不到位问题；四是矿产资源相关资金的征收管理还不够规范等。

2015年审计了新疆、青海等6省区后，审计已基本覆盖了主要的矿产资源富集省区。从累计审计20个省区的情况看，这些省区发生的问题有共同特点：一是从问题发生时间看，主要集中在2004年至2010年，这和这一时期矿产品及矿业权市场持续上行有关；二是从问题发生的环节看，问题主要集中在矿业权审批出让、转让收购环节；三是从问题发生的根源看，主要原因集中在矿业权有偿取得制度不完善、矿业权退出机制未建立、国家出资探明矿产地相关权益维护不力等制度方面。①

◆ 问题思考

中华人民共和国审计署为何要在2013—2015年连续三年开展矿产资源审计？此种审计的重要性如何？其中，2015年的审计中更加重视、突出关注了什么问题？审计结果反映了哪些突出问题？

---

① 国家审计署网站，http://www.audit.gov.cn/n4/n19/c81038/content.html。

第一节　矿产资源与环境相关概念

一、矿物、矿石、矿体、矿床

矿物是指具有一定化学组成的天然单质或化合物，它具有稳定的相界面和结晶习性。矿物的内部结晶习性决定了矿物的晶型和对称性；矿物的化学键的性质决定了矿物的硬度、光泽和导电性质；矿物的化学成分、结合的紧密度决定了矿物的颜色和比重等。在识别矿物时，矿物的形态和物理性质，由于其易于鉴定而成为鉴定矿物最常用的标志。矿物是组成岩石的基础。

矿石是指可从中提取有用组分或其本身具有某种可被利用的性能的矿物集合体。矿石一般由矿石矿物和脉石矿物组成。矿石矿物是指矿石中可被利用的金属或非金属矿物，也称有用矿物。脉石矿物是指那些与矿石矿物相伴生的、暂不能利用的矿物，也称"无用矿物"。

矿石品位是指单位体积或单位重量矿石中有用组分或有用矿物的含量。一般以重量百分比表示（如铁、铜、铅、锌等矿），有的用"克/吨"表示（如金、银等矿），有的用"克/立方米"表示（如砂金矿等），有的用"克/升"表示（如碘、溴等化工原料矿产）。矿产品位是衡量矿床经济价值的主要指标。

矿体是指含有足够数量矿石、具有开采价值的地质体。它有一定的形状、产状和规模。矿体周围的无经济意义的岩石是矿体的围岩。矿体与围岩的界限有的清楚截然，有的逐渐过渡。在后一种情况下，矿体的界限需根据采样的成分分析所查定的边界品位加以确定。矿体中与矿石伴生的无用岩石，称为"夹石"或"脉石"。矿体形状受控矿地质因素（地层、岩石、构造等）和成矿作用方式（沉积成矿、热液充填成矿、交代作用成矿等）决定。

矿床是指在地壳中由地质作用形成的，其所含有用矿物资源的数量和质量，在一定的经济技术条件下能被开采利用的综合地质体。一个矿床至少由一个矿体组成，也可以由两个或多个，甚至十几个乃至上百个矿体组成。矿床是由地质作用形成的、有开采利用价值的有用矿物的聚集地。包括地质的和经济的双重含义。

二、矿产资源

根据《矿产资源法实施细则》第2条规定,所谓"矿产资源",是指由地质作用形成的,具有利用价值的,呈固态、液态、气态的自然资源。目前中国已发现矿种168个,可分为能源矿产(如煤、石油、地热)、金属矿产(如铁、锰、铜)、非金属矿产(如金刚石、石灰岩、黏土)和水气矿产(如地下水、矿泉水、二氧化碳气)四大类。

我国矿产资源具有以下特点:

(一)种类多,资源总量丰富

我国幅员辽阔,地质条件复杂,矿藏资源丰富。到目前为止已发现的矿藏多达160余种,世界上已发现的矿种我们基本上都有。我国是世界上矿种比较齐全、配套程度较高,储量也很丰富的少数国家之一。在已发现的160多种矿藏中,已有148种初步探明了储量。针对2000年到2020年国民经济发展战略目标,依据矿藏资源的储量、质量和找矿的远景与技术条件,对40种重要矿藏进行评估,按资源保证程度可分为四个类级:

第一类级:储量丰富,自给有余,有部分可供出口的共计19种。它们是:煤、钨、锡、钼、稀土、盐、石墨、萤石、菱镁矿、重晶石、滑石、石膏、高岭土、硅藻石、膨润土、硅灰石、水泥灰石、玻璃硅质原料和石材。

第二类级:可基本满足需要,但也有缺口的,共计11种。它们是:铁、锰、铅、锌、铝、镍、硫、磷、铀、石棉和海泡石等,其中铁矿缺口较大。

第三类级:有一定资源潜力,但可供规划用的探明储量缺口较大。它们是:石油、天然气、铜、金、银等5种(这些矿种的潜在储量仍然很大,据估测,石油的探明储量只占储量的19%,天然气只占2%,煤也只占三分之一)。

第四类级:探明储量不足,资源远景不明的共计5种。它们是铬、铂(族)、金刚石、硼、钾盐等。

(二)多数一类矿藏富矿少,贫矿多,选矿难度大

我国铁矿石缺口较大,不是因为储量少(我国铁矿探明储量几近500亿吨,居世界前列),主要是因为品位>50%的富矿仅占2.3%,95%以上的储量均为平均品位33%上下的中低品位矿石。我国铜矿的探明储量已达5900余万吨,亦位居世界前列,但品位>1%的富矿仅占35%,加上伴生组分多,大大增加了选冶的难度和费用。论储量,我国铝土矿也很丰富,但矿床类型主要属一水型的硬铝矿石,二氧化硅含量大,品位低,铝、硅比值>7的富矿仅占27%,<5的贫品位矿石占38%,亦增加了选冶的难度和成本。其它如磷矿、

锰矿都有类似特点。在已探明的储量中，贫品位的磷占44%。贫、杂、难选的锰占94%。

（三）共生矿床多，矿石组分复杂

由于许多成矿元素，如亲铜元素、亲石元素以及介于二者之间的过渡性元素，其地球化学性质均具有近似性，在成矿过程中常常形成共生、伴生矿床，使矿石矿物组分变得十分复杂。这种由多种成矿元素组合而成的矿床，通常称为"综合性矿床"。这是自然界矿藏形成的普遍规律，我国也不例外。据统计，我国具有其它矿物组分共生、伴生的铁矿，即占全国铁矿保有储量的41%。其组分有铁-钛、钒型，如攀西铁矿；有铁-锅稀土型，如内蒙古的白云鄂博；有铁-铜-钴-金型和铁-锡-硫型等。至于有色金属矿床，几乎90%以上都属具有综合组分的矿床。如甘肃金川镍铜矿，伴生的组分就有金、银、钴、铂、钯、锇、铱、铑、硒、碲、碘、镓、锗、钼等20余种；湖南柿竹园的钨矿则是一个由钨、锡、铋、钼等组成的综合矿床；云南个旧的锡矿是由锡、铜、铅、锌等多种金属矿伴生。非金属矿藏，包括煤、石油、磷等在内均有多组分的特点，如磷矿常伴有稀土、铀、铁、钒、钛、硫、铝、碘等。

在不同技术经济条件下，矿床多组分性可以是一个缺点，但也可以形成一种优势。因为组合型矿石，选冶流程比较复杂，和单一矿石相比，需要较好的设备，较多的费用。但如技术先进，则可同时回收多种矿产资源，使一矿变多矿，小矿变大矿，贫矿变富矿，增加矿产总储量和产量，大大提高投资效益。

（四）分布普遍但又相对集中

在我国，许多重要矿藏分布地区很广，如煤炭分布于全国28个省区；27个省区均有铁、铜分布，有24个省区有磷分布，19个省区有钨的分布。但这些矿藏大部分储量却相对集中于少数省区，如煤炭61%的探明储量集中于山西、内蒙古2个省区；三分之二以上探明储量的铁集中于辽、川、冀、晋、皖、鄂、内蒙古、鲁、滇等9个省区；82%探明储量的铝土矿集中于晋、豫、黔、桂4省区。其它如湘、赣2省集中了全国钨的65%，湘桂2省区则集中了全国锑的64%。此外，贵州汞的探明储量占全国的71%，内蒙古的稀土占全国97%，辽宁的菱镁矿占全国的84%，青海柴达木的钾盐占全国的96.8%。

矿产资源地区分布的极端不均衡性，就要求在开发矿业发展地区经济时，必须加强地区之间的协作，互通有无，余缺互补。此外，我国有相当多的矿

藏，矿床规模多以中、小型为主，可与世界著名大型矿床相比的不多，所以在矿藏资源开发利用上，必须大、中、小并举，国家经营与地方经营相结合，充分利用中、小型矿床，大力发展地方产业。

三、采矿和矿物加工

根据联合国环境规划署的说法，采矿的实用定义可以简单地说是"从地球上开采矿物"。采矿也可以被视为一个过程，从勘探和发现矿床开始，并通过矿石开采和加工继续到关闭和恢复采空区。环境影响发生在所有这些阶段。

开采量最大的矿物是建筑用矿物。据估计，每年约有130亿吨石材、100亿吨砂砾和5亿吨粘土被使用。随着世界人口的迅速增长和建筑的不断增加，这些数字预计会增加。本章主要侧重于硬岩开采（即金属和宝石），尽管确定环境和社会脆弱地区也与其他采掘业有关，如石油、天然气和林业。

（一）如何获得矿物

一旦一个具有商业价值的矿床被发现，马上面临的问题是如何把它从地下挖出来。基本上有两种方法：露天开采和地下开采。

露天矿是为了开采近地表的矿体而进行的表面挖掘，通常呈圆锥形。覆盖在矿石上的岩石称为覆盖层，经过钻孔和/或爆破后装上卡车运出矿坑。矿石随后被移除进行初步处理。现今的大多数矿井都是露天开采的。

地下开采是在矿物深埋于地表之下的情况下进行的，只有高品位矿才具有此种开采的价值。必须钻出竖井、水平入口或通道（平硐）或倾斜通道（暗井）才能清除废物以到达矿石，并提供通风。

砂矿开采是一种广泛应用的从地表或近地表冲击矿床中提取贵金属的技术。沙子或砾石与水混合，然后搅动使金属下沉，较轻的不需要的材料然后被冲走。淘金是砂矿开采的一个简单、小规模的例子。

（二）开采矿物的加工

对于一些矿物，如建筑用矿物，加工通常仅限于洗涤和分离。对其他矿物来说，特别是金属矿，加工和分离可能涉及许多对环境有严重影响的化学和物理步骤。

需要的矿石必须与，和他们共存的价值较低或无价值的材料（称为脉石）分开。单位体积或单位重量矿石中有用组分或有用矿物的含量，以百分比或重量表示，称为"矿石品位"。根据联合国环境署2000年的数据，有用经济价值

的矿床的品位从克/吨（黄金）到几个百分点（铅、锌）或更高（如钾17%；锰30%；铁40%）。剩下的都是废料。这意味着，平均品位为0.91%的1000吨矿石将产生9吨金属和990吨废物[①]。

采矿产品加工的第一步通常包括破碎或研磨。由提炼和碾磨产生的混合废物称为"尾矿"。矿石的破碎、研磨、分级和分离成废料和矿石的整个过程通常称为"选矿"。以这种方式释放矿物颗粒后，可以使用以下几种方法之一进行物理分离：磁选法、重力法和化学法。磁选法和重力法一般不存在环境危害，但化学法存在。最常见的化学方法是浮选、凝结、合并和堆浸。这些方法使用大量的有机化合物、氰化物、汞和酸（通常是硫酸），所有这些都经常在尾矿中被发现，需要妥善处理。

四、采矿活动的环境影响

采矿对环境的影响因矿物类型和使用的开采方式而异。采矿本质上是一种破坏性活动，涉及开采不可再生资源。任何矿山都不可避免地会造成一些环境破坏，目标应该是尽量减少影响的程度。为方便起见，采矿影响可分为四类：矿山本身的影响、矿山废弃物的处置、矿石的运输和矿石的加工，这些往往涉及或产生危险物质。这些活动可能发生在同一地点，在这种情况下，影响是叠加的；当然这些活动也可能相距很远。

如果有适当的管理制度，就可以防止潜在的水污染、可能的空气污染、生物多样性的减少、自然资源的枯竭和职业健康问题。其他问题，如矿区栖息地的破坏，通常可以在矿山关闭后通过现场修复来解决。

（一）空气污染

主要的空气质量问题是露天矿作业以及破碎和研磨作业产生的粉尘。尾矿坝也会产生粉尘。工人和附近社区可能受到大气中粉尘的影响。此外，矿山周围的颗粒微尘会污染土壤和水，破坏植被。

采矿也是温室气体排放的来源。能源设备的使用产生二氧化碳，甲烷有时会从地下作业中释放出来，特别是在煤矿中。过去，一些深部矿山在制冷系统中使用消耗臭氧层的氯氟烃（CFCs）。这种做法现已基本停止。

冶炼（为了将矿石与脉石分离而加热矿石的过程）产生大量的空气污染物。在全球范围内，铜和其他有色金属的冶炼每年向大气排放约600万吨二氧

---

① UNEP. Industry and Environment, Volume 23 Special Issue 2000. Mining and sustainable development Ⅱ Challenges and perspectives. 2000.

化硫（SO_2），占全球排放总量的8%。

有色冶炼厂还排放大量砷、铅、镉和其他重金属（使用高效污染控制设备的除外）。冶炼厂也可能是区域污染的"热点"，其排放造成当地严重的环境破坏，并导致更远或全球性的现象，如酸雨和气候变化。

（二）水污染

采矿潜在的水污染源包括地表和地下矿山的排水、选矿废水和地表径流。一个特殊的问题是酸性矿井排水。许多采矿作业，特别是那些开采含有硫化物的矿石，如镍、铜、铁、锌、镉、铅和煤（如果存在黄铁矿），可能会产生酸性和含金属的溶液，这些溶液是硫化物通过暴露在空气和水中自然氧化而产生的。酸和金属的结合会对当地河道的生态产生严重的影响，金属会进入食物链的上游并积累。酸性矿井水可能是地下和地表巷道的排水问题，也可能是废石堆和浓缩尾矿库的排水问题。除非采取具体措施，否则在矿山运营期间和矿山关闭后很长时间内都可能发生。

如果没有适当的控制系统，使用危险和有毒化学品［如硫酸或氰化物（如浸出）或有机试剂（如浮选）］的矿物分离过程可能是严重的污染源。此外，许多矿山废水含有大量悬浮固体（从胶体到沉淀物质），这些悬浮固体来自矿石本身、废料或地面设施。这些固体物质会影响水生动植物，并在物理上阻塞当地的水道和湖泊。

除了造成水污染，挖掘也会影响挖掘区域周围的水文。挖掘可能导致地表水体更快地渗入地下水，使附近的溪流或水井变干。地下工程可以跨越含水层，并将不同的水体聚集在一起。

采矿在许多方面造成水污染：

1.采矿过程暴露了以前被锁在地下的重金属和硫化合物。雨水将这些化合物从裸露的土壤中滤出，造成"酸性矿井排水"和重金属污染，在采矿作业停止后很长一段时间内还会继续。

2.同样，雨水对成堆的采矿废物（尾矿）的冲刷将造成淡水供应的污染。

3.在金矿开采中，使用氰化物倾倒在成堆的已开采岩石（浸出堆）上，以化学方式从矿石中提取黄金。一些氰化物最终会进入附近的水中。

4.巨大的采矿废料"泥浆"池通常储存在围堵坝后。如果大坝漏水或决口，水污染是有保证的。

矿业公司有时将采矿废料直接倾倒到河流或其他水体中作为一种处理方法。这也许是最严重的水污染犯罪。

（三）矿山和矿产废物

因其特性所致，采矿会生产大量废物，在某些情况下对一个国家的废物总产量贡献很大。产生的废物量取决于开采的矿物类型以及矿山的规模。黄金和白银是产生废物最多的金属之一，99%以上的矿石被开采出来，最后成为废物。相比之下，铁矿开采的浪费更少，大约60%的矿石被作为废物处理[①]。

处理如此大量的废物给采矿业带来了巨大的挑战，并可能对环境产生重大影响。露天矿的影响往往比地下矿更为明显，因为地下矿往往产生更少的废物。水生态系统和受纳水体的退化，往往涉及水质的大幅度下降，可能是金属开采的最严重潜在影响之一。水体污染主要由三个因素引起：沉淀、排酸和金属沉积。

（四）生物多样性和栖息地

采矿可能导致远离矿区的额外间接影响。采矿对生物多样性的最明显影响是植被的消失，而植被的消失反过来又改变了野生动物的食物和庇护所的供应。在更广泛的范围内，采矿可能通过改变一个地区物种的组成和结构而影响生物多样性。例如，河流中的酸性排水和高浓度的金属通常会导致水环境的贫瘠。一些藻类和无脊椎动物对高金属和酸的暴露更为耐受，事实上，它们可能在竞争性较弱的环境中茁壮成长。外来物种（如杂草和害虫）可能会在本地物种减少的同时茁壮成长。一些野生动物物种从矿山提供的改良栖息地中受益。例如，使用煤矿墙作为庇护所的大角羊。

（五）尾矿

在提取和加工后留下的尾矿大多是含有非常高比例被研磨得极细的物质的泥浆。由于它们的数量巨大、液态和非常高的细颗粒含量（细碎的煤或矿石），对它们的控制是所有矿区的一个持久的管理问题。

大多数金属的分离过程并不能提取出所有的矿物。因此，尾矿中含有大量的金属和其他矿物，以及用于提取它们的化学物质的残留物。加工过程中产生的被研磨得极细的物质使以前在固体岩石中的污染物（如砷、镉、铜、铅和锌）能够接触到水。当尾矿暴露在大气中时，酸性废水通常是一个问题，因为它会加剧重金属的污染。它产生于硫化物矿物，经常与常见金属矿床（包括铜、金、铅、镍和锌）的开采相关。

尾矿通常是倾倒成堆，排入池塘，或排入尾矿坝。在某些情况下，水下

---

① 资料来源：http://pdf.wri.org/mining_background_literature_review.pdf。

排放或释放到河流中。这避免了产酸，但大量悬浮固体和污染物被直接排入水生栖息地。尾矿坝是最常见的处置形式，是一种大型工程项目。《世界矿山和工业尾矿坝名录》列出了 8 座高于 150 米的、22 座高于 100 米的和 115 座高于 50 米的尾矿坝。据了解，6 座尾矿坝的表面积大于 100 平方公里，容量超过 5000 万立方米。经验表明，尾矿坝具有潜在的严重安全和环境危害。以下是尾矿溃坝事故的一个例子：

2000 年 1 月，罗马尼亚 Baia Mare 矿山的一座尾矿坝裂开，将超过 10 万吨含氰化物和重金属的废水排入 Tisza 河，并最终排入多瑙河。此次泄漏造成 1240 吨鱼类死亡，250 万人的饮用水供应受到污染。面对飙升的清理成本（仅部分由其保险支付），持有该矿主要权益的澳大利亚 Esmeralda 勘探有限公司进入破产状态，以保护其股东。不幸的是，受影响国家的公民没有得到这种保护[①]。

第二节　矿产资源环境管理制度与法规

一、国际矿产资源环境管理制度与法规

环境事关全球性利益，非常重要。污染不承认国界，在国家和大陆之间自由出入。国际社会已经认识到这一事实，在过去几十年中做出了一些改善环境的努力。本章以有关环境与发展的互联网网站为资料来源，提供更多有关环境与发展协定的细节和参考。

关于自然保护的国际协定可以影响矿物开发和销售主要三个阶段的矿业活动，即采矿准入、采矿过程和矿产品管理。

（一）采矿准入管理

大多数与自然保护有关的国际条约都限制采矿。除了保护公园、荒野、湿地和自然的国家法律外，自 20 世纪 40 年代以来，还制定了各种国际条约来保护杰出的自然区域和资源。一个例子是联合国教科文组织 1972 年的《保护世界文化和自然遗产世界遗产公约》。它规定保护杰出的自然和文化遗址，将其列为"世界遗产"的一部分——在这些地区，不允许进行采矿等开发活动。

一般而言，自然遗址必须是地球历史主要阶段的杰出范例；有正在进行

---

① 资料来源：www.nodirtygold.org/economic_and_financial_toll.cfm。

的重要生态和生物过程；有最高级的自然现象；有非凡的自然美和美学重要性；或是重要的自然栖息地，可以就地保护生物多样性。一旦被列入名单，对各国都有强制力。如果一国未能充分保护自然遗址，唯一的制裁措施就是"摘牌"（保证不被摘牌，对某些国家来说是一种惊人的强大动力）。

一个由选出的21个国家组成的缔约国委员会（世界遗产委员会）决定将哪些遗址列入名单，然后各国有义务永远保护它们的遗址。该条约有100多个缔约国，截至1996年，已建立了119个"自然"和"双重"自然文化遗址，包括美国的黄石国家公园和大峡谷、尼泊尔的珠穆朗玛峰地区和澳大利亚的大堡礁[①]。

同样，限制采矿的其他重要国际公约包括1971年《拉姆萨尔国际重要湿地公约》《西半球自然保护和野生动物保护公约》，1968年《非洲自然和自然资源保护公约》，1979年《伯尔尼公约》（欧洲）和随后的欧盟理事会指令，以及1985年《东盟自然和自然资源保护协定》。

列举一个地区性条约如何影响采矿的例子。1997年，欧盟宣布将起诉10个成员国政府未能执行1995年《Natura 2000协定》（关于为濒危物种留出栖息地网络）。受国际条约启发的国内法也会给采矿带来问题。例如，1997年，巴西推迟了200多万公顷土地上采矿权的大型拍卖，部分原因是为了让政府有更多的时间来确定是否可以合法地允许在受环境保护的Pico da Neblina国家公园的那部分土地上采矿。

这些条约对于矿业可持续发展的谈判具有潜在的非常重要的意义，因为它们可以用来阻止或改变矿业准入和发展的方向。一个例子是，加拿大不列颠哥伦比亚省Tatshenshini-Alsek地区被列为世界遗产地，从而挫败了开发Windy Craggy矿山的申请。澳大利亚北部地区的Coronation Hill煤矿开采被否决，主要是因为土著居民的要求。根据这些自然条约保护遗址，可以为资源型经济体、非政府组织和其他方面处理今后的采矿申请提供重要的手段。

（二）采矿过程管理

如前所述，大多数阻碍采矿准入的公约都可以制定适用于采矿过程的国际法要求。关于深海海底采矿，《海洋法公约》为制定一套完整的作业法制度建立了框架。关于陆地采矿，自然/生物多样性条约也可以加强对采矿的管制。一个例子是，Crown Butte矿业公司的新的世界矿场毗邻黄石国家公园（一个世界遗产）。在这种情况下，如果允许采矿，许可证很可能会以特殊的环境要求

---

① 资料来源：http：//whc.unesco.org/。

为条件，因为美国担心黄石公园被摘牌。同样，当适用环境影响评估法时，研究结果可以揭示出需要对许可证进行特殊环境要求来控制操作。

1.水质条约。国际标准控制采矿过程的其他例子还有关于水质的各种国际和区域条约。其中包括一些关于陆源、船只和淡水资源倾倒和污染海洋的条约。如果采矿作业的废物可以接触任何水体，则需要特别注意这些条约的要求和未来的发展，因为许多条约制定了相对具体的国际标准①。

2.防止陆源污染海洋。1974年《防止陆源海洋污染巴黎公约》（适用于北大西洋、北冰洋和北海部分地区）、1972年《防止船舶和飞机倾倒海洋污染奥斯陆公约》和1973年《防止船舶污染伦敦国际公约》（MARPOL）及其1978年议定书是旨在保护海洋环境免受污染的一些公约。这些是关于海洋发展或影响海洋发展的条约。有许多淡水系统是污染条约的主题，对采矿，尤其是跨界污染有影响。

3.空气污染条约。采矿、冶炼和相关作业造成的空气污染仍主要受国家法律管理。然而，有几项国际航空协定对采矿业的未来有潜在影响。

4.远距离越境空气污染公约（LRTAP）。关于越境空气污染的区域性条约越来越多，这些条约的排放源于一个跨越国界进入另一个国家的国家。《远距离越境空气污染公约》（LRTAP）有四项议定书规定了二氧化硫、氮氧化物和挥发性有机化合物的具体排放限制，它对北半球国家（如欧盟、美国、加拿大和俄罗斯）的一些基本矿物选矿污染物规定了非常严格的限制②。

《LRTAP重金属议定书》对金属采矿/冶炼业特别重要，这既是因为该议定书对空气质量的限制，也是因为它可以禁止某些金属生产工艺和产品。美国，加拿大和墨西哥正在开发额外的区域条约来控制跨界空气污染，这对采矿和环境具有类似的潜在影响。

5.京都议定书。《京都议定书》为控制温室气体（GHGs）提供了一个全面的方法。温室气体是指在上层大气中形成一个吸热层并导致"全球变暖"的化学物质，主要是二氧化碳和甲烷。采矿业因其过程释放二氧化碳、甲烷和其他温室气体而受到影响③。

（三）矿产品管理

全球社会对采矿产品的看法正在发生一种范式转变，从历史上把采矿产品视为有益的"商品"转变为将其视为污染的"化学品"。这种从大宗商品到

---

① 资料来源：www.unep.org/。
② 资料来源：www.unece.org/env/lrtap。
③ 资料来源：www.unfccc.int。

化学品的观点正在向限制某些采矿最终产品贸易的国际条约，甚至是彻底禁止的方向发展。趋势是通过控制或禁止在贸易，回收和/或产品中使用该商品来控制废物或污染。

矿物危险废物和回收条约包括彻底禁止进口和出口危险废物。众所周知的《巴马科公约》禁止进口到非洲和南太平洋岛国，但允许每个相同区域的国家在受到某些管制的情况下相互贸易。1989年《洛美公约》禁止欧盟向非洲、加勒比和太平洋缔约国出口，除非进口国有足够的设施。

虽然特殊情况下允许危险废物转移，但须遵守通知、知情同意和设施充分性等保护性要求（例如，1989年《危险废物越境转移及其处置巴塞尔公约》和早期的经合组织和欧共体法律）。1993年，欧盟通过了一项详细的条例，极大地限制了欧盟成员国内或进出的危险废物航运，即使是用于回收（联合国贸易和发展会议）。在1995年，大多数巴塞尔缔约方通过了一项极具争议的"出口禁令"修正案，禁止发达国家（通常是经合组织和欧盟成员国）向发展中国家出口任何危险废物。该禁令立即生效，并从1997年起适用于材料回收或再循环（联合国环境规划署/指南）。

二、我国矿产资源环境管理制度与法规

（一）矿产资源管理制度与法规

随着经济全球化的发展、我国对外开放的深化和社会主义市场经济体制的完善，我国各行各业的行政管理都在积极向国际化、法治化、市场化方向发展。我国矿产资源管理自1986年《中华人民共和国矿产资源法》（以下简称"矿产资源法"）颁布实施以来，逐步建立并完善。特别是2009年矿产资源法第二次修改以来，我国矿产开发步伐加快，矿产资源管理改革持续推进，逐步形成了基本符合社会主义市场经济需求的矿产资源管理制度体系。目前我国矿产资源管理制度主要包括：

1.矿产资源所有权管理制度。矿产资源属于国家所有，由国务院行使国家对矿产资源的所有权。地表或者地下的矿产资源的国家所有权，不因其所依附的土地的所有权或者使用权的不同而改变。（矿产资源法第三条第一款）

勘查、开采矿产资源，必须依法分别申请、经批准取得探矿权、采矿权，并办理登记。（矿产资源法第三条第三款）

2.矿产资源规划管理制度。国家对矿产资源的勘查、开发实行统一规划、合理布局、综合勘查、合理开采和综合利用的方针。（矿产资源法第七条）

国家对国家规划矿区、对国民经济具有重要价值的矿区和国家规定实行

保护性开采的特定矿种，实行有计划开采；未经国务院有关主管部门批准，任何单位和个人不得开采。（矿产资源法第十七条）

（1）规划管理。自2001年全国首轮矿产资源总体规划编制启动以来，我国逐步形成了由国家、省级、市级、县级矿产资源规划和总体规划、专项规划、区域规划构成的矿产资源"四级三类"规划体系，为矿产资源的科学管理提供了依据。

（2）规划矿区管理。已划定了煤炭、铁等重要矿种的国家规划矿区。

（3）保护性开采矿种和优势矿种管理。目前，我国对钨、锑、稀土、萤石和高铝黏土实行开采总量控制管理。分年度向矿山企业下达年度开采指标。

3.矿业权管理制度。探矿权、采矿权统称为"矿业权"。

（1）矿业权分类分级审批管理。根据《矿产资源区块登记管理办法》和《矿产资源开采登记管理办法》，煤、石油、铁、铜等34个重要矿种由国务院地质矿产主管部门（国土资源部）审批发证，其他矿产由省以下地质矿产主管部门审批发证。由国务院地质矿产主管部门审批的矿产，国土资源部可以授权省级地质矿产主管部门审批发证，而省级不得再向下进行授权。

目前我国探矿权实行部、省两级审批发证，采矿权实行部、省、市、县四级审批发证。

申请探矿权的主体必须是企业法人或事业单位法人。申请采矿权的主体必须是企业法人。除满足主体资格外，申请探矿权还需依法满足作业资质和资金、技术、安全、环保等其他相关条件。

探矿权登记按照经纬度确定勘查区块，实行区块管理，根据矿种不同限定最大登记勘查区块。采矿权按照立体坐标划定矿区范围。

（2）矿业权设置方案管理。目前，矿业权设置方案制度已在整装勘查区内全面推行，下一步将在全国范围推行。矿业权设置方案是按照地质成矿、资源赋存与开发条件，合理划定勘查区块和开采范围。经批准的矿业权设置方案是矿业权审批、出让的依据。

（3）矿业权分类出让。根据《关于印发〈探矿权采矿权招标拍卖挂牌管理办法（试行）〉的通知》（国土资发2003〔197〕号）、《关于进一步规范矿业权出让管理的通知》（国土资发2006〔12〕号）等文件，根据矿产资源勘查开采风险程度和重要程度，我国探矿权实行申请在先（高风险）、招标、协议（重要）、拍卖和挂牌（普通）等方式向社会出让。采矿权实行招标、协议（重要）、拍卖和挂牌等方式向社会出让。目前我国矿业权交易有形市场已经初步建立，矿业权出让需进场交易，出让、转让相关信息在有形市场向社会公开。

出让国家出资勘查形成的探矿权、采矿权，必须经过评估。

（4）矿业权转让。除按下列规定可以转让外，探矿权、采矿权不得转让：

①探矿权人有权在划定的勘查作业区内进行规定的勘查作业，有权优先取得勘查作业区内矿产资源的采矿权。探矿权人在完成规定的最低勘查投入后，经依法批准，可以将探矿权转让他人。

②已取得采矿权的矿山企业，因企业合并、分立，与他人合资、合作经营，或者因企业资产出售以及有其他变更企业资产产权的情形而需要变更采矿权主体的，经依法批准可以将采矿权转让他人采矿。（矿产资源法第六条）

（5）矿业权变更、延续、保留、注销。矿业权人可以依法申请探矿权、采矿权变更登记。新立探矿权有效期为3年，每延续一次时间最长为2年，延续需缩减勘查区块面积。采矿权有效期，大型以上最长为30年，中型20年，小型的10年，到期可以申请延续。完成勘查或关闭矿山企业应当注销探矿权、采矿权。探矿权人完成全部或部分勘查工作可以申请探矿权保留，探矿权保留期内，不再承担最低勘查投入等相关义务。

（6）矿业权统一配号监管。自2009年起，通过矿业权审批统一配号系统对全国矿业权审批情况实行网上实时监控。

4. 矿产资源有偿使用制度。一般将矿业权有偿取得制度与矿产资源有偿开采制度统称为"矿产资源有偿使用制度"。

（1）矿业权有偿取得。国家实行探矿权、采矿权有偿取得的制度（矿产资源法第五条）。取得探矿权、采矿权需缴纳探矿权使用费、采矿权使用费，取得国家出资勘查形成的探矿权、采矿权还需缴纳探矿权价款、采矿权价款。

（2）矿产资源有偿开采。开采矿产资源，必须按照国家有关规定缴纳资源税和资源补偿费。（矿产资源法第五条）

（3）矿产资源收益分配。矿产资源补偿费由中央地方五五分成（少数民族地区四六分成），探矿权价款、采矿权价款中央地方二八分成。资源税属于地方税，归地方财政。矿产资源补偿费、矿业权使用费、矿业权价款收入主要用于补偿地质勘查投入，矿山所在地基础设施建设投入等。

5. 矿产资源勘查开采监督管理制度。

（1）年检制度。探矿权年检主要是对探矿权人的勘查投入、新设探矿权开工日期、勘察设计实施情况、税费缴纳情况以及违法违规等情况进行年度监督检查。采矿权年检主要是对采矿权人的开发利用方案或年度开采设计实施情况、依法采矿情况、企业名称等变更情况、采矿权延续及转让情况、"三率"指标（开采回收率、选矿回收率、综合利用率）执行情况、税费缴纳情况、矿产品流通情况及违法违规情况等进行监督检查。

（2）矿产督察员制度。矿产督察工作是通过聘用专家对矿产资源勘查开

发实行监督管理的一种方式。自1990年我国实施矿产督察制度以来，目前全国共有矿产督察员1485人，其中国家级督察员334人、地方级督察员1151人。目前，已经有25个省（区、市）设立督察员办公室。

6.矿山地质环境保护制度。矿山环境影响评价报告制度，是矿山环境保护的基本制度之一，是矿业权审批阶段的重要内容。除此之外，在矿产开发阶段还建立了矿山地质环境治理恢复方案审查和保证金制度。

采矿权人开采矿产资源应当缴存矿山地质环境治理恢复保证金。矿山地质环境治理恢复保证金遵循企业所有、政府监管、专户储存、专款专用的原则。（矿山地质环境保护规定，2009年部44号令）

7.地质资料和储量管理制度。地质资料和储量管理是矿产资源行政管理和公共服务的基础。

（1）地质资料管理。主要包括地质资料的汇交、保管、公共服务等相关内容。（地质资料管理条例等）

（2）储量管理。主要包括储量评审备案、储量登记统计、储量动态监管、压覆矿产审批等相关内容。（矿产资源登记统计管理办法等）

8.其他制度。

（1）矿业用地制度。矿产资源与土地的关系非常密切，目前我国矿业用地主要由土地管理法等相关法规进行规范。

（2）矿产资源勘查开采法律责任制度。《物权法》颁布实施后，明确了矿业权的用益物权属性。但是，我国矿产资源法颁布时间较早，对于矿业权实行的是行政许可的管理方式。因此，目前的矿产资源法律责任制度主要规定了对于矿业权人违法行为的行政处罚方式，最为严厉的处罚方式是吊销许可证。

（3）中介组织管理。我国对矿产资源勘查开采相关的中介组织，如矿业权评估机构、储量评估机构等，实行的是行业自律的管理方式。

总体看来，经过多年的实践探索，我国矿产资源管理制度逐步建立并完善，促进了我国矿业的快速平稳发展。但同时也存在一定的不足和缺陷。特别是矿产资源法两次进行修正都是在已经明显与经济社会发展不相适应的情况下做出的。实践中，一些制度创新缺乏明确的法律定位，一些制度还需要进一步深化改革，矿产资源管理的压力依然很大，改革任务依然艰巨。

（二）矿产资源开发环境管理制度与法规[①]

《宪法》《环境保护法》《矿产资源法》是我国矿产资源开发环境保护可适用的基本法律，全国人大常委会通过的《水污染防治法》《煤炭法》等法律

---

① 张路："我国矿山地质环境保护法律制度研究"，中国政法大学2009年论文。

亦有矿产资源开发、利用应遵循的限制性规定。《环境保护法》第十九条规定"开发利用自然资源，必须采取措施保护生态环境"。《矿产资源法》第七条规定"国家对矿产资源的勘查、开发实行统一规划、合理布局、综合勘查、合理开采和综合利用的方针"，第三十二条规定"开采矿产资源，必须遵守有关环境保护的法律规定，防止污染环境"。《矿山地质环境保护规定》第三条规定"矿山地质环境保护，坚持预防为主、防治结合，谁开发谁保护、谁破坏谁治理、谁投资谁受益的原则"。《煤炭法》第十一条规定"开发利用煤炭资源，应当遵守有关环境保护的法律、法规，防治污染和其他公害，保护生态环境"。

国务院十分重视矿产资源开发环境保护的行政法规建设，早在1983年12月发布了《海洋石油勘探开发环境保护管理条例》。1989年国务院发布的《土地复垦规定》、2003年的《排污费征收使用管理条例》等行政法规中亦包含关于矿产资源保护的原则性规定。例如，"土地复垦实行谁破坏、谁复垦的原则"，"对利用废弃物进行土地复垦和在指定的土地复垦区倾倒废弃物的，拥有废弃物的一方和拥有土地复垦区的一方均不得向对方收取费用。利用废弃物作为土地复垦充填物，应当防止造成新的污染"，"排污费的征收遵循谁污染、谁付费的原则，直接向环境排放污染物的单位和个体工商户，应当依照本条例的规定缴纳排污费"。许多地方性法规中也对矿产资源开发环境保护作了相应规定，这些原则性的规定在一定程度上可以有效地解决矿山环境保护具体法律制度弹性较大、稳定性不强的风险，赋予地方政府更多的规章制定的灵活性。例如，环境治理保证金制度中涉及保证金的缴纳方式、缴纳数额等规定具有较大的变动性，倘若在全国立法中将其规定得过细，势必会造成法律朝令夕改的尴尬局面，此时原则性的方向指引就显得切合、适宜。

1.矿山地质环境管理制度。我国矿山环境管理制度是一系列体现政府管理职责的矿山环保法律制度的总称，它包括的核心制度有矿山环境保护与治理规划制度、矿山地质环境影响评价制度以及矿山开采、登记、审批的制度总合。矿山环境的管理除了要注重事后的救济措施以外，更应该规范好事前的预防措施，防患于未然。在批准开办矿山企业时，禁止不具备相应环保措施的矿山企业进行生产，从源头上杜绝对环境的污染和破坏。《矿产资源开采登记管理办法》第五条："采矿权申请人申请办理采矿许可证时，应当向登记受理机关提交的资料就包括矿产资源开发利用方案和开采矿产资源的环境影响评价书。"矿法中规定矿山环境影响评价制度，应有别于《环境保护法》中规定的环境影响评价制度，使其更有针对性和操作性。采矿权人采取书面形式提交环境影响评价书，评价书中主要包括有矿山开发前项目区及毗邻可能受开发影响的区

域的环境状况，矿山开采技术、方法、规模和"三废"的处理方法，以及计划矿业活动可能造成的环境影响等方面。对某些环境污染较大的矿种设置特别规范，如以露天开采为主的煤炭，就建立了煤矿生产许可证制度。《煤炭法》第十八条规定，开办煤矿企业应具备的条件是要有符合煤矿环境保护要求的矿山设计，有煤矿建设项目可行性研究报告或者开采方案，有计划开采的矿区范围、开采范围和资源综合利用方案。另外，对开办乡镇煤矿也规定，要有符合国家规定的环境保护措施。

2.矿山地质环境恢复治理制度。党和国家高度重视矿山环境恢复治理工作。《国民经济和社会发展第十个五年计划纲要》明确要求加强矿山环境恢复治理。在国家计委发布的《"十五"生态建设和环境保护重点专项规划》中，进一步明确了矿山环境恢复治理的目标任务和重点。现有关于矿山环境恢复治理的法律规定主要有《环境保护法》第十九条"开发利用自然资源，必须采取措施保护生态环境"。2009年修订的《矿产资源法》第三十二条"开采矿产资源，必须遵守有关环境保护的法律规定，防止污染环境。开采矿产资源，应当节约用地。耕地、草原、林地因采矿受到破坏的，矿山企业应当因地制宜地采取复垦利用、植树种草或者其他利用措施"。《矿产资源法实施细则》第三十四条"关闭矿山报告批准后，矿山企业应当按照批准的关闭矿山报告，完成有关劳动安全、水土保持、土地复垦和环境保护工作，或者缴清土地复垦和环境保护的有关费用"。1989年国务院发布的《土地复垦规定》是中国第一部有关矿地复垦的规范性文件，它明确了工业主管部门、矿山和个人对治理被损土地的责任和义务，以及相应的资金来源。2002年《水法》第三十一条"开采矿藏或者建设地下工程，因疏于排水制矿山地质环境保护与治理恢复方案，报有批准权的国土资源行政主管部门批准"。第十四条规定"采矿权申请人未编制矿山地质环境保护与治理恢复方案，或者编制的矿山地质环境保护与治理恢复方案不符合要求的，有批准权的国土资源行政主管部门应当告知申请人补正逾期未补正的，不予受理其采矿权申请"。第十八条规定"采矿权人应当依照国家有关规定，缴存矿山地质环境治理恢复保证金。矿山地质环境治理恢复保证金的缴存标准和缴存办法，按照省、自治区、直辖市的规定执行。矿山地质环境治理恢复保证金的缴存数额，不得低于矿山地质环境治理恢复所需费用"。

3.矿产资源开发监督管理制度。环境监督管理是政府及其职能部门代表人民意志进行的矿业行政管理，对矿产资源开发的环境监督管理是其中一个重要方面。纵观我国《矿产资源法》不难发现，在矿山地质环境保护制度没有明确写进矿法以前，矿产资源的环境保护大多被归为矿产资源开发监督管理制度

之中，与监管制度一并规定。

《环境保护法》第十六条规定"地方各级政府应当对本辖区的环境质量负责，采取措施改善环境质量。"《矿产资源法》规定各级政府部门认真组织实施我国矿产资源开发环境保护法律制度，政府有关职能机构有维护矿山环境保护方面的职责，可以直接处理重大环境问题、事件和违法行为。《矿山地质环境保护规定》强调，县级以上国土资源行政主管部门应当建立本行政区域内的矿山地质环境监测工作体系，健全监测网络，对矿山地质环境进行动态监测，指导、监督采矿权人开展矿山地质环境监测。采矿权人应当定期向矿山所在地的县级国土资源行政主管部门报告矿山地质环境情况，如实提交监测资料。第二十八条、二十九条规定，"县级以上国土资源行政主管部门在履行矿山地质环境保护的监督检查职责时，有权对矿山地质环境保护与治理恢复方案确立的治理恢复措施落实情况和矿山地质环境监测情况进行现场检查，对违反本规定的行为有权制止并依法查处。开采矿产资源等活动造成矿山地质环境突发事件的，有关责任人应当采取应急措施，并立即向当地人民政府报告"。

4.矿山环境保护法律责任制度。矿业项目的运作涉及面广，时间延续较长，发生争议是在所难免的，《矿产资源法》被认为是一部矿业管理的基本法律，也是一部行政性的管理法律，其中涉及法律责任大多偏重行政责任。行政法律责任的救济途径主要有责令停止违法行为、限期治理、罚款，情节严重甚至承担刑事法律责任。而矿法中关于民事责任的规定少之又少，多是矿产产权之间的权属争议或有关财产纠纷是通过民事诉讼来解决，有关环境保护的民事责任只有一项原则性的规定，且责任的承担方式只有赔偿损失这一种。

《矿产资源法》第三十二条规定，"因采矿受到破坏的，矿山企业应当因地制宜，采取复垦利用、植树种草或者其它利用措施"，"给他人生产、生活造成损失的应当负责赔偿，并采取必要的补救措施"。《矿山地质环境保护规定》中多数涉及行政法律责任，第三十条至第三十四条规定，"应当编制矿山地质环境保护与治理恢复方案而未编制的，或者扩大开采规模、变更矿区范围或者开采方式，未重新编制矿山地质环境保护与治理恢复方案并经原审批机关批准的，由县级以上国土资源行政主管部门责令限期改正逾期不改正的，处3万元以下的罚款，颁发采矿许可证的国土资源行政主管部门不得通过其采矿许可证年检"，"未按期缴存矿山地质环境治理恢复保证金的，由县级以上国土资源行政主管部门责令限期缴存逾期不缴存的，处3万元以下的罚款。颁发采矿许可证的国土资源行政主管部门不得通过其采矿活动年度报告，不受理其采矿权延续变更申请"。

第三节 矿产资源与环境审计内容与方法

一、矿产资源审计[①]

矿产资源审计是有效维护国有资产安全、促进矿业行业健康发展的重要举措（陈正杰，2015）。随着近几年领导干部自然资源离任审计的提出和开展，矿产资源资产逐渐纳入战略性资源重点审计对象中（安徽省审计厅课题组，2014；陈献东，2014；张宏亮，2015）。

我国矿产资源储量较高，但具有分布广泛、贫矿多、富矿少、开采条件不够成熟等特点，为审计工作带来了一定的困难。在审计过程中，审计的内容和范围应覆盖矿产资源开发的整个过程，包括矿产的勘查、开采、加工，以及矿权的转让和矿山的复绿（马付恩，2015；王金平，2017）。矿产资源审计的方法，也应结合实际情况选取合适评价指标，运用GIS、GPS等现代化技术，全面有效的进行矿产资源审计工作（赵佳欣，2017；申稳稳，2017）。

从现有的文献来看，我国对于矿产资源审计的研究还处于探索阶段。对于审计主体、审计对象、审计内容等存在疑问，审计的过程还没有形成较强的逻辑，审计指标仍需进一步完善，相关法规也不够全面。

（一）审计主体

根据我国政府审计的规定，国家审计部门是矿产资源审计的主体，但矿产资源的复杂性和专业性，导致国家审计部门独立完成审计略有困难，且耗时较长。与此同时，由于审计资源的严重缺乏，导致矿产资源审计覆盖率以及审计的深度和准确性严重受限。尤其随着审计全覆盖的提出和发展，审计业务逐年增加，且仍有不断上涨的趋势，政府审计的范围与领域也在不断发展和变化。面对如此庞大的审计任务，政府审计资源的有限与不足也逐渐显现出来。根据以上对矿产资源受托经济责任的讨论，在审计过程中，环境主管部门、矿产资源主管部门以及矿业行政主管部门也对审计部门的审计工作进行协助和配合。但需要注意的是，审计主体仍为审计机关。审计机关对矿产资源开采过程中的资金使用情况、责任履行情况进行统筹审计，在其他部门的协助下，充分地利用审计资源，提高审计质量。

[①] 李兆东、王心琬："矿产资源审计：委托代理结构与审计要素"，《中国注册会计师》2019年第8期，第75-78页。

（二）审计对象

目前我国矿产资源审计的审计对象还比较模糊。根据上述的公共受托责任理论，审计对象应该是地区领导人、相关部门负责人以及相关企业负责人。对于不同的审计对象，审计的内容和方向有所不同。简单来说，审计机关对矿业企业领导人以及矿产资源相关责任人的审计一般为责任审计，包括涉及财务信息的审计，如矿权转让中是否存在舞弊、是否谎报矿产资源储量等；同时也包括责任履行情况的审计，如开采技术是否先进合理、环境保护工作是否到位等。与此同时，审计部门也需要对矿业行政主管部门、矿产资源监管部门以及环境监管部门进行审计。由于相关部门一般按照上级下达的指令进行工作，所以审计的主要内容是各部门对上级命令执行情况的审计。矿产资源审计需要做好与矿产资源相关的基础审计工作，为各部门相关的绩效审计、经济责任审计提供资料，促进审计效率的提高。

（三）审计内容

矿产资源管理是国土资源管理中十分重要且复杂的组成部分。根据我国自然资源部发布的《中国矿产资源报告》，我国矿产资源管理涉及矿产资源开发利用方案编制，管理矿产资源储量的评定，探矿、采矿权的审批和转让，监督管理矿产资源开发利用活动，矿山复绿工程跟进等。在审计过程中，每处矿产的不同情况决定了审计的内容和重点都存在较大的区别，审计重点的识别也给审计人员带来了较大的困惑，时常出现漏审或错审的现象。我国矿产资源虽然说数量比较庞大，但是现如今存在的问题却是贫矿比富矿多，即很多矿产资源开采比较困难或者开采价值不大，并且矿石在开采过程中，浪费也很严重，利用现如今的技术手段仍然存在很多难以开采的矿石；富集率和回收率比较低，并且最终形成的尾矿如果没有进行合理的处置，对环境会有很大的威胁。最重要的一点是，我国矿体资源种类众多、矿体形态也不尽相同，对于矿产价值的衡量较为困难，对这些资源进行数字化统计难度较大，同时也没有制定相应的国际标准对其进行规范化统计，因此统计结果的准确性也没有得到保证。在我国，由于部分地区主要领导任期过短，矿产资源的利用效果以及开采过程中对环境产生的影响，都是在项目运行多年后才出现的，因此可能产生的环境污染问题具有滞后性和不确定性。这样就引发了如何准确衡量短期内矿产资源资产账户的变化情况，以及对后期的环境影响等问题，必然增加审计工作开展的难度。鉴于上述不可控的因素的存在以及结果的不确定性，无论是自然资源资产核算还是领导干部自然资源资产离任审计，都没有权威的模式，有待进一步研究。

（四）审计方法及审计报告

随着近几年各地区不断开展试点工作带来的经验，矿产资源审计方法已经有了一定的改进。目前我国审计部门已经对矿产资源的审计方法进行了创新。比如，积极引入相关专家，借助科技手段和专业技术手段，综合运用大数据技术和地理信息系统技术开展审计工作。山东农业与资源环保审计处提供的资料显示：在领导干部自然资源资产离任审计报告中，借助国外专家进行审计占比高达60%。借助外力可以暂时满足一时之需，如果长期借助外部力量，不仅审计成本会极大地提高，还会影响审计的独立性，同时也会对外部专家的本职工作造成一定的影响。值得一提的是，测绘地理信息技术在矿产资源审计中十分重要，它通过可视化技术，结合对相关资料和文件的查阅，可以快捷、清晰地观察到是否存在无证采矿、越界开采、疑似以探代采、不按规定堆放矿渣以及探采矿行为后未恢复地貌环境等问题。矿产资源审计报告形式影响审计成果的利用。目前我国矿产资源审计的审计报告采用的是问题型审计报告，仅对矿产资源审计中查处的问题进行披露并提出整改意见。这种审计报告形式不利于审计力量的整合和对审计结果的充分利用。

二、矿业环境审计

本部分的目的是指导最高审计机关和审计师选择和设计矿业对社会、经济和环境影响的审计。

选择和确定矿业审计的范围对最高审计机关来说是一个挑战。有很多方法可以描述审计范围，从最初的所有权和探矿权到采矿和加工，再到最终产品的使用或废弃材料的处理。各国政府的对策包括用法律管理采矿和矿物加工活动，这些活动在某些情况下是以"可持续发展"的模式为基础的，即在不损害后代满足其自身需要的能力的情况下满足当前需要的发展。

对于采矿业来说，这意味着不仅要关注传统的经济问题，还要关注新的社会、经济和环境问题，特别是对于资源型经济的发展中国家。这包括一系列与环境、社会和经济规范有关的公约、议定书、宣言、条约、标准、守则和建议。

本部分旨在帮助最高审计机关和审计师了解采矿活动可能产生的所有影响。主要包括以下四个基本步骤：

步骤1：确定本国采矿的环境威胁。

步骤2：确定本国政府和相关参与者对政府应对这些威胁的反应。

步骤3：选择审核主题和优先级。

步骤4：确定审计方法：确定审计范围。

这些步骤通常包括在审计的计划阶段，但不明确执行。我们建议在矿业审计中遵循这些步骤。这些步骤应用于定义对矿产和采矿进行一次审计的目标、范围和标准。在规划阶段，建议审计师了解环境问题和政府在减轻各自国家负面影响方面的应对措施。

此外，审计师应优先考虑并限制审计范围。下面我们详细阐述这四个步骤：

（一）确定本国是否有任何矿产和采矿活动，以及是否存在与这些活动相关的环境威胁

要开发用于审计矿物和采矿环境影响的国内方法，最高审计机关必须了解本国的情况以及与采矿生命周期相关的主要威胁。各种报告都可以作为审计信息的来源，审计人员在这一阶段还应考虑使用环境专家。

（二）确定本国政府的对策

一般来说，政府在使用多种手段保护环境方面发挥着重要作用。它们将环境问题"纳入"经济主流，即将环境问题纳入发展规划进程。从本质上讲，政府在决策以及政策、战略、方案和项目的制定、实施和评价中都要体现环境特色。最高审计机关不审计环境，他们审计政策和方案的影响。因此，他们需要了解政府正在采取什么行动，通过项目和政策工具减轻或防止环境威胁。

在确定政府的应对措施时，审计师必须知道政府是否通过国家承诺、政策、计划、监督和法规执行来确定与采矿有关的环境、社会和经济问题。

（三）选择审计主题和优先级

重要的是要明确审计审查的重点，包括关于以下可能的审计主题的详细信息（包括可能的审计标准、参与者和可研究的问题）：（1）一般环境影响；（2）潜在的水污染物；（3）可能的空气污染物；（4）其他污染影响。

在确定他们的行动最有用的地方并选择主题之后，审计师可以开始计划审计。

（四）决定审计方法（确定审计范围）

最后一步，审计员需要选择一种审计方法，并为审计选择审计目标、审计标准、调查范围和审计方法。通常政府拥有各种各样的法律权力和工具，可以用来解决环境问题和活动。法律权力包括立法（议会或国会法案）、法规、

许可证、执照、规章和条例。政府在整个采矿过程中（包括与采矿相关的环境问题）具有不同的角色和责任。

针对采矿和矿产活动的环境问题进行审计所适用的标准应与任何其他审计相同。采矿业的环境审计通常需要四个阶段的审计——规划、实地工作、报告和后续行动，且有所作为、促进问责制和最佳做法的基本目标没有改变。

第四节　矿产资源和环境审计典型案例

为了促进矿产开采和加工审计的规划，了解其他最高审计机关是如何开展该领域的工作可能是有用的。因此，本节提供了一组审计示例，这些审计揭示了许多最高审计机关面临的与采矿相关的最紧迫的问题[①]。

一、印度尼西亚最高审计机关开展的锡矿审计

（一）审计目标

确保：（1）政府和矿业公司维持适当的控制系统以尽量减少对环境的破坏；（2）矿业公司（PT. Timah Tbk 和 PT. Kobatin）遵守采矿规则，在印度尼西亚政府的监督下履行合同义务；（3）矿业公司履行其非税收国家收入（PNBP）义务。

（二）审计准则

关于矿产的1967年第11号法律、关于非税收国家收入的1997年第20号法律、关于环境管理的1997年第23号法律，以及关于采矿和标准操作程序的其他规则。

（三）审计方法

审计评估了预算支出和内部控制系统，以及财务和环境过程的披露。

风险：实施方法是基于对内部控制体系的有效性进行检验和测试。其结果影响了内部控制系统水平的可靠性，并最终指导审计对象的确定。

重要性水平：考虑到用户将关注采矿规则的合法性，审计采用的重要性水平较低。此外，环境影响评价认为，对环境管理的重要性是指矿山经营活动

---

① 本节内容主要参考世界审计组织环境审计工作组出版物：Auditing Mining: Guidance for Supreme Audit Institutions。

产生的重要影响。

审计抽样：收集审计证据的三种方法是：（1）访谈和观察；（2）测试样品；（3）文件审查。

然而，印度尼西亚最高审计机关限制了审计分析，特别是对实质性测试的分析，没有涉及标准的进一步技术测试。

（四）审计范围

能源和矿产资源部，两家锡矿公司（PT. Timah Tbk 和 PT. Kobatin）和其他相关机构。

（五）审计结果和建议

两家公司都未能在一些矿区/现场进行适当的恢复工作。印度尼西亚最高审计机关建议：

1. 这些公司立即制定一项全面的战略计划，其中包括解决非法采矿行为的办法，并涉及社区、政府和地方当局。

2. PT. Timah Tbk 矿业公司需收集其所有以前采矿地点数据并进行恢复。

3. 公司须遵守环境法律以及社会和政府的利益，履行其对环境的承诺。

4. ESDM 部长根据法律对未付土地租金的 PT Timah Tbk 处以制裁，并修改了土地租金付款时间表。

5. 公司管理层支付所欠的欠款（责任金，特许权使用费和土地租金）。

二、南非最高审计机关对废弃矿山恢复的审计

审计署对矿产及能源部的废弃矿山恢复工作进行了绩效审计，以确定矿产及能源部遵循的程序，是否确保及时、经济有效地识别和恢复废弃矿山，以尽量减少对社会和环境的不利影响。

（一）审计目标

审计目标是确认矿产和能源部执行的流程是否符合以下要求：（1）基于综合信息系统的质量报告，以记录和报告矿山状况；（2）治理安排是否因有关恢复项目预算编制的政策和程序而人员过剩；（3）领导层监督废弃矿山恢复的战略或业务计划。

（二）审计范围

审计检查了矿产和能源部管辖下的废弃矿山的管理。

(三)审计准则

2002年矿产和石油资源开发法。

(四)审计结果

1.矿产和能源部没有一项经批准的国家废弃矿山恢复战略。尽管矿产和能源部的总体战略计划包括高级别目标,但在没有国家战略的情况下,详细的恢复目标没有明确界定,也没有与既定的时限、优先事项和责任挂钩。

2.矿产和能源部没有能力、系统或资金确保任何矿山和废弃矿山的变化状况在数据库中能得到更新。矿产和能源部的组织结构不支持该部恢复废弃矿山的目标。矿产和能源部没有能力积极参与恢复项目的决策、监测和现场检查。

3.矿产和能源部没有任何政策或程序将资金分配给废弃矿山恢复项目的承诺清单。结果是,根据现有资金,对每个项目临时分配资金。

4.对于废弃矿山的修复,没有沟通政策或程序,也没有正式的外部沟通渠道。

(五)审计建议

1.矿产和能源部应确保国家战略得到批准和实施。商业计划书的起草应具有现实的、明确界定的目标,这些目标与具体的时间框架和责任相联系。商业计划应优先考虑高风险恢复项目。

2.应建立一个关于废弃矿山状况的综合记录和报告系统。应采取措施,及时监测活跃和非活跃矿山的活动,并确保数据库和潜在责任得到相应更新。

3.矿产和能源部应采取措施,确保对投标书进行有效评估和裁决,并及时任命承包商。涉及未中标的投标过程应重新评估,并对后续投标进行调整,以确保第二次成功。

4.矿产和能源部应以促进责任制和提供服务的方式,使与参与恢复废弃矿山的内部和外部利益攸关方的沟通渠道正规化。应为所有恢复项目设立部门间项目指导委员会,以监测项目,并在需要时采取纠正措施。

三、中华人民共和国审计署:煤矸石控制与综合利用绩效审计调查

(一)背景

中国审计署开展了一项研究,作为制定"矿产资源审计指南"项目的一部分。2008年编制了矿产资源控制与综合利用绩效审计报告。

（二）审计目标

矿产资源控制与综合利用工作绩效评价。推动地方政府加大综合利用煤矸石的力度，督促地方政府加强环境保护，促进地方经济和生态系统的可持续发展。

（三）审计标准

促进有效实施国家煤矸石综合利用政策。

（四）审计发现

1. 煤矸石利用率较低，用途有限，综合利用水平较低。
2. 墙体材料主要是粘土砖，不利于有效保护耕地、节能和改善生态系统。
3. 相关基础资料不全，统计数据有待整合，综合利用有待进一步提高。

（五）审计结论

1. 2004年以来，煤炭工业集团共为治理煤矸石山提供资金支持8423万元，取得明显成效。
2. 审计时，未发现煤矸石堆山自燃现象，新产生的煤矸石已按新的排放规定全部排放，大部分旧的煤矸石堆山已整改完毕。
3. 煤矸石发电和制砖项目已投入运行，初见成效。

（六）审计建议

1. 应当颁布明确的煤矸石排放和控制法律、法规和标准，以促进企业严格遵守有关控制煤矸石堆积的有关规定，并最大限度地控制煤矸石堆山的环境影响。
2. 政府应加大对煤矸石灾害防治的投入。否则，矸石山的整治主要依靠煤炭行业的财力，相关企业负担沉重。加大政府投入，进一步动员企业控制和综合利用煤矸石。
3. 要出台扶持政策和措施，解决煤矸石综合利用水平低、技术设施落后、生产规模小、竞争力差、发展潜力有限等问题。
4. 全面落实国家优惠政策，调动各方力量治理和整治矸石山。比如，对煤矸石发电厂项目的审批、贷款、并网发电权、电价、调峰运行等方面，要取消各种政策限制；应该给予更多的优惠政策；加大对煤矸石循环利用技术和产业的政策支持力度；加快开发和推广煤矸石利用项目。

本章讨论问题

1. 什么是矿物、矿石、矿体、矿床？
2. 什么是矿产资源？我国矿产资源有哪些特点？
3. 采矿活动分为哪些周期？分别有何环境影响？
4. 什么是可持续的矿业发展？
5. 国际与国内的矿产资源与环境管理制度与法规分别有哪些？
6. 矿产资源审计的内容方法有哪些？
7. 矿业环境审计的内容方法有哪些？
8. 我国审计署的"煤矸石控制与综合利用绩效审计调查"项目发现了哪些问题？提出了哪些建议？

本章参考文献

［1］Breaking new ground：mining, minerals and sustainable development：Earthscan Publications Ltd., London. 2002.

［2］Environmental management of mine sites：training manual. Collation：1v.（Loose-leaf）. ISBN：92-802-1446-5. Notes-M：Technical report series / UNEP-IEO；no.30. 1994.

［3］Guidelines for preparing environmental impact assessment reports for mining projects. Volume no.1. Department of mines. republic of Botswana. 2003.

［4］Hilson, G. The environmental impact of small-scale gold mining in Ghana：identifying problems and possible solutions. The Geographical Journal. 2002.

［5］张路.我国矿山地质环境保护法律制度研究［D］.中国政法大学，2009.

［6］李兆东，王心琬.矿产资源审计：委托代理结构与审计要素［J］.中国注册会计师，2019（08）：75-78.

［7］徐豪萍，赵保卿.自然资源资产离任审计评价指标体系的构建［J］.中国审计，2017（21）.

［8］王振铎.对领导干部自然资源资产责任审计的思考［J］.中国内部审计，2015（09）.

［9］刘宝财.基于自然资源资产责任审计评价指标体系研究［J］.财政监督，2016（08）.

［10］潘旺明，丁美玲，于军.领导干部自然资源资产离任审计实务模型初构——基于绍兴市的试点探索［J］.审计研究，2018（03）.

［11］张燕.领导干部矿产资源资产离任审计评价指标体系构建研究［D］.安徽财

经大学，2018.

［12］李月娥，张佗，李佩文.生态安全总目标下领导干部矿产资源资产离任审计评价指标体系设计——以湖北省EZ市为例［J］.环境保护，2018（14）.

［13］申稳稳，张伟，王力.公共受托责任下矿产资源资产离任审计目标和内容研究［J］.山东财经大学学报，2017（04）.

［14］杜萌雅.政府矿产资源审计研究［D］.河南财经政法大学，2016.

第九章
大数据与资源环境审计

◆ **内容提示**

资源环境审计内容涉及自然资源、生态环保众多领域，需要采集大量业务数据。在大数据环境下，通过信息化审计技术手段能够快速地对数据进行分析判断，找准切入点，发现问题线索，对提高审计效率和审计质量有着很大的促进作用。如何借助大数据技术开展审计分析，助力资源环境审计与领导干部自然资源资产离任审计工作，成为当前共同关注的问题。本章结合工作实际，探讨大数据运用在自然资源环境审计中的重要概念、技术、面临的问题以及对策。

◆ **引导性案例**

按照习近平总书记在考察内蒙古自治区时所作的重要指示，以及审计署和自治区党委政府的要求，2014年，内蒙古自治区审计厅被审计署确定为全国5家领导干部自然资源离任审计试点单位之一。审计厅分别对鄂尔多斯市市长草原资源资产、呼伦贝尔牙克石市委书记和原市长水资源资产、巴彦淖尔市乌拉特后旗委书记和旗长矿产资源资产、赤峰市市长森林资源资产责任进行了试点审计。

◆ **问题思考**

自然资源的数据来源于多个部门，存储格式错综复杂，各管理部门数据尚未实现共享，导致现行审计工作通常只能对单个被审计单位的数据进行分析，影响了审计的效率与效果，也无法实现自然资源资产审计的目标。在大数据环境下创新审计组织方式，运用大数据开展领导干部自然资源离任审计工作，是实现审计全覆盖、提高审计效率的需要，也是当前审计工作的迫切要求。

第一节　大数据审计概述

一、大数据概念的来源

在2008年9月4日Nature(《自然》)杂志上的Big data special大数据专题论文中，Nature记者对目前正在制定的、用以最为充分地利用海量数量的最新策略进行了探讨，首次提出大数据的概念(Lynch，2008)，认为大数据来源有三个：(1)天体物理和粒子物理。这些领域的研究产生大量数据，根本来不及处理，连分类都来不及，更谈不上再利用。(2)生物科学，基因、蛋白研究产生的数据。(3)社会社交网。社交网产生巨量的数据，而且非结构化，尚没有较好的数据库存储。

2011年6月，世界著名咨询机构麦肯锡公司发布了报告，Big data：The next frontier for innovation，competition，and productivity，给出了大数据的定义：大数据指的是大小超出常规数据库工具获取、存取、管理和分析能力的数据集(Manyika等，2011)。Gartner(高德纳咨询公司)把大数据定义为：大数据是具有大容量、快速和(或)多样性等特点的信息资产，为了能提高决策、洞察发现和优化流程，这种信息资产需要新形式的处理方法(Gartner，2012)。

二、大数据的特点

概括来说，大数据主要具有以下四个特点(Science，2011)：

1.海量性(Volume)。数据量大，非结构化数据的超大规模和增长，比结构化数据增长快10~50倍。

2.多样性(Variety)。大数据的形式多样，有很多不同形式，如文本、图像、视频、机器和数据等。

3.高速性(Velocity)。一方面数据量增长速度快，另一方面大数据要求实时分析，要求处理速度快。

4.真实性(Veracity)。数据必须是准确的，可靠的，一致的，具有可追溯性。

另外，国际内部审计协会在2017年发布的《理解与审计大数据》指南中，把可视化(Visualization)也作为大数据的一个重要特点(GTAG，2017)。

三、审计信息化

（一）审计信息化的内容

传统环境下，审计人员可以采用检查法、观察法、重新计算法、外部调查法、分析法等收集审计证据。从20世纪80年代开始，以查账为主要手段的审计职业遇到了来自信息技术的挑战。财政、金融、税务、海关等重要行业开始广泛运用计算机、数据库和网络等现代信息技术进行管理，这时候审计证据的获取更多是采用计算机技术对被审计电子数据进行分析来完成的，也就是说，通过对被审计数据的分析，发现可疑数据，通过对可疑数据进行确认，最终获取审计证据。因此，信息化环境下，电子审计证据成为一种重要的证据形式。

（二）审计管理信息化

为减少纸质文件流转，提高审计工作效率，审计单位需要大力推进无纸化办公，审计管理也越来越重要。审计管理一般包括审计公文与文书处理、被审计单位资料信息管理、审计人员信息管理、项目资料管理、项目计划管理等，除审计作业外，都可以归入审计管理系统。信息化环境下，审计管理信息化势在必行。办公自动化是目前管理信息化的重要实现方式，办公自动化对审计单位的管理工作同样非常重要，审计单位开展审计管理信息化可以借助OA办公，提升审计行政管理水平，实现公文办理等全过程的数字化。

概括来说，开展审计管理信息化的意义主要表现在如下方面：为减少纸质文件流转，审计单位需要大力推进无纸化办公，审计管理信息化越来越重要；通过建立科学的审计管理系统，实现审计单位的审计管理，可以有效促进审计管理上规范、上层次；通过审计管理信息化，可以加强审计单位的审计管理，规范电子文件的流转处理程序；通过审计管理信息化，可以为审计单位提供风险评估、审计计划制订、审计项目实施、审计整改跟踪和档案管理等方面的全过程规范化管理，从而提高审计单位管理效率。

（三）信息系统审计

信息系统审计也是目前常用的概念，一般理解为对计算机系统的审计，信息系统审计国家权威组织——国际信息系统审计与控制协会将信息系统审计定义如下：信息系统审计时收集和评估证据，以确定信息系统与相关资源能够适当地保护资产、维护数据完整、提供相关和可靠的信息、有效完成组织目标、高效率地利用资源并且存在有效的内部控制，以确保满足业务、运作和控制目标，在发生非期望时间的情况下，能够及时地阻止、监测或更正的过程。

(四)电子数据审计

电子数据审计是目前审计工作的一个重要方面。在实际的审计工作中,为了避免影响被审计单位信息系统的正常运行,并保持审计的独立性,规避审计风险,审计人员在开展电子数据审计时,一般不直接使用被审计单位的信息系统进行查询分析和检查,而是将所需的被审计单位的电子数据采集到审计人员的计算机中,利用相关软件进行分析。在电子审计工作中,数据对审计人员来说非常重要,审计的过程也是一个"用数据说话、yoga数据决策"的过程。

对于电子数据审计,目前还没有明确的定义,但根据目前对该术语的使用情况,电子数据审计一般可以理解为"对被审计单位的电子数据进行采集、预处理以及分析,从而发现审计线索,获得审计证据的过程"。

四、大数据审计的内涵

目前,被审计单位信息化的程度越来越高,信息系统越来越复杂,需要采集的数据量越来越大,数据类型较多,不仅仅是数据库中的结构化电子数据,还包括一些被审计单位相关的会议记录、会议决议、办公文件、风险分析报告、相关审计报告、内部控制手册等非结构化数据。因此,审计工作与大数据之间已经密不可分。大数据环境对审计工作来说,既是机遇,又是挑战,大数据环境下需要考虑如何利用大数据技术审计电子数据、如何审计大数据环境下的电子数据等。

综上所述,大数据审计是随着大数据时代的到来以及大数据技术的发展而产生的一种新的计算机审计,其内容包括大数据环境下的电子数据审计和大数据环境下的信息系统审计。

第二节 大数据在资源环境审计中的应用

当前,领导干部自然资源资产离任审计工作已由试点审计阶段转化到全面实施阶段,对于这项新的任务,创新审计技术方法显得尤为重要。同时,自然资源环境数据内容丰富、数据量巨大、类型多样、结构各异,具有大数据特征。本节主要介绍大数据背景下开展资源环境审计的必要性与需求分析,大数据应用的技术框架,在实务界、政府和科研中的主要应用情况及其面临的问题与对策。

一、大数据在资源环境审计中应用的必要性与需求分析

（一）大数据应用的必要性

1. 数据采集共享能力需提升，审计数据标准化待加强。自然资源与环境审计的数据资源，可分为业务管理类数据、客观实物类数据和媒体类数据。其中业务管理类数据主要来自自然资源、生态环保、发展改革、财政、水利等部门提供的财务数据和业务数据，如任务指标数、专项财政资金数据、山水林田湖草等自然资源资产的底数等；客观实物类数据主要包括与地理信息相关的数据，如卫星遥感影像、生态保护红线、土地利用类型图斑等；媒体类数据主要是从互联网上爬取或与媒体机构共享的相关数据，如资源环境方面的重大损毁事件报道、违规违法处理处罚等。审计过程中需要通过采集汇聚以及融合存储等大数据技术对多源、异构的数据进行收集、整理和汇总，并对数据进行标准化处理，从而提高数据的应用价值，更全面、更精准地反映自然资源资产的真实情况。

2. 大数据技术方法需归纳，审计工作待创新。虽然目前各地审计机关都陆续组建了审计数据分析团队，但审计人员对大数据所涉及的技术，还未形成较深的认识，大数据技术方法对审计业务的支撑作用尚未充分显现。归纳和梳理大数据技术在审计中的应用，使审计人员更清晰地理解当前数据分析的主要方法，将有利于形成大数据审计思维，提升数据分析的针对性和精准性，并进一步寻求新的技术突破点，构建和完善新的数据分析模式，通过思维创新推动工作成效不断提升。

3. 大数据技术应用实践需总结，大数据审计实施能力待加强。在科技强审战略的引领下，一些地方的审计机关立足本地区实际，边实践边探索，形成了有借鉴价值的大数据审计技术方法。通过示例与案例的演示对这些先进做法进行总结，将先进的实践经验分享给各地的审计机关，有助于促进领导干部自然资源资产离任审计工作的标准化和规范化，在各地审计机关中形成学习效应和知识溢出效应，增强大数据审计的实施能力，促进信息技术与审计业务的有效协同。

4. 数据驱动式审计待推进。利用动态化数据采集技术发现审计线索与传统的审计方法不同，审计人员通过对大数据技术的运用，持续地对数据流进行收集、监控、存储和分析，并通过大数据技术手段从海量数据中寻找出被审计对象存在的疑点、问题和异常，对被审计对象的整体状况进行评估。在资源环境审计和领导干部自然资源资产离任审计中，将审计现场勘查取证设备与自然资

源资产大数据平台进行无缝对接,实现审计现场取证与平台数据之间的实时传输等,能够以更高效率获得和处理更多信息。

(二)大数据应用的数据需求

资源环境的数据需求类型主要包括自然资源数据、规划数据、业务数据、资金数据等。

1. 自然资源数据。

(1) 土地资源数据。包括：耕地、林地、草地等12类土地利用现状面积及分布情况,基本农田保护面积、高标准农田建设面积、新增建设用地规模、土地整治补充耕地面积及分布情况,耕地质量等调查及分布情况,土地计划指标、土地征收、农用地转用、土地储备、土地供应、土地使用权转让等情况。

(2) 水资源数据。包括：降水量、地表水资源量、地下水资源量,大中型水库分布及蓄水量、地下水储存量,供水量、用水量、用水消耗量、废污水排放量。

(3) 森林资源数据。包括：林地面积及分布情况,森林覆盖率、森林蓄积量、林地保有量、公益林面积及分布情况,林地征占用、采伐、造林情况等。

(4) 矿产资源数据。包括：矿山矿区、矿产资源储量、探矿权和采矿权设置情况,探矿权、采矿权出让转让、储量评审等。

(5) 海洋资源数据。包括：海域面积、海洋保护区面积、大陆自然岸线保有率、海岛数量及面积、围填海、海域使用权、海洋生态修复等。

(6) 环保数据。包括：生态红线、大气PM2.5监测情况、污染源数量和分布情况等。

2. 规划数据。包括主体功能区规划、城市总体规划、土地利用总体规划、矿产资源总体规划、水系功能区划、海洋功能区划,以及发展改革委、规划、国土等部门形成的规划审批数据等。

3. 业务数据。自然资源相关部门制定或管理过程中形成的法律法规、规章制度、工作计划和总结、会议纪要、年度预算、发展规划、指标统计等管理类文档数据。

4. 资金往来数据。包括自然资源相关的经费收入、经费支出情况,如税收收入、专项收入、行政事业性收费收入,以及上级转移支付收入,行政处罚收入、公共预算支出、转移支付补助支出、节能环保支出等数据。

(三)大数据应用的分析需求

本节从审计分析业务需求出发,对大数据在资源环境审计应用中的分析

需求进行如下梳理（参见图9-1）：

1. 数据汇聚与管理。采集分散在自然资源资产管理和生态环境保护相关部门以及网络上运行的土地、水、森林、矿产、大气等自然资源资产相关数据，实现多源异构自然资源资产数据的汇集、清洗、处理、建库，形成自然资源资产审计"一张图"数据库，并对建库数据进行有效管理和集成展示。

2. 审计服务支撑。根据审计一线人员业务工作需要，实现审计项目建立与管理、审计数据提取和展示、审计分析模型构建与调用、自然资源资产数据分析与评估、审计疑点数据的现场核查、审计分析报告形成等功能，为审计业务提供分析服务。

3. 监测预警分析。根据领导决策分析需要，实现自然资源资产审计关注指标的分析评估、日常监控和预警报送等功能，便于审计及其相关部门及时掌握自然资源资产现状，对发现的问题给予警报并采取相应措施，避免事后造成更大的损失。

4. 数据共享服务。根据数据共享需要，实现自然资源资产数据、审计分析成果、审计分析案例及相关知识的信息发布和共享应用，方便相关部门查阅资料，实现信息化系统的共享调用。

5. 运行保障建设。制定标准规范和运行机制，促进审计分析工作规范化和流程化，确保自然资源数据处理、审计分析业务及成果共享服务等满足要求。

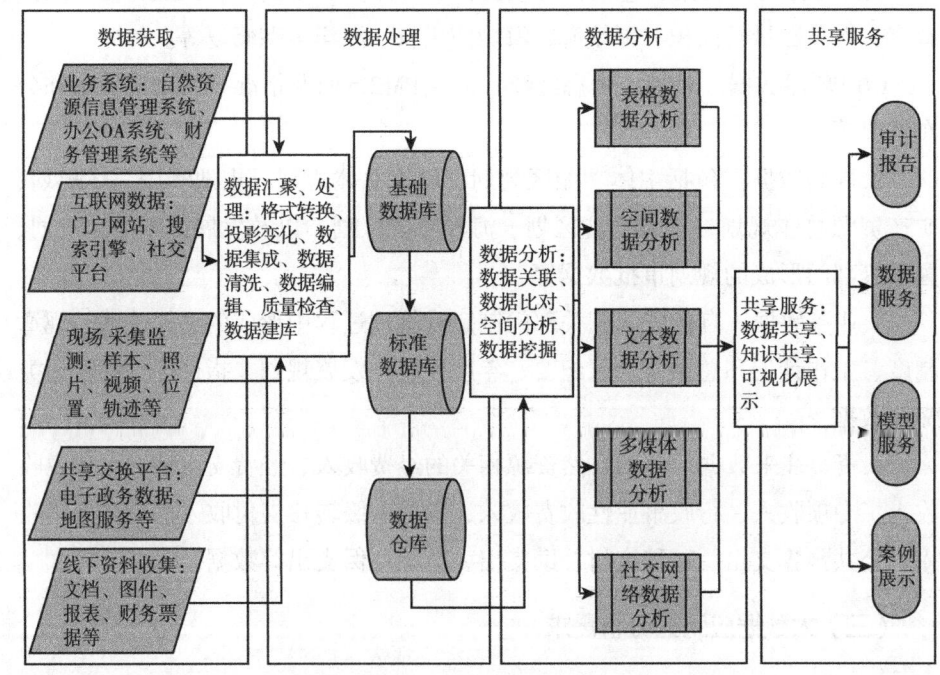

图9-1 大数据审计的分析流程

二、大数据在资源环境审计中应用的技术框架

面对海量、实时的资源环境信息数据,传统的资源环境审计技术方法已难以胜任工作需要。为此,立足大数据技术方法在资源环境审计中的实践应用,从大数据采集汇聚技术、可视化查询技术、融合存储技术和分析挖掘技术等四个方面梳理大数据技术应用框架。参见图9-2。

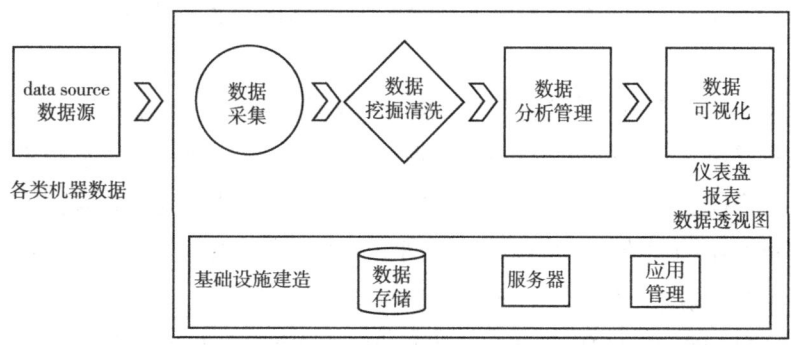

图9-2 大数据审计的技术处理流程(Splunk日志智能分析管理)

(一)大数据采集汇聚技术

1.地理信息采集技术。地理信息技术是遥感技术(RS)、全球导航卫星系统(CNSS)、地理信息系统(GIS)等测绘地理信息技术的统称,是获取土地、矿产、海洋、水等自然资源空间信息的重要手段。通过遥感技术,可以远距离全覆盖获取被审区域中、高分辨率影像数据;利用全球导航卫星系统定位技术,可以实时获取被审计对象的空间位置;利用地理信息系统矢量化、坐标转换、空间化等技术,可以采集纸质地图、坐标数值等空间信息,标准化空间坐标系统、数据格式和数据结构,从而获取自然资源资产的存量和空间分布信息。另外,审计分析所使用的基础地理信息数据,主要有"3D"数据、地理空间框架数据、遥感影像数据和地理国情监测数据等。这些数据采集获取后,可直接用于大数据审计分析。

2.平台共享汇聚技术。审计工作中需要对土地、水、森林、矿产、海洋、大气等自然资源和环境保护数据进行分析、比对,统计其数量和质量变化情况。这些数据要从多个渠道获取,数据包括:土地利用现状、土地利用总体规划、土地整治数据、耕地确权、耕地质量数据、海洋功能区规划数据等。利用自然资源相关信息系统开放的数据和服务接口,汇聚自然资源资产主管部门在资源管理、保护、开发和利用方面的专题数据。实践中,可基于省级电子政务云计算平台,对接省政务空间信息云服务公共平台和天地图地理信息公共服务

平台，通过制定统一的数据、服务标准规范体系，可实现省、市、县同步汇聚共享审计数据。

3.实时感知接入技术。各类自然资源资产及生态环境保护监测网的建立生成了大量的实时监测数据，如水库或流域水质监测数据、国土远程视频监控。这些实时数据直接、真实地反映了当前自然资源和生态环境现状。通过实时感知接入技术，解析各类感知设备数据接口和网络链路，接入海量、异构的实时数据，可形成供大数据审计分析使用的自然资源和生态环境实时数据。

4.网络爬虫等外部数据获取技术。大数据环境下，互联网上开放共享的海量数据是审计分析中重要的补充来源数据。通过网络爬虫、共享APT、元搜索、ETL等技术方法采集审计分析工作所需的门户网站、搜索引擎、社交网络等新媒体半结构化或非结构化数据。网络爬虫技术主要依托Hadoop，HBase以及RDBMS等基础技术框架，设定数据爬取对象和规则，建立网络爬取数据模型，实现特定审计事项所需数据（如河流污染舆情）的自动识别、信息抓取和数据汇聚。

（二）大数据可视化查询技术

1.关键字搜索查询技术。领导干部自然资源资产离任审计工作中常需查阅大量的政策文件、工作文档、会议纪要、业务报告等电子数据资料。利用全文关键字搜索、关键字解析及匹配等技术，可实现快速查询各类非结构化类文档数据。

2.二三维数据可视化技术。二三维数据可视化是利用二三维图形化、立体化方法表达复杂的时空数据模型，挖掘数据中蕴含的信息规律，让用户从繁杂的数据处理分析中解脱出来，更加深入地关注数据信息和事物变化特征。二三维可视化，一方面是基于传统表格的可视化，通过Excel、Access、SQL Server等工具中的图表绘制功能，将本来标准化的二维表格绘制成计量图、折线图、柱状图等，以统计图的形式将二维表格展现出来；另一方面是利用ArcGIS，Google Earth等地理信息系统软件通过二三维地图可视化技术，将不同空间位置审计对象属性信息关联到平面、立体地图上，利用地图渲染直观表达审计对象的空间分布，从而发现传统审计难以发现的问题。例如，福建省水资源审计分析河流水质变化和成因过程中，通过河流不同监测断面划分河流面域，关联监测断面不同时期水质监测信息，利用地图可视化的方式，对不同时段、不同河段的水质监测数据进行空间描述，以此观察不同河段水质时空变化规律，并分析形成的原因。

3.时空数据可视化技术。时空数据可视化主要是针对同时具有空间和时间维度的审计数据可视化表达。结合时间轴和地图可视化技术,实时动态展示自然资源资产和生态环境在时间和空间上的变化情况,从而发现审计问题线索,如海岸线资源动态变化数据可视化、河流不同监测站水质实时监控数据显示等。

(三)大数据融合存储技术

1.关系型数据库技术。领导干部自然资源资产离任审计数据中各类统计报表、空间信息等结构化数据,如自然资源保护与利用工程项目台账、资源分布图,利用Oracle、SQL Sever等成熟的关系型数据库实现数据的融合与存储。通过关系型数据库技术,一方面可以与现有资源信息系统数据库技术保持一致,实现数据的自由对接和快速存储;另一方面可以方便计算机审计人员使用SQL语言操作使用数据。Oracle、SQL Sever等关系型数库借助AreSDE、Oracle Spatial等空间数据中间件,存储自然资源相关地理空间数据,如土地利用规划图等。

2.开源数据库技术。在大数据环境下,仅仅融合存储各类自然资源专题数据已不能完全满足领导干部自然资源资产离任审计工作的需要,还需对网络获取、实时接入的文档、图片、语音视频流等半结构、非结构化数据进行补充融合存储。福建省基于Hadoop海量数据处理和开源数据库技术,以HDFS分布式文件系统,Hbase、MySQL、NoSQL、PostgreSQL等开源数据库和MapReduce编程模型为核心,建立数据模型,利用ESB技术、ETL技术、非关系数据库存储技术等,实现数据抽取、清洗、转换、融合和存储管理,为审计分析人员提供内容丰富、完整准确的有关自然资源资产的实时数据。另外,为适应大数据存储向分布式云存储发展,可应用开源数据库技术为数据采集汇集、数据融合处理与分析提供强有力的数据存储和分析能力,保障审计分析工作高效、有序进行。

(四)大数据分析挖掘技术

1.空间分析技术。领导干部自然资源资产离任审计工作中存在大量地理空间数据,这些数据的处理、分析都需要采用空间分析技术。利用地理信息系统,可实现包括空间比对、空间量算、空间叠加等空间分析技术方法。空间比对分析主要指通过不同类型图层数据叠加,查询比对分析存在的问题。例如,叠加不同时期森林公园的影像数据,比对分析是否存在违法违规开发建设问题。空间量算分析,指通过对实物空间数量的计算进行分析。例如,按照湿地

面积统计方法，空间计算湿地面积和湿地线数量，以此确定是否达到规定目标要求。空间叠加分析主要指不同空间数据进行相交、擦除、交集取反等操作，揭示被审计地理实体之间的相邻、相交、重叠等的相互关系，通常空间叠加之前需进行缓冲区分析。例如，根据矿产资源相关法律法规，禁止在重要河流、水源保护区两侧一定距离内开采矿产。在该事项的审计中，先对重要河流和水源保护区通过设置一定距离建立禁止开采的缓冲区，然后与周围的矿山矿区图层进行空间叠加，进而快速发现是否存在不符合规定进行开采的矿山矿区。

2.遥感影像分析。遥感影像主要是指借助搭载不同波段的传感器、遥感器，从高空或外层空间等远距离地接收来自地球表面各类地理或其他目标物所反射、辐射或散射电磁波信息，并经过一系列处理转换为记录各种地物电磁波大小的胶片或照片。影像分析，一方面通过叠加各期遥感影像，对审计资源在空间上的结构属性进行判别分析，比如是否违法违规围填海等。另一方面通过对影像特定波段波谱信息反演分析光谱辐射变化，从而反映审计对象的质量变化情况，比如多光谱遥感影像的湖泊水质污染等。

3.GNSS定位测绘分析。GNSS是一种可实现在全球范围内进行实时定位、导航的系统定位技术。GNSS定位测绘分析是指在审计取证过程中，利用GNSS终端对审计分析发现的疑点进行野外定位勘查，对于存在争议的地区进行快速测量。福建省山多林密，海岸线长，一些违法违规活动在这些地区具有一定的隐蔽性，审计人员即使已知事件大概位置也无法在野外进行准确查找，更无法进行测量。在福建审计分析过程中，审计人员借助搭载现场勘查系统的GNSS移动终端，实现审计疑点现场定位勘查与测绘，快速取证，极大地降低了审计成本，提高了审计效率。

4.关联分析技术。在大数据环境下，审计对象已从单一主体向多主体转变，需要整合被审计对象多方位、多类型的数据，这导致工作难度的增大。比如，在审计实践中，若审计部门计划将全县登记注册企业基本情况表、缴税情况表、自然资源资产许可登记表等进行比对分析，从而查出应办未办自然资源资产许可的企业和个人，仅是依靠传统手段的话，审计人员需要反复筛选确认，查找多个主体数据间错综复杂的关系，这将是一项复杂且耗时、耗力的工作。若利用Hadoop平台分布式并行处理能力，采用云计算引擎、工作流引擎、机器学习、数据挖掘算法等，建立自然资源资产数据分析模型，对各类数据进行横向、纵向关联分析挖掘，则能够形成预期的审计分析效果。

三、国内外大数据在资源环境审计中的应用情况

（一）实务界应用情况

国内外审计实务界高度关注大数据在审计中的应用。国际内部审计师协会2011年8月发布了全球技术审计指南《数据分析技术》，分析了审计数据分析技术，如分类分析、重号分析、断号分析、Benford定律等。大数据审计得到了美国注册会计师协会（American Institute of Certified Public Accountants，AICPA）的重视，AICPA于2014年8月发布了一份名为 *Reimagining auditing in a wired world*（《在数字世界里重构审计》）的白皮书，分析了大数据环境对审计工作的影响，并指出：可以利用相关大数据作为实际被审计数据的辅助数据，通过数据分析技术，识别和发现被审计数据中的关联，从而发现审计线索。例如，报表、会计欺诈、破产或持续经营问题等和从公司的一些文件与数据源中得到的一些指标是有关联的，因此，通过分析从公司获得的一些文件和数据源，可以发现相关审计线索，这为开展大数据审计打下了基础。美国证券交易委员会（the Securities and Exchange Commission，SEC）使用大数据分析来确定内幕交易和会计欺诈，运用大数据策略来监督金融市场活动，例如，它们利用自然语言处理程序和网络分析来帮助识别违规交易活动。美国联邦住房管理局（the Federal Housing Authority，FHA）运用大数据分析来帮助预测违约率、偿还率和索赔率，利用大数据技术为可能出现的场景构建现金流模型，以确定维持正向现金流所需的保费。美国社会保障局（the Social Security Administration，SSA）利用大数据技术来分析海量的非结构化伤残索赔数据，通过更快、更高效地处理医学分类和预期诊断，重塑整个决策过程，更好地识别可疑的不实索赔。普华永道2015年2月在《数据驱动：学生在快速变化的商业世界中取得成功需要什么？》（Data Driven: What Students Need to Succeed in a Rapidly Changing Business World）白皮书中指出：高校应该为审计、会计专业的学生提供大数据审计方面的课程，对相关审计人员提供大数据审计方面的培训工作，教会他们使用大数据分析程序语言与工具（如R语言、Python、Java等）、数据可视化分析工具，从而满足审计人员开展大数据审计的需要。另外，普华永道的调查还发现：在实际的审计工作中，计算机辅助审计技术（CAATs），特别是数据审计技术的使用要比预期低，要多关注审计人员处理大数据的能力。例如，如何对审计人员进行大数据审计方面的培训，如何开发大数据审计工具或借助其他领域的软件工具来开展大数据审计。麦肯锡认为，目前已有经典技术可用于大数据分析之中，这些技术有关联规则挖掘、数据聚

类、数据挖掘、集成学习、遗传算法、机器学习、自然语言处理、神经网络、模式识别、预测模型、回归、信号处理、空间分析、统计、监督式学习、无监督式学习、时间序列分析、时间序列预测模型等。此外，也有一些可专门用于整合、处理、管理和分析大数据的关键技术，主要包括Big Table，商业智能、云计算、Hadoop、HBase、MapReduce、Mashup、元数据、非关系型数据库、关系型数据库、R语言、可视化技术等，其中，可视化技术是大数据应用的重点之一。对于社会审计，中国注册会计师协会（2017）提出了研究大数据、人工智能等先进信息技术在注册会计师行业的落地应用，促进会计师事务所信息化。

（二）政府开展情况

2017年4月18日，世界审计组织大数据审计工作组第一次会议在南京召开。来自美国、中国、英国、印度、巴西、奥地利、挪威、俄罗斯、泰国、印度尼西亚等多个国家的代表分别介绍了本国开展大数据审计的情况。主要相关情况概括如下：英国国家审计署（National Audit Office of UK，NAOUK）大数据审计的重点是增加价值，减少成本。目前是借助开源工具R语言、Shiny软件和可视化软件，应用统计、机器学习、文本挖掘和可视化等技术开展大数据审计。印度审计署（Comptroller and Auditor General of India，CAG）于2016年9月1设立了数据管理和分析中心，广泛使用来自审计署内部、被审计单位和第三方的各类数据，采用统计、可视化等技术开展大数据审计。巴西联邦审计署（Tribunal de Contas da Uniao，TCU）审计信息管理办公室自2006年以来一直注重审计数据的采集与应用工作，目前，已采集了巴西56个最重要的政府部门相关数据库，汇总了7TB的审计数据，供审计部门根据需要使用这些数据开展审计。审计人员可以使用SQL、审计软件ACL、R语言等软件与工具开展数据分析。奥地利审计法院（Austrian Court of Audit，ACA）对简单的数据分析使用Microsoft Excel，对于复杂的数据分析、建模和大数据审计则采用R语言进行，对文本分析采用词云技术。厄瓜多尔审计署（The Office of the Comptroller General of Ecuador）从民政局、全国选举委员会、劳动部、财产登记机构、国内收入服务机构、社会保障国家机构等部门收集信息，并采用数据挖掘技术和开发相关APP（手机软件）利用这些大数据。尽管爱沙尼亚审计署（National Audit Office of Estonia，NAOE）在审计中没有使用大数据分析的经验，但其国家的一些大学和科研机构正在开展大数据方面的应用研究。芬兰国家审计署（National Audit Office of Finland，NAOF）高度重视大数据审计的应用，目前所有国家部门和机构都使用相同的会计系统，会计数据已电子化，审计人员已系

统地使用CAATs相关分析工具开展电子数据审计,审计的对象包括传统的财务数据、电子邮件、社交媒体、视频、声音等。今后计划把机器人技术、可视化技术应用于审计之中。印度尼西亚设计了CRISP-DM系统来开展大数据审计,采用该系统进行数据分析的步骤为:业务理解、数据理解、数据准备、建模、评价、部署。挪威审计署(Office of the Auditor General of Norway,OAGN)采用IDEA、Microsoft Excel等工具开展数据审计,目前主要分析结构化数据,下一步准备也对非结构化数据进行分析,现在正在建立数据科学和数据分析的能力,今后将使用微软的数据仓库技术(SQL Server Analysis Services)、可视化技术、开源工具R语言、Shiny等开展大数据审计。泰国目前是采用审计软件ACL分析从被审计单位采集的电子数据。

根据目前大数据技术的发展,我国审计署指出要积极跟踪国内外大数据分析技术的新进展、新动态,探索在审计实践中运用大数据技术的途径,为推动大数据背景下的审计信息化建设做好准备。2015年8月31日,国务院印发《促进大数据发展行动纲要》。2015年12月8日,中共中央办公厅、国务院办公厅印发的《关于实行审计全覆盖的实施意见》指出:"创新审计技术方法是实现审计全覆盖的一个重要手段,要求构建大数据审计工作模式,提高审计能力、质量和效率,扩大审计监督的广度和深度。"2017年3月31日,中共中央办公厅、国务院办公厅印发的《关于深化国有企业和国有资本审计监督的若干意见》指出,要"创新审计理念,完善审计监督体制机制,改进审计方式方法"。审计署胡泽君审计长在2018年1月召开的全国审计工作会议上指出,要"积极推进大数据审计"。中共中央总书记、国家主席、中央军委主席、中央审计委员会主任习近平2018年5月23日下午主持召开中央审计委员会第一次会议,并指出"要坚持科技强审,加强审计信息化建设"。

(三)学术研究情况

自2015年领导干部自然资源资产离任审计试点工作开展以来,国内许多学者对领导干部自然资源资产离任审计技术方法应用进行了探讨。

1.对大数据审计技术的应用情况进行总结与分析。陈朝豹等(2016)报告了胶州市在领导干部自然资源资产审计中使用了20多种现代审计技术方法。王振铎和张心灵(2017)探讨了草原遥感影像和地理信息系统在内蒙古草原征占情况审计中的应用。内蒙古自治区审计学会课题组等(2017)提出将3S技术和大数据方法运用于领导干部自然资源资产离任审计。钱水祥(2016)认为,应注重运用基于卫星和遥感等空间技术,整理出审计方法的使用准则和操作手册,使领导干部自然资源资产离任审计工作逐步规范化、标准化、制度化、精

准化。陈伟和居江宁（2018）提出了基于大数据可视化技术的审计线索特征挖掘方法。

2.将大数据技术融合于大数据审计平台，提出优化协同各种技术的实现路径。秦荣生（2014）建议加强大数据、云计算技术的应用，建设大数据审计分析平台并加强对大数据审计分析模型的研发。郑伟等（2016）提出利用大数据技术建设审计线索分析系统、业务审计分析系统和审计成果分析系统。刘国城和王会金（2017）认为大数据审计平台可分为采集、预处理、分析和可视化四个子平台，并探讨分析了各个平台所应用的方法与模型等。牛艳芳等（2018）概括了"点、线、面、块"的审计大数据网络分析方法体系，指出面向图存储的关联网络分析是审计大数据的重要发展方向。潘琰和朱灵子（2019）提出构建"平台与技术一体化"模式，探索大数据平台的架构以及基于平台的各项核心技术的集成等问题。已有研究，较多介绍了具体技术方法的特征与应用，或一些技术方法在领导干部自然资源资产审计中的应用，而缺少对各种技术方法全面的梳理和提炼。目前各地已陆续开展了领导干部自然资源资产离任审计大数据分析平台的建设，但研究相对于实务存在一定的时滞性，特别是通过案例探析平台构建如何与大数据技术应用相结合，为领导干部自然资源资产离任审计实践提供经验借鉴的研究不多。如何结合地方的生态和区位特征及资源禀赋的特点，开展大数据技术应用的创新，从而发挥审计在推进地方生态文明建设中的作用，是一个需要进一步探讨的话题。

四、大数据在资源环境审计应用中的不足与建议

（一）当前应用的不足

当前大数据运用在自然资源资产审计的实践操作中还处于探索阶段，自然资源资产管理的相关数据通常范围广，时间跨度长，审计采集难度大。随着审计工作的推进，传统审计方式已无法与自然资源资产审计任务的新要求相适应，目前主要存在4个方面的主要问题。

1.专业审计人员严重不足致使审计实施存在较大困难。目前，审计机关使用最多的数据分析软件为AO现场审计实施系统，它只能执行一般的查询和分析，而自然资源类的业务数据结构复杂、数据量大，有的数据只有专业的软件才能对其查询分析。如ArcGIS，它是国土、林业、水利、规划等部门广泛利用的地理信息管理系统，专业程度高，操作复杂。通过ArcGIS对各类地图进行叠加、对比后获取相关数据，并对这些数据进行分析和精确计算，可以得出违法占用土地、林地的准确面积，破解土地、林地面积无法丈量的难题，极大

地提高审计效率及质量。然而，往往审计人员在审计实施过程中由于不会使用ArcGIS软件，给自然资源资产离任审计工作带来很大的困难。

2.自然资源资产数据口径不统一导致相关数据难以整合。领导干部自然资源资产离任审计所涉及的职能部门多，需要采集使用的电子数据较为广泛，然而各部门使用的管理系统或软件存在较大差异，数据之间缺乏统一的口径，容易造成相互割裂的数据环境，致使所提供的数据格式各种各样，数据之间关联度不大，不能进行有效整合，审计人员采集后需要花费大量的时间去完成采集数据的清洗工作，数据综合利用效率低，审计分析效果也难以提升。同时，部分部门提供的数据不准确、不完整，审计人员需要去核对，无形中也加大了审计的工作量。

3.资源普查的周期性导致自然资源资产数据不能及时更新。在各统计期内，相关政府部门的自然资源资产数据采集和统计相对滞后，缺乏纵向可比性。政府职能部门对自然资源资产的普查都是有周期性的，面对庞大的自然资源资产数据采集和核算工作，难以做到每年进行资源普查，数据采集的滞后性和统计推断误差导致难以核对不同年份间同类自然资源资产数据的真实性和准确性。例如，审计人员对矿产资源项目进行审计，要了解该地区矿产资源的变化情况，就需要各年度的数据，但是国家对于矿产资源的调查是每5年才开展一次，从而无法对领导干部任期内的矿产资源增减变化作出客观的评价。

4.不能突破审计思路使得自然资源数据分析效果不够明显。数据分析是自然资源资产离任审计的核心。在大数据环境下，如何利用跨多部门、多业务、多层次、多领域的审计数据，从广度和深度上探索新的数据分析方法，没有较多可供借鉴的成功经验，审计人员在大数据分析上缺少思路。目前，审计人员常用的信息化审计工具就是AO和SQL，只能实现一般性关系型数据查询分析，要想真正从复杂的大数据中找到有价值的东西，审计人员必须突破传统信息化审计手段，如在土地资源等审计中，学会使用ArcGIS等软件从整体视角对审计对象进行多角度、多维度数据分析，通过跨领域、整体视角的数据比对分析，更有利于提高发现问题的概率，提高审计效率，降低审计风险。

（二）未来的展望与建议

领导干部自然资源资产离任审计工作已经全面推开，审计机关和审计人员要积极创新，充分利用信息化审计技术不断拓展审计的高度和深度，助力自然资源资产审计工作更上一个台阶。

1.强化大数据审计理念引领。依托实施"科技强审"工作，鼓励审计人

员积极适应大数据环境下审计工作的新特点、新变化和新要求;电子数据审计部门要加强对于GIS、图数据库、Python等大数据审计技术、工具应用的培训,在审计项目中探索"双主审""双方案""双报告"模式。引导审计人员由过去对于大数据审计"不敢用、不愿用",到现在的"必须用、主动用"。

2.强化大数据审计技术支持。2018年以来,审计部门积极推进以基础信息库、指标库、专家知识库、法规库为基础的大数据审计平台的"四库一平台"建设。在水环境保护政策落实情况审计调查中,探索实践大数据、云计算、空间地理、人工智能等先进技术在审计中的应用,开展跨地域、跨部门的数据挖掘与分析,有效提升了审计工作质效。

3.强化大数据审计人才保障。组建数据分析团队,由大数据业务骨干围绕利用GIS、SQL、Google earth等软件联合处理国土、规划、环保、财政等相关业务大数据服务开展攻关,将探索形成的有益做法整理形成审计模式和技术模块,通过教学辅导、跟踪服务等形式加强对于一线审计人员的培训,以点带面提高全员的大数据审计能力素质。

第三节　领导干部自然资源资产离任大数据审计平台和案例研究

一、大数据审计平台分析

(一)大数据审计平台建设的理论分析

大数据审计平台的构建遵循系统论、结构论、协同论与控制论等思想。大数据关键技术涵盖采集、预处理、存储与管理、分析与挖掘以及展现与应用等五项技术层面。大数据审计平台涵盖若干子平台,依照特定逻辑融合于一体。为全方位将大数据处理技术融合于大数据审计平台建设,全视角呈现大数据审计综合平台的设计过程,本书特别选取上述五项技术分类作为理论依据,将大数据审计平台分拆为采集、预处理、分析与可视化四个子平台进行研究,其中,存储技术纳入预处理平台之中。确立子平台时,必须基于细节,深层次、系统性地发现特定审计大数据对象的内在本质与逻辑规律,熟悉其任务需求。只有这样,才能做好相关子平台的流程分解与功能分解,才能科学确立子平台下的"主题技术库",有效选定各个子平台的"过程建模群",进而基于战略层面高效提升大数据审计总体平台建设的质量与水平。本书以交叉学科理

论的相互融合为研究视角,通过四个子平台的分拆,强化大数据分析的应用,尝试相应技术在子平台实际需求下的运用,力求以"应用技术群"为轴心,丰富不同建模技术之间的比较分析,有效推进大数据审计实务的流程化、抽象化与智能化。

(二)审计实践对大数据审计平台构建的要求

对当前审计机关在领导干部自然资源资产离任审计中数据应用情况、平台建设需求进行分析,领导干部自然资源资产离任审计数据分析平台,需要实现集中存储管理工作中的相关数据,收集整理相关领域的法规政策,将成熟的数据分析思路固化为审计模型,对审计结果进行归纳汇总,应具有高安全性、灵活接入性和可扩展性的特点,实现数据多维查询、总体分析和疑点分析等功能,重点体现以下几方面的实践要求。

1.需要实现领导干部自然资源资产离任审计中的资料、数据、思路、模型共享。数据分析平台应实现对领导干部自然资源资产离任审计相关领域全范围总量数据、相关政策法规、审计系统内数据分析思路、成熟分析模型的整合,实现数据、资料、思路、模型的共享。审计人员根据权限登录平台,可以进行资料查询、数据查询、分析思路查询、分析模型调用和审计结果查看等操作,以节约收集资料、数据、设计分析算法等工作时间,有效缓解审计时间紧、任务重、人手不足的困境,提高审计工作效率。

2.需要提高审计发现问题的广度和深度,为对领导干部履行自然资源资产管理和生态环境保护责任情况作出更准确的总体评价提供更好支撑。领导干部自然资源资产离任审计需要对被审计领导干部履行自然资源资产管理和生态环境保护责任情况进行总体评价。当前影响总体评价的因素主要有两点,一是由于各地区自然禀赋的差异,确定科学、合理的评价指标体系存在困难;二是准确的总体评价需对领导干部进行全方位、全覆盖、全要素的审计,该要求涉及较多相关部门的数据,对数据的全面性、准确性、标准性,以及审计人员的数据分析水平等要求较高,而当前数据质量和审计人员水平均存在不足。例如,尽管林业部门提供了森林覆盖率数据及领导干部任期内该数据的变化情况,但数据准确性如何?数据变化是好是坏?是什么原因导致的?对这些问题的判定均存在难度。

因此,针对数据质量、数据分析的局限性,体现在平台的建设要求上,需在平台将各领域相关数据进行统一汇集、标准化、管理共享的基础之上,实现对跨行业、跨领域、跨时间的数据进行碰撞分析,多方印证,对较全范围的数据,从更多角度、更全面、更深入挖掘问题,提高审计发现问题的广度和深

度，确保问题的覆盖面，并全面客观分析问题产生的原因，为对领导干部作出更准确的总体评价提供更好支撑。

3.能够对领导干部自然资源资产离任审计领域的总体数据进行分析，发现体制机制方面的问题，提出有效建议。平台数据库中的数据应是在全口径上对相关数据的整合，通过对数据的不断积累，审计数据分析人员可以不局限于审计项目，采用关联分析、趋势分析等方法，对多来源的相关数据开展日常跟踪式的总体分析，及时发现政策执行中存在的问题或违纪违法线索，通过进一步分析或延伸调查取证，查实问题，分析原因，提出有效的可行性建议，从而健全完善体制机制。

（三）大数据分析平台构建的目标和原则

数据分析平台以实现资源环境相关数据、资料的集中安全存储管理、数据的共享和综合分析利用为目标，为审计人员提供高效的数据查询、数据分析思路和模型共享等功能。平台建设中要遵循高安全性、灵活接入性和可扩展性的原则。

1.平台构建目标。

（1）实现审计系统内数据的共享。平台需要对来自不同部门、不同领域资源环境方面的数据和资料进行整合，审计人员在权限范围内，可以查询数据、资料，或对来源各异、种类不一的数据进行碰撞分析，打破审计工作中的信息"孤岛"，实现数据的共享和应用。

（2）建立安全、高效的数据采集和存储机制。平台构建中需研制各类数据的适配接口，对接各被审计单位信息系统获取的各类异构数据，并采用大数据主流框架和技术对数据进行存储管理，实现统一、安全、高效的存储，为数据的挖掘和分析打好基础。

（3）实现数据分析与决策。平台需将审计工作中所采用的关联分析、趋势分析、地理信息技术分析等相关技术，固化成数据分析模型，审计人员通过调用模型可提取数据中隐含的、未知的、极具潜在应用价值的信息和规律，以发现领导干部自然资源资产离任审计中的重大违纪违法问题线索，反映影响人民群众利益的资源环境问题，揭示资源环境领域体制机制方面的问题，并深入分析问题产生的原因，提出科学的可行性建议。

2.平台构建原则。

（1）安全性。资源环境领域的数据涉及部门广，数据种类多，数据中隐含的信息量大，对数据进行关联分析价值大，因此数据分析平台建设中要充分重视平台自身的安全性，应采取安全性高的访问认证机制和数据存储管理机制。

（2）灵活性。平台数据采集的主要方式之一是接入被审计单位的信息系统进行采集，因此在平台的设计和实施中要考虑与其他部门信息系统的对接，根据审计工作中对数据结构的需求，开发多个类型的标准化数据采集接口，能够灵活接入被审计单位相应的信息系统，以及时、有效地采集数据。

（3）可扩展性。数据分析平台的建设是一项长期持久的工作，随着领导干部自然资源资产离任审计工作的推进，对于审计工作中典型的、成熟的、可推广的数据分析思路、数据分析模型，要及时地添加到数据分析平台中，因此平台的规模和要求会不断变化，平台的设计和实施要具有良好的可扩展性，以满足审计业务不断发展的需要（李培培，2018）。

（四）大数据审计分析平台构建

1.技术构架。领导干部自然资源资产离任审计大数据分析平台分为6个层次，包括基础设施层、数据层、支撑层、平台层、用户层，以及保障层。技术架构图如图9-3所示。

（1）基础设施层：基于云计算平台搭建Hadoop大数据平台和地理空间数据云服务平台，形成满足平台应用需求的软硬件网络环境，确保系统通信畅通、安全稳定。

（2）数据源层：基于企业服务总线（ESB）、ETL技术、网络爬虫等技术实现自然资源资产相关数据的获取、抽取、转换、加载、清洗等工作，按照数据整合、重构等规则，形成不同层次的数据资源库（基础数据库、标准数据库和数据仓库）。

（3）支撑层：提供坐标变换、格式转换、图像处理、数据分析、数据挖掘、流计算等功能组件，提供统一用户管理、权限管理、标准服务接口等，实现对数据层和平台层的技术支撑。

（4）平台层：开发实现数据汇聚与管理、审计分析服务、现场勘查、预警监测、共享服务等子系统，形成领导干部自然资源资产离任审计分析平台软件系统，为各类用户提供统一的操作界面。

（5）用户层：即平台的服务对象，包括审计人员、其他相关单位用户、社会公众和相关业务系统。

（6）保障层：包括标准规范和运行保障机制，其中标准规范包括数据采集规范、应用规范、管理规范以及共享规范等，规范数据处理和各业务流程；运行保障机制是从数据提供及使用政策、数据更新维护、系统安全运行等几个方面制定制度，以促进各部门数据共享交换，提升审计分析能力和效率。

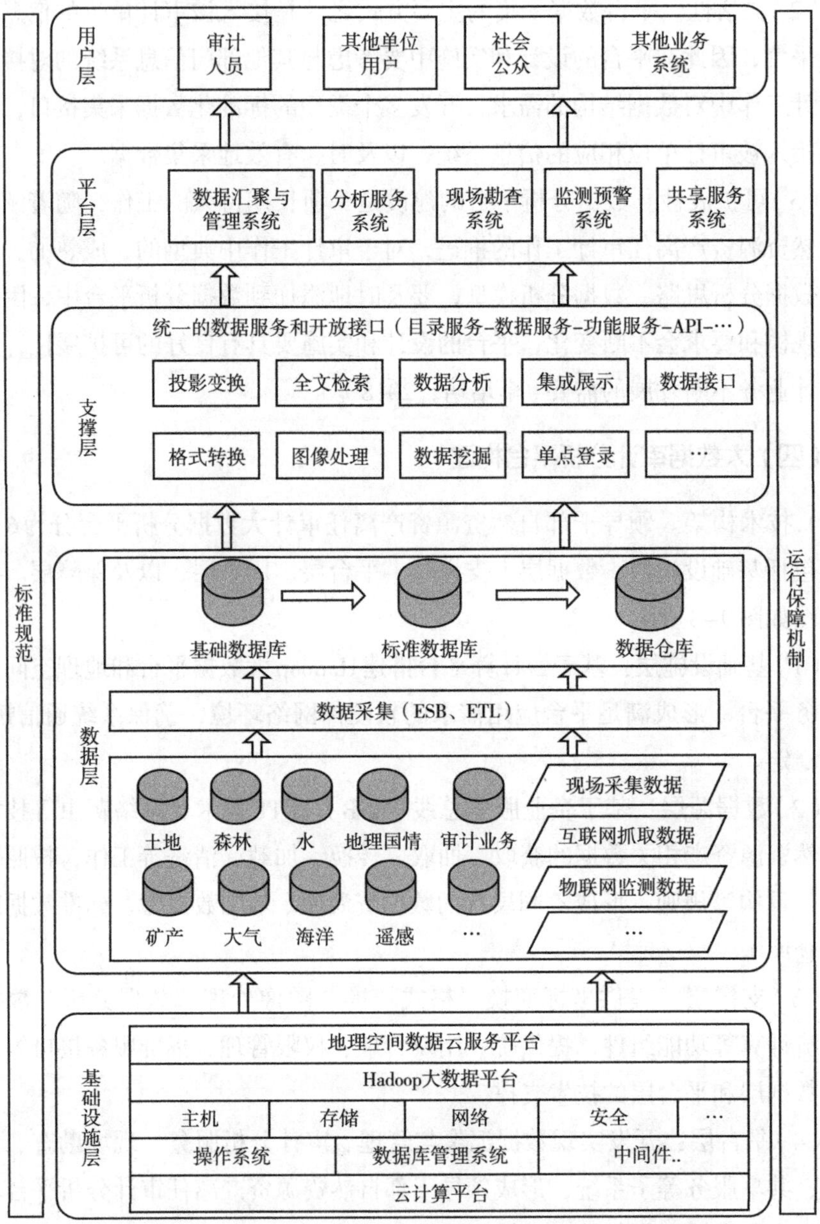

图9-3 领导干部自然资源资产离任审计分析平台技术架构

2.功能构成。领导干部自然资源资产离任审计分析平台功能构成如图9-4所示。

（1）数据汇聚与管理子系统。数据汇聚与管理子系统实现对基础地理空间数据、土地资源专题数据、矿产资源专题数据、水资源专题数据、森林资源专题数据、海洋资源专题数据、大气资源专题数据、审计业务数据及相关文档材料，以及对现场采集、互联网抓取、物联网监测等得到的数据进行汇聚、清洗、梳理和建库工作。

（2）审计分析服务子系统。审计分析服务子系统是为审计人员开展自然资源资产审计业务工作提供服务支撑的系统。系统提供自然资源资产数据查询、浏览，供审计人员查找资料。提供项目创建和人员配置，帮助审计人员建立审计项目工作小组。提供审计模型创建、审计分析、审计报告单生成及成果报审等功能，为审计人员开展审计分析提供在线数据分析服务，在分析结果基础上形成审计取证单和工作底稿。

（3）监测预警子系统。监测预警子系统提供指标、模型、监测范围、预警显示等事前配置功能，灵活设置指标参数、算法模型、监测内容及显示方式。系统支持专题性监测、动态性监测及预警报送、监测统计等功能，便于审计及相关部门及时掌握其关注的监测数据。

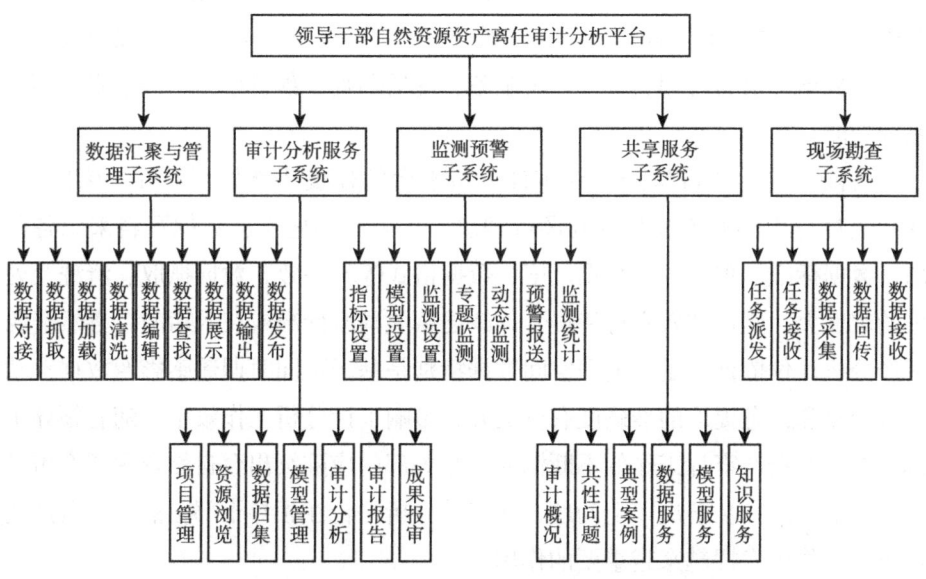

图9-4 领导干部自然资源资产离任审计分析平台功能构成

（4）共享服务子系统。共享服务子系统将集成展示历年审计过程中形成的数据成果、审计成果、审计案例并进行统计分析展示，通过标准接口对外提供数据服务、模型服务、知识服务等，实现各类资源的共享服务，方便业务部门决策分析。

（5）现场勘查子系统。现场勘查子系统是通过搭载基于北斗/GPS定位服务系统的手持GNSS移动终端采集设备，实现对审计疑点数据可视化、远程化审计内外业一体化操作的软件系统。系统包括基于浏览器的任务监管系统和基于移动终端的采集系统。任务监管系统主要实现任务打包、任务派发、任务监管、数据接收、用户管理。移动采集系统主要实现任务接收、数据采集、数据回传等功能,从而实现疑点地块的精确定位和现场数据的快速采集,直观还原现场动态,确保信息的准确性和实时性。

(五)开发实现

平台是建立在Hadoop开源软件和MapReduce框架的基础上的,采用HDFS分布式文件系统架构存储和管理海量的自然资源专题数据,依托大数据技术框架基于建立的审计分析模型实现分布式计算,每次的审计模型分析都会提交一个MapReduce作业,Hadoop会自动将所要分析的数据进行分片,并分解成多个Map和Reduce操作完成最终的审计分析任务。平台同时还接入大量的传感器监测数据,在大数据框架支持下实现高并发的数据接收和分布式存储,并在此基础上实现实时预警监测分析。

平台基于B/S架构,服务端在大数据框架之上构建支持面向分布式SOA架构的RESTful数据和功能服务,基于统一用户界面、统一的用户管理和权限设置实现数据汇聚与管理、审计分析服务、现场勘查、预警监测、共享服务等子系统功能。

目前,自然资源资产离任审计分析平台的建设仍然处于研究探索阶段,在建设过程中仍有不少技术问题待解决,主要的问题有:数据资料来源各部门,数据标准、现势性、数据尺度、数据格式等不一致,数据抓取、清洗及处理的难度大,质量和效率有待提升;缺乏相关国家标准或技术指南,自然资源资产分析评价依据不足;地理空间数据特别是基于不同时期遥感影像数据自动发现变化和信息提取的准确度有待提升,影响审计分析工作效率。随着领导干部自然资源资产审计工作的不断深入,相关部门应陆续出台自然资源资产审计技术标准,进一步解决以上问题,使审计分析平台在领导干部自然资源资产离任审计工作中发挥越来越重要的作用。

(六)数据分析平台构建的挑战及建议

1.平台构建的挑战。随着领导干部自然资源资产离任审计的全面铺开,审计人员在工作过程中会产生和积累一定的数据分析思路,为平台的构建提供支撑,但在平台构建中仍有较多的挑战。

(1)数据入库要求难以达到。平台数据库的入库数据应具有全面性、时效性和标准性。而由于领导干部自然资源资产离任审计实践较少,审计人员对所需数据、审计业务了解不足,难以比较准确地判断数据采集范围,导致无法全面、及时采集所需数据。此外,所采数据来源不同、类型不同、格式各异,按审计业务数据分析的要求对数据进行标准化处理是一项耗时较长、技术水平要求较高的工作。此外，对于含有地理信息的数据由于保密要求，在采集中也存在一定困难。因此，采集全面、时效性的数据，并对数据做标准化处理具有一定挑战。

（2）文本数据分析实践较少。领导干部自然资源资产离任审计需较多关注领导干部对生态文明体制改革相关任务推进落实情况、贯彻执行中央生态文明建设方针政策和决策部署情况、资源环境方面重大决策情况等，这些情况的审计较多涉及工作报告、会议纪要、出台制度、收发文记录等非结构化文本数据，而当前审计工作数据分析主要针对的是结构化数据，对文本数据分析实践经验较少。因此，探索文本数据挖掘技术，充实平台文本数据分析模型具有一定挑战。

（3）审计人员专业数据分析能力不足。与其他领域审计业务数据分析相比，领导干部自然资源资产离任审计会涉及较多的矢量、图像数据，如卫星遥感影像数据、土地利用规划图、生态保护红线矢量数据、土地类型图斑数据等，审计人员需加强对地理信息、遥感等专业知识、专业技术的学习，以满足对这类数据分析的要求。

（4）平台初始及后期扩展需要有人力保障。数据分析平台的基础设施架构等可以由第三方软件公司开发，但是数据平台资料库、数据库、思路库、模型库、结果库的初始及后期扩展需要有足够的人力保障，如收集政策法规、收集审计人员的数据分析思路，筛选有代表性的数据分析思路进入思路库、筛选成熟分析思路开发为模型，以及跟踪审计业务开展中的创新数据分析思路等，都需要有足够的人力保障。

2.平台构建的建议。针对本书所提出的平台内容及当前面临的挑战，提出如下建议，以做好平台建设前期准备工作：

（1）建立资料、数据收集机制。加强收集、整理、积累关于生态文明建设方面的法律法规、党和国家领导人关于生态文明建设的讲话、各部门和地方政府制定的规章制度和配套文件、资源环境专业知识等，建立资料目录清单及自动更新整理机制。

依托审计项目，梳理相关部门信息系统数据，了解数据类型、数据之间关系，根据审计业务需要，制定数据采集清单和数据标准。与相关媒体建立信息共享机制，做好数据资源索引目录，建立数据收集工作机制。对于无法采集的数据，如包含地理位置信息的数据，应与相关部门建立工作合作机制，根据审计项目需要，聘请专业部门提供数据和技术支持。

（2）建立数据分析思路创新、模型开发机制。调研审计署业务司局、驻地方特派员办事处、地方审计机关在资源环境审计、领导干部自然资源资产离任

审计中的数据分析思路、分析结果等,将典型思路放入思路库,借助第三方将成熟做法固化为模型。培养审计人员用数据分析支撑审计问题的思维,不断创新数据分析思路,开发数据分析模型。

(3)建立人才储备机制。与科研院所、智库机构建立联系,为平台储备国家政策解读、资源环境专业知识咨询人才。加强审计人员在数据标准化处理、数据爬取、文本分析、地理信息数据分析等方面的培训,建立资源环境审计数据分析人才储备。

二、森林资源资产责任审计实践

案例1:森林资源相关政策执行情况

A市审计局在对E旗领导干部自然资源离任审计中,重点关注森林资源相关政策执行情况。

在领导干部自然资源资产离任审计全口径数据审计实践中,要根据政策、决策、项目、资金、监管之间的内在联系,进行分类、分析、归纳、推理,以发现和揭示问题线索。利用AO软件摸清资金总盘子、理出支出重点,利用Excel函数功能,对项目建设进行内控测试后自动生成雷达图,从而找出管理薄弱点和审计重点。

(一)数据采集

主要从当地政府办公厅、林业和草原部门采集政府工作报告、会议纪要、收发文记录、领导干部关于重大事项的批示、政府出台的相关文件等,以及林业和草原部门制定林业发展规划、林业经济统计数据等信息。

(二)模型建立

审计人员在梳理资金总体情况后,发现林业系统资金以上级专项为主,支出主要用于林业项目建设,所以决定对林业项目进行内控测试及内控风险评估。首先,从项目立项、工程结算、竣工决断及相关政策落实四个阶段,共梳理出9个方面32个风险点;其次,利用Excel软件的vlookup函数对各风险点的落实情况及执行效果进行赋值编辑,同时为避免因误操作等导致的测评表数据被修改的情况,审计人员对测评表进行加密处理,测评人员只需如实就制度建立、程序履行情况与否和执行效果的好与劣进行选择,表格即可自动计算出相应方面的得分情况。最后,审计人员利用Excel软件将表格中的前期管理、补贴政策兑现、尾留工程、价款支付、项目竣工验收、物资管理、合同管理、招投标管理和内控制度建立及执行的得分情况等用雷达形式反映,可以直观发现

林业项目中内控的薄弱环节,并迅速锁定疑点。

通过自动生成的雷达图分析结果,发现招投标管理情况定性得分低,进而发现存在将工程发包给无资质单位施工的问题;发现实施八年的巩固退耕还林项目,共完成梭梭林嫁接肉苁蓉面积6600亩,应分配给217户退耕户,但实际并未分配给退耕户,也未落实项目运行管护主体和管护责任,目前后续产业未能为退耕户产生经济效益。

案例2:造林补贴未造先补

A市审计局在对E旗领导干部自然资源资产离任审计中,审计人员通过RS(卫星遥感影像)与ArcGIS同坐标叠加、各类造林主体同坐标系叠加分析方法对造林项目进行多元空间数据复合分析,可重点关注是否存在未造先补的问题。

在审计实践中应根据森林资源造林项目的分布、补偿、业务归口等方面进行研究,合理选取指标和评价标准,将资金投入散、资源分布广、实施主体多的造林补贴工程合理统一,有助于审计人员高效开展审计工作。

通过将相关年度各造林主体历年验收完成的造林小斑ArcGIS数据与RS(卫星遥感影像)相互叠加,以现有造林小斑ArcGIS数据为基础,将SHP文件矢量化转换成XML文件,与卫星遥感影像同坐标叠加,根据每年更新的卫星遥感影像资料,提取ArcGIS中显示已完成造林但卫星遥感影像中不具备梭梭林图像特征的模块,设立样地重点抽查这些区域的种植现状,审查是否存在未造先补行为,此方法能减少审计野外调查的工作量,具有精准的特点。

本章讨论问题

1. 什么是大数据审计?大数据审计包括哪些内容?
2. 为什么要在资源环境审计中应用大数据?
3. 如何构建领导干部自然资源资产离任大数据审计分析平台?

本章参考文献

[1] Gartner E S. 2012. 10 Critical Tech Trends for the Next Five Years [EB/OL]. http://www.forbes.com/sites/ericsavitz/2012/10/22/gartner-10-critical-tech-trends-for-the-next-five-years/.

[2] GTAG. 2017. Understanding and auditing big data [EB/OL]. http://www.theiia.org.

[3] Lynch C. 2008. Big data: how do your data grow?[J]. Nature, 455(7209):

28-29.

[4] Manyika J, Chui M, Brown B, et al. 2011.Big data: the next frontier for innovation, competition, and productivity [R], McKinsey Global Institute.

[5] Science. 2011. Dealing with data [J]. Science, (6018): 639-806.

[6] 陈朝豹, 耿翔宇, 孟春.胶州市领导干部自然资源资产离任审计的实践与思考 [J]. 审计研究, 2016 (04): 10-14.

[7] 陈伟, 居江宁.基于大数据可视化技术的审计线索特征挖掘方法研究 [J]. 审计研究, 2018 (01): 16-21.

[8] 李培培.领导干部自然资源资产离任审计数据分析平台的构建 [J]. 审计观察, 2018 (06): 24-27.

[9] 刘国城, 王会金.大数据审计平台构建研究 [J]. 审计研究, 2017 (06): 36-41.

[10] 马志娟, 梁思源.大数据背景下政府环境责任审计监督全覆盖的路径研究 [J]. 审计研究, 2015 (05): 28-34.

[11] 内蒙古自治区审计学会课题组.领导干部水资源资产离任审计研究 [J]. 审计研究, 2017 (01): 12-22.

[12] 牛艳芳, 薛岩, 邓雪梅, 孟祥宇.审计大数据关联的网络分析平台构建及应用研究 [J]. 审计研究, 2018 (05): 35-42.

[13] 潘琰, 朱灵子.领导干部自然资源资产离任审计的大数据审计模式探析 [J]. 审计研究, 2019 (06): 37-43.

[14] 钱水祥.县级党政主要领导干部自然资源资产离任审计研究 [J]. 审计研究, 2016 (04): 15-19.

[15] 秦荣生.大数据、云计算技术对审计的影响研究 [J]. 审计研究, 2014 (06): 23-28.

[16] 郑伟, 张立民, 杨莉.试析大数据环境下的数据式审计模式 [J]. 审计研究, 2016 (04): 20-27.

[17] 王振铎, 张心灵.领导干部草原资源资产离任审计内容研究——基于内蒙古自治区审计实践 [J]. 审计研究, 2017 (02): 31-39.

第十章
领导干部自然资源资产离任审计

◆ 内容提示

党的十九届四中全会《中共中央关于坚持和完善中国特色社会主义制度 推进国家治理体系和治理能力现代化若干重大问题的决定》(以下简称《决定》)明确指出，要坚持开展领导干部自然资源资产离任审计(本章简称为"自然资源资产离任审计"或"制度")，以完善生态文明制度体系、促进人与自然和谐共生发展。这一战略决定准确把握了新时代中国特色社会主义制度建设的需要，有效补强了我国生态文明制度体系的监督制度短板。

◆ 引导性案例

某县审计局的领导干部自然资源资产离任审计发现，某乡镇(街道)干部在任期期间，在无积极、主动措施的情况下，较好完成了上级交代的生态环境保护任务，还得到相关荣誉表彰。与此同时，在环保资金使用方面存在部分问题，且该乡镇在土地资源使用方面出现了较多问题，多人(公司)因违法占地用地被上级主管部门查处。

◆ 问题思考

该如何准确评价领导干部自然资源资产管理和生态环境保护责任的履行情况？该如何区分直接责任和领导责任？

第一节　自然资源资产离任审计的理论分析

一、制度的重要性

（一）生态文明制度体系的重要监督制度

《决定》在第十部分指出，要"坚持和完善生态文明制度体系，促进人与自然和谐共生"，这些制度包括资源高效利用、生态环境保护、生态保护修复、生态环境保护责任等诸多个方面。其中，前三项为资源环境的监管制度，第四项则属于生态环境的再监管，即监督制度。相关理论研究表明，单纯的市场机制在公共资源和公共环境管理中通常是失灵的，同时政府监管也存在失灵的可能，其主要原因就是对地方政府行为的监督失效。因此，对地方政府的生态环境保护行为进行监督就成为解决问题的关键。《决定》在"严明的生态环境保护责任制度"部分明确指出，要继续加强领导干部自然资源资产离任审计，并位列环保督察、公益诉讼、终身追责等多项监督制度之首。

（二）党和国家监督体系的重要组成部分

党的十九大以来，习近平总书记在多个重要场合不断强调要"构建集中统一、全面覆盖、权威高效的审计监督体系，更好发挥审计在党和国家监督体系中的重要作用"。本次《决定》则明确指出，"要坚持和完善党和国家监督体系、强化对权力运行的制约和监督；要发挥审计监督的职能作用，以党内监督为主导，推动各类监督有机贯通、相互协调"，对先前相关指示精神做了进一步的制度化安排和落实。事实上，自然资源资产离任审计之所以是党和国家监督体系的重要组成部分，是因为公共资源与环境管理领域常常涉及巨大的经济利益，并常常成为地方政府不作为、乱作为和腐败滋生的高发领域。由此可见专门面向党政领导干部的自然资源资产离任审计的重要性就显而易见了。

二、制度的有效性

（一）抓住了生态环境保护的主要矛盾

马克思和恩格斯（1885年）曾经论述道，必须通过人与人关系的调整才能从根本上解决人与自然的对立关系。当前我国生态环境保护的主要矛盾是污染主体与地方政府之间形成了相对稳定的均衡，双方均不愿意单独放弃固有利

益。这几年,中央环保督查组在督查过程中不断发现有地方政府面对环境污染指鹿为马、拖延整改甚至对抗督查的现象。自然资源资产离任审计抓住了污染防治攻坚核心矛盾的主要方面——地方政府党政领导干部,以严明的生态环境保护责任制对其在任期间的自然资源资产开发利用和生态环境保护问题进行审计,并保留对其进行终身追责的权利,使其积极、主动地去打破原有固化的利益格局,从而推动生态环境保护走向深入。同时,该机制还使我们能根据经济社会发展的具体需要,对生态文明建设与经济增长间的平衡关系从审计广度、审计力度、审计频度等方面进行微调。

(二)缓解了公共性和外部性带来的诸多问题

制度为生态文明建设提供了长效的约束机制。一方面,自然资源资产离任审计是介于政府和市场之间的、一种缓解"公地悲剧"问题的有效方案。党和国家提出的这项新制度供给,为地方政府打破原有低水平均衡提供了足够动力,使政府、企业与民众自觉形成监督与竞合关系,防止自然资源滥用。另一方面,自然资源资产离任审计有助于缓解一系列的环境外部性问题:一是涉及生态文明建设的职能部门很多,自然资源资产离任审计将领导干部视为生态环境保护的首要责任人,缓解了部门虽多但不愿意承担责任的部门外部性问题;二是对更高行政级别党政领导干部进行自然资源资产离任审计,能使相互"踢皮球"、相互"搭便车"的空间外部性在较大的空间尺度上得到了内部化;三是自然资源资产离任审计可以借助计量技术控制历史影响,将领导干部的绩效单独抽离出来,从而在很大程度上消解了历史外部性。

三、制度的不可替代性

(一)具有法定常规性

当前,我国生态文明制度体系的主力监督机制包括自然资源资产离任审计、环保督察、环保监察等为数不多的几项专门制度,与这些专门制度相比,自然资源资产离任审计具有显著的法定常规性。以上若干制度中,专门面向领导干部的有审计制度和督察制度,进入《中华人民共和国宪法(2018)》的有审计制度和监察制度,进入《中共中央、国务院生态文明体制改革总体方案(2015)》的有审计制度和督察制度。此外,我国资源环境审计制度主要包括"领导干部自然资源资产离任审计制度"及其它面向重大环境政策、重要环保项目的专项审计制度,其中"领导干部自然资源资产离任审计制度"规定党政领导干部"逢离"必审,甚至在"任中"就开始审,也是第一项常规性资

源环境审计制度。因此，自然资源资产离任审计是我国生态文明制度体系中唯一面向领导干部的、具有法定属性和常规属性的正式监督制度，有显著的不可替代性。

（二）具有专业权威性

除若干专门的监督制度外，我国还有其他如行政监督、民主监督、舆论监督等相关的生态文明监督制度，与这些相关制度相比，自然资源资产离任审计具有显著的专业权威性。自然资源资产离任审计从业者除了掌握审计与会计专业知识、环保法律法规和政策储备以外，还要有强大的理工科专业背景支撑。例如，水资源环境审计人员必须具备水文水利、水污染化学与防治技术等专业知识，大气环境审计人员需要掌握气候学、气体化学、空气动力学等知识储备，矿产资源审计人员必须掌握地理学、地质学、勘探学和地球化学等专门知识，甚至在各种不同资源环境审计类型内部都具有非常明确的专业分工。除此以外，资源环境审计人员还要掌握计算机科学、遥感学、全球卫星定位系统技术、大数据技术和空间数据分析技术等新兴前沿技术。因此，与其它生态文明相关监督制度相比，自然资源资产离任审计具有显著的专业权威性。

第二节　自然资源资产离任审计的内容与方法

一、制度背景与主要概念

根据中共中央、国务院《关于加快推进生态文明建设的意见》和《关于印发〈生态文明体制改革总体方案〉的通知》，为切实推进我国生态文明建设、促进自然资源节约利用和生态环境安全，推动领导干部履行自然资源资产管理和生态环境保护责任，国家审计署制定、中共中央国务院办公厅印发了《领导干部自然资源资产离任审计规定（试行）》，并于2017年9月起开始实施。

（一）审计对象：领导干部

领导干部自然资源资产离任审计中的"领导干部"是指以下审计对象：一是地方各级党委和政府主要领导干部；二是各级地方政府发改、国土、环保、水利、农业、林业、能源、海洋等相关职能部门的主要领导干部。

（二）审计范围：自然资源资产离任审计

自然资源资产离任审计是指审计机关根据法规对主要领导干部任期内对本地区、本部门及主管业务领域以下工作，依据法规应履行的责任情况进行审计：一是水、土地、森林、草原、矿产、海洋等自然资源资产的管理和开发利用；二是水、大气、土壤等自然环境保护和环境改善；三是水、森林、草原等生态系统的保护和修复；四是其它相关事项。

二、审计的主要内容

（一）贯彻中央政策和决策部署情况

贯彻中央政策包括三个方面：一是生态文明体制改革相关制度建立及落实情况；二是国家资源环境重大战略贯彻落实情况；三是推进供给侧结构性改革情况。

（二）遵守法律法规情况

遵守法律法规情况属于合规性审计，主要包括三个方面：一是组织地方性规章制度情况；二是制定、批准、审批和组织实施资源环保规划中遵守资源环保法律规格情况；三是相关重大经济活动和建设项目中遵守资源环保法律规定情况。

（三）落实重大决策情况

落实国家重大决策情况包括如下几个方面：一是落实国家生态环保禁止性、限制性和约束性政策要求情况；二是落实主体功能区规划、国土规划、土地利用规划和城乡规划情况；三是落实国家公园等自然保护情况；四是落实环境影响评价情况；五是落实重点生态功能区产业准入负面清单情况。

（四）完成目标任务情况

完成目标任务情况主要包括三个方面：一是国家确定的资源环境约束性指标；二是国家关于水、大气和土壤污染防治等行动计划目标；三是其它纳入考核的相关目标。

（五）履行监督责任情况

履责情况包括六个方面：一是自然资源开发的合法性、管理的有序性、使用的有效性等；二是资源消耗上限、环境治理底线、生态保护红线等；三是

资源环境承载力及监测预警机制建立运行情况；四是重大生态破坏事件预防处置情况；五是环境数据造假处置情况；六是对之前环境督察、国家审计和专项考核检查发现问题的整改情况。

（六）资金征管用和项目建设

资金征管用和项目建设情况包括四个方面：一是资源税、环境税、政府基金和自然资源有偿使用收入等征管用情况；二是生态环保资金投入与使用情况；三是用水权、排污权等管理情况；四是重点项目、设施建设运营情况。

（七）其它相关情况

其它相关情况主要是除以上六类情况以外的领导干部自然资源资产管理和生态环境治理方面的情况。

三、主要思路与方法

（一）组织形式

审计机关依照干部管理权限、根据组织部门委托，确定相应审计计划，可采取独立实施方式，也可与领导干部经济责任审计统筹实施。审计时，应坚持依法审计、问题导向、客观求实、鼓励创新和推动改革等原则。

以自然资源资产负债表及反映自然资源资产数量和质量变化的管理数据与主要资料为基础进行审计，主要资料包括：一是签订的相关目标责任及其完成情况；二是上级部门的相关检查、相应结论性文书及整改落实情况；三是相关会议文件、材料和记录；四是财务及相关调查、监测、统计等资料数据。

（二）原则导向

审计应充分考虑地域、气候、季节、生长期等自然因素影响，以及环境问题的潜伏性、时滞性、外部性等方面，针对具体工作特点，研究建立健全审计评价指标体系，将定性评价与定量评价相结合，对领导干部的履责情况进行客观公正、实事求是的评价。

（三）五级评价

依照《领导干部自然资源资产离任审计规定（试行）》的相关规定，审计结果的评价方法为五级评价法，即从高到低按"好、较好、一般、较差、差"对领导干部的自然资源资产保护和生态环境治理的总体情况进行评价。见表10-1。

表 10-1　　　　　　　　领导干部自然资源资产离任审计等级评价标准

等级	履责情况	取得成效	指标/任务/红线	严重事件/问题
好	认真履行责任、积极采取措施	取得显著成效，资源有效保护、环境明显改善	未发现问题	未发生
较好	履行责任	取得较好成效，资源得到保护、环境有一定改善	存在以下问题之一 个别地区数据真实性存在问题	未造成，但个别地区存在问题但尚未造成严重后果
一般	基本履行责任	取得一定成效	存在以下问题之一 少数指标未完成，个别地区数据真实性存在问题	未造成，但个别地区存在问题但尚未造成严重后果
较差	履行一定责任	取得成效不好	存在以下问题之一 较多指标未完成，较多地区数据真实性存在问题	造成较严重的资源环境事件或重大隐患未得到治理
差	未履行责任	—	多数指标未完成，多数地区数据真实性存在问题	造成严重的资源环境事件或重大隐患未得到治理

资料来源：《领导干部自然资源资产离任审计规定（试行）》。

四、审计结果应用

（一）报告机制

某审计机关在实施完成了领导干部自然资源资产离任审计之后，应向被审计领导干部及其所在地区和部门出具审计意见结果，如与经济责任审计统筹实施，也必须向上述两个对象出具独立的审计意见结果。

地方审计机关的领导干部自然资源资产离任审计结果应同时向本级党委和政府，以及上级审计机关工作报告；审计署的领导干部自然资源资产离任审计结果则应同时向党中央、国务院报告。

（二）公告与移送

地方各级党委、政府应逐步探索和推行领导干部自然资源资产离任审计结果公告制度。

对发现人为因素造成严重损毁自然资源资产和生态环境的责任事故，需要由相关部门进一步调查或追究相关责任的，审计机关应依法移交。对发现涉嫌违纪问题的，审计机关应向同级党组织报告结果，必要的时候还应向上级党组织报告，并将问题线索移交相关纪检监察机关处理。相关部门应根据移送线索认真查处，不论相关责任人是否调离转岗、提拔或退休，都应根据《党政

领导干部生态环境损害责任追究办法（试行）》和《中国共产党问责条例》进行终身问责，并及时向相关审计机关反馈查处结果。

审计对象对审计意见有异议的，可在30个工作日内向审计机关申诉，审计机关须在收到申诉30个工作日内进行复核并回复相关申诉；仍有异议的，还可向上级审计机关提出申诉，上级审计机关须在收到申诉60个工作日内进行复核并回复相关申诉；上级机关的回复即为审计机关的最终决定。

（三）结果应用

被审计部门对审计意见应及时整改，并将整改结果及时向社会公告。

审计结果及整改情况应根据干部管理监督工作要求，作为干部考核、任免、奖惩的重要依据，并反馈审计机关。审计结果及整改情况材料应进入被审对象的个人档案。

对审计发现的典型共性问题，有关地区应认真研究，及时建立健全制度帮助解决问题。

第三节　领导干部自然资源资产离任审计的多案例分析

在2017年9月中共中央、国务院印发《领导干部自然资源资产离任审计规定（试行）》前后，各地审计机关开始了领导干部自然资源资产离任审计的试点与实施工作。从审计结果公告来看，各地主要是在乡镇一级的党政领导干部层面做了较多的自然资源资产离任审计，而对区县级和地市级的党政领导干部，则尚未见有相关审计结果公告发布。以下我们分别以江苏南京、河南南阳、浙江舟山和湖南常德为例，进行领导干部自然资源资产离任审计的多案例横向比较分析。见表10-2。

表 10-2　　三个乡镇党委书记的自然资源资产离任审计结果对比

时间/区域	审计对象	履责情况	绩效	问题	定级
2017年4—6月 南京某街道	党委书记 A同志（2011-2014年）	履行上级关于生态文明建设决策部署，落实自然资源与生态环境保护职责	—	违法用地、超范围使用环保资金	—
2019年8—9月 舟山某乡	党委书记 B同志（2015-2018年）	贯彻上级关于生态文明建设决策部署，落实生态环境保护职责，采取举措	取得成效	绿化养护、边坡治理工程后续管理未到位	较好
2018年9—10月 南阳某镇	党委书记 C同志（2015-2017年）	有力促进了自然资源资产集约利用和生态环境安全	取得较好成效	违法占地、非法采砂	较好

续表

时间/区域	审计对象	履责情况	绩效	问题	定级
2018年9—10月 常德某镇	党委书记 D同志 （2016–2018年）	基本完成上级交办的各项生态文明建设的任务	—	水功能区源头水保护不到位；非法将公共用地转私人开发房地产；非法采砂	较差

资料来源：各区县审计局官网。

一、南京市某街道案例

2017年4月至6月，江苏省南京市×××审计局对A同志在2011—2014年担任某街道党委书记期间的自然资源资产管理和生态环境保护方面相关情况与其经济责任审计进行了统筹审计，由于《领导干部自然资源资产离任审计规定（试行）》尚未发布，因此只揭示了具体问题，并未对审计结果进行等级评价。审计结果及发现的主要问题如下。

1. 土地资源利用与保护方面。该街道顺利完成了基本农田保护任务，稳步推进了土地连片整治行动，任职期间出让土地21宗，大幅增加了农民财富和政府财力。但是，也存在土地整治操作不规范、对个人违法用地监督不力等情况。

2. 水污染治理与环境保护方面。对污水处理厂安装了自动监控系统，对污水排放进行了实时监控，发现问题及时排查处置，完成了污水设施和管网配套等建设工作，关停了水污染严重且无法完成整改目标的大理石厂1家。不过，在水环境污染治理过程中，还存在超范围使用环境治理资金等情况。

3. 大气污染治理与环境保护方面。近3年大气环境质量优良率分别为87.4%、88%和85.2%，达到了与上级主管部门签订的"生态文明建设工作目标责任书"要求。SO_2、NO、COD等污染物排放也均达到了减排目标。

4. 企业环境违法监督方面。发生企业环境行政处罚案件40件。街道范围内有20多家公司受到行政处罚，包括未办理环评企业20家、大气污染处罚1家、物体废弃物处罚1家、未进行"三同时"企业1家。期间先后共关停"三高两低"企业5家，且厂房已拆除清空，受理各类环境信访投诉190多件，包括水源地污染、扬尘、选矿等多方面问题。

二、舟山市某乡镇案例

2019年8月至9月，浙江省舟山市×××审计局对某乡B同志在2015—2018年担任该乡镇党委书记期间的自然资源资产管理和生态环境保护方面的相关情况进行了审计，审计评价结果为"较好"等级。

审计发现，B同志在任职期间能贯彻中央和各级党委关于生态文明建设的战略部署，落实自然资源保护和生态环境治理职责，采取积极举措并取得成效。2015年度该乡镇获生态县建设年度考核优秀，2016年度和2017年度该乡镇连续获"美丽岱山"考核优秀。其主要措施包括：一是合理推进"五水共治"等整治工作。该乡镇完成凉帽河等河道清淤工作，完成24个劣Ⅴ类水剿灭工作，实施农村污水管网工程，完成多个山塘加固工程，实施综合治理工程。二是依托生态资源，改善旅游环境。该乡镇建设完成多个环境项目，完成观景平台等配套设施建设，改善了旅游景点的环境提档升级。见表10-3。

表10-3　　舟山市某乡镇自然资源资产管理和生态环境保护指标情况表

具体指标	2015年	2016年	2017年	2018年
耕地保有量（亩）	4303	4303	4303	4303
桉树永久基本农田保护面积（亩）	1743.89	1743.89	1743.89	1743.89
新增建设用地规模（亩）	116.1	4.94	5.946	18.08
森林覆盖率（%）	52.77	52.77	52.77	52.77
森林蓄积量（万立方米）	2.0613	2.0613	2.0613	2.0613
生态公益林面积（万亩）	1.3665	1.3665	1.3665	1.3665
湿地面积（公顷）	3464	3464	3464	3464
大陆自然岸线保有长度（公里）	46	46	46	46
空气质量优良天数比率（%）	90.0	94.7	96.8	96.0
细颗粒物（PM2.5）浓度降低率（%）	—	18.7	7.69	8.33

资料来源：浙江省岱山县审计局官网。

与此同时，审计也发现了如下方面问题。一是在组织自然资源资产和生态环境保护相关资金征管用和项目建设运行情况方面还有不少问题。如农村污水处理运行管护不到位，有两个农村污水处理系统已经处于停止状态。该乡镇委托某公司实施2017—2019年度污水处理运行维护，总价80.52万元，2017年、2018年支付运行维护费35.91万元，审计时污水处理站未运行，设备处于关闭状态，同时零件已损坏；同期，另一个村级污水处理站同样未运行。同时，两家村级污水处理系统2018年电费较上年分别下降71.85%、57.29%之多，污水处理能力快速下降。二是履行自然资源资产管理和生态环境保护的监督责任方面还存在缺位问题，如边坡治理工程的后续管理未到位，水污染治理的河流仍出现垃圾漂浮等。

三、南阳市某乡镇案例

2018年9月至10月，河南省南阳市×××审计局对C同志在2015—2017年担任该乡镇党委书记期间的自然资源资产管理和生态环境保护方面的相关情

况进行了审计,审计评价结果为"较好"等级。

审计发现,C同志任职期间认真贯彻了中央和各级党委关于生态文明建设的战略部署,落实了生态环境保护"党政同责",始终坚持了创新、协调、绿色、开放、共享的新发展理念,持续加大资源环境投入力度,积极推进了自然资源和生态环境保护与经济建设的同步发展,有力促进了自然资源资产的集约利用和生态环境的总体安全,取得了较好的成效。其中,耕地资源得到了较好的保护,空心村整治项目如期开展,耕地保有量稳定同时优质耕地面积持续增加。水利公共事业建设稳步推进,防洪防汛工程得到有效实施,农田水利设施养护资金项目按计划进行。拨付的资金154万元中,至2018年10月底已使用136.12万元。

同时,也发现如下几个方面问题。一是该乡镇2015—2017年从未与上级政府和相关主管部门签订自然资源资产管理和生态环境保护的任何目标。二是违法占用耕地30多亩,其中2015年4.82亩、2016年9.5亩、2017年15.9亩。三是非法采砂,2015年和2017年各1起。四是擅自倾倒固体废弃物,2016年5月向河道倾倒垃圾1起,7月倾倒渣土1起。四是擅自破坏堤防1起。五是企业无污染防治措施1起。六是该乡镇断面的NH超标较多、TP也略有超标。此外,在公共资金管理方面也存在手续不完善等问题。

四、常德市某乡镇案例

2018年9月至10月,湖南省常德市×××审计局对D同志在2016—2018年任某乡镇党委书记期间的自然资源资产管理和生态环境保护方面的相关情况进行了审计。最终审计结果等级定为"较差"。

2015年12月至2018年3月,D同志担任该乡镇党委书记期间,负责全面工作,其任期内全镇土地、水、森林等自然资源资产的实物量和环境质量变化情况如表10-4所示。

表10-4　　　安乡县某乡镇自然资源资产管理和生态环境保护指标情况表

大类	具体指标	2015年	2017年
土地资源	耕地(单位:公顷)	3969.75	3969.12
	耕地保有量(单位:公顷)	—	3942.99
	基本农田(单位:公顷)	—	3004.62
水资源	临洪大堤(单位:公里)	—	19.82
	外排机埠容量(单位:千瓦)	—	3800
	抗旱机埠装机容量(单位:千瓦)	—	220
	小型水库(单位:座)	—	11

续表

大类	具体指标	2015年	2017年
森林资源	国有林木使用权面积（单位：公顷）	—	217.8
	个人林木使用权面积（单位：公顷）	—	558.8
	森林覆盖率（单位：百分点）	—	7.98
	林木绿化率（单位：百分点）	—	12.38

数据来源：安乡县审计局官网。

审计发现，该乡镇基本完成了上级交办的生态文明建设任务，但在具体遵守生态环境保护法律法规、落实自然资源资产管理和生态环境保护重大决策以及履行监管责任等方面仍存在较多问题。由此，审计结论认为，D同志在任职期间履行自然资源资产管理和生态环境保护责任情况为"较差"等级。

首先，在遵守自然资源资产管理和生态环境保护法律法规方面，出现了相关水功能区的源头水保护不到位的较严重问题。该镇上游混合入河排污口（含上游湖北的乡镇）对全县河水质有一定影响，同时作为该镇水厂取水点，未设任何水源保护标志牌，在与上游政府多次对接沟通中也均未彻底解决该问题。违反了《水功能区监督管理办法》和《饮用水源保护地条例》的相关规定。

其次，在自然资源资产管理和生态环境保护重大决策方面存在严重问题。2016年，该乡镇未经上级土地行政主管部门批准，非法将该镇面积1419.6平方米的公共用地转让给私人进行房地产开发。该行为违反了《中华人民共和国土地管理法》和《党政领导干部生态环境损害责任追究办法（试行）》的相关规定。

最后，在履行自然资源资产管理和生态环境保护监督责任方面也存在严重问题。该镇某居民未经上级土地行政主管部门批准，擅自在该镇界沟村非法占地2000平方米，动工进行房地产开发活动。该行为违反了《中华人民共和国土地管理法》相关规定。同时，该镇某建筑材料厂未经许可在河道内采挖河砂，违反了《湖南省河道采砂管理办法》相关规定。

第四节　健全自然资源资产离任审计制度的若干方向

一、提高审计学科地位

与国家审计战略地位日益提升不相适应的是，审计学仍然属于"工商管理"之下的二级学科,这导致审计学科发展滞后、审计基础理论和前沿问题研究不充分,难以支持国家审计实践的需求;特别是对新兴的自然资源资产离任审计来说,将其归入"工商管理"显然是不合适的,因此这个问题更加急迫。呼吁和建议教育部重视国家战略需求,将审计学提升为一级学科。这将在一方面增加审计学的研究生规模,特别是可以开展高水平审计(专业)博士研究生教育;另一方面,将大大缓解审计学师资缺乏、国家研究资助数量不足等难题。教学科研资源的增加,可以激励更多师生从事自然资源资产离任审计基础理论和前沿问题的科学研究,从而为不断健全自然资源资产离任审计制度提供理论支持。

二、鼓励审计创新与实践试点

自然资源资产离任审计是一项意义重大、开创性强、复杂程度高的工作任务,其中还存在着许多理论与实践难题,都需要我们通过大力鼓励审计理论创新与实践试点,来提升自然资源资产离任审计理论与实践的科学水平。如当前《领导干部自然资源资产离任审计规定(试行)》将审计结果划分为"好、较好、一般、较差、差"五个等级,这一规定是否会导致绝大部分领导干部考核结果都集中在"较好""一般"而使结果丧失应用价值?是否可以使用信息含量更高的百分制评价,使领导干部形成每分必争的良性竞争局面,同时又有利于横向量化比较?事实上这可以鼓励不同地区进行试点来测试不同效果。又如,自然资源资产离任审计中的责任划分是另外一大难点,也可通过在不同地区进行不同方案的试点来积累相关经验。

三、完善领导干部考核制度

当前,我国自然资源资产离任审计虽然已经纳入法定工作范畴,但审计结果的运用尚未形成制度性安排。新修订的《党政领导干部选拔任用工作条例(2019)》明确提到了领导干部"经济责任审计"及其结果运用,但尚未明确提到"自然资源资产离任审计"及其结果在领导干部选拔中应该如何运用。与"有法不依、执法不严"困境类似,自然资源资产离任审计结果尚未得到有效运用,"屡审屡犯"现象一直比较普遍,这反过来影响了自然资源资产离任审计制度本身的科学性和严肃性。因此,建议党中央、国务院和组织人事部门将自然资源资产离任审计结果运用明确写入《党政领导干部选拔任用工作条例》,从根本上保障自然资源资产离任审计结果的有效运用,以此激励与约束地方党政领导干部更加重视和配合自然资源资产离任审计,从而主动尽好生

态环境保护的义务。

本章讨论问题

1.领导干部自然资源资产离任审计与资源环境专项审计有何区别与联系？如何更好地发挥它们的协同作用？

2.自然资源资产负债表在领导干部自然资源资产离任审计中起到什么作用？其编制的难点在哪里？

3.基层领导干部自然资源资产离任审计有何特点，其主要难点是什么？如何突破？

本章参考文献

［1］中共中央．关于坚持和完善中国特色社会主义制度推进国家治理体系和治理能力现代化若干重大问题的决定．http：//cpc.people.com.cn/n1/2019/1106/c64094-31439558.html.

［2］中华人民共和国全国人民代表大会.中华人民共和国宪法.法律出版社，2018.

［3］中共中央、国务院.生态文明体制改革总体方案.人民出版社，2015.

［4］中共中央办公厅，国务院办公厅.领导干部自然资源资产离任审计规定（试行），http：//www.xinhuanet.com/politics/2017-11/28/c_1122025649.htm.

［5］中共中央办公厅.党政领导干部选拔任用工作条例，http：//www.gov.cn/zhengce/2019-03/17/content_5374532.htm.

［6］习近平.决胜全面建成小康社会 夺取新时代中国特色社会主义伟大胜利——在中国共产党第十九次全国代表大会上的报告.人民出版社，2017.

［7］中共中央办公厅、国务院办公厅.领导干部自然资源离任审计规定（试行），http：//www.mlr.gov.cn/xwdt/jrxw/201711/t20171129_1684825.htm.

［8］马克思、恩格斯.马克思恩格斯全集（第1版）.人民出版社，2016.

［9］（美）奥斯特罗姆.规则、博弈与公共池塘资源.陕西人民出版社，2011.

［10］黄溶冰、赵谦、王丽艳.自然资源资产离任审计与空气污染防治："和谐锦标赛"还是"环保资格赛".中国工业经济，2019（10）.

［11］邢祥娟、陈希晖.资源环境审计在生态文明建设中发挥作用的机理和路径.生态经济，2014（09）.

［12］王爱国、张志.环境审计服务生态文明建设的理论探讨.审计研究，2019（2）.

［13］徐志耀、陈骏.以自然资源资产离任审计推动完善生态文明制度体系.审计与经济研究，2020（01）.